阅读成就思想……

Read to Achieve

心理咨询与治疗经典译丛·EFT系列

The Practice of Emotionally Focused Couple Therapy
Creating Connection

依恋与亲密关系

情绪取向伴侣治疗实践

第3版 3rd Edition

［加拿大］苏珊·M. 约翰逊（Susan M. Johnson）◎著
［美］刘婷 ◎译

中国人民大学出版社
·北京·

图书在版编目（CIP）数据

依恋与亲密关系：情绪取向伴侣治疗实践：第3版 / （加）苏珊·M.约翰逊（Susan M. Johnson）著；（美）刘婷译. -- 北京：中国人民大学出版社，2023.1
书名原文：The Practice of Emotionally Focused Couple Therapy: Creating Connection, 3rd Edition
ISBN 978-7-300-31231-6

Ⅰ. ①依… Ⅱ. ①苏… ②刘… Ⅲ. ①婚姻问题－社会心理学－研究 Ⅳ. ①C913.13

中国版本图书馆CIP数据核字(2022)第215364号

依恋与亲密关系：情绪取向伴侣治疗实践（第3版）

[加拿大] 苏珊·M.约翰逊（Susan M. Johnson） 著
[美] 刘　婷　译
Yilian yu Qinmi Guanxi: Qingxu Quxiang Banlü Zhiliao Shijian (Di 3 Ban)

出版发行	中国人民大学出版社		
社　　址	北京中关村大街31号	邮政编码	100080
电　　话	010-62511242（总编室）	010-62511770（质管部）	
	010-82501766（邮购部）	010-62514148（门市部）	
	010-62511173（发行公司）	010-62515275（盗版举报）	
网　　址	http://www.crup.com.cn		
经　　销	新华书店		
印　　刷	天津中印联印务有限公司		
开　　本	720 mm×1000 mm　1/16	版　次	2023年1月第1版
印　　张	21　插页1	印　次	2025年9月第8次印刷
字　　数	280 000	定　价	89.00元

版权所有　　侵权必究　　印装差错　　负责调换

译者序

《依恋与亲密关系：情绪取向伴侣治疗实践（第 3 版）》（*The Practice of Emotionally Focused Couple Therapy : Creating Connection , 3rd Edition*），是学习情绪取向治疗（emotionally focused therapy，EFT）的治疗师必备的专业宝典。从 2001 年翻译本书第 1 版、2011 年翻译第 2 版，到 2022 年第 3 版的翻译完成，这 20 多年来，我见证并参与了 EFT 学派从开创、拓展到茁壮成长的不同阶段的工作。

以临床实证研究证明的显著疗效为基础，本书的第 1 版详细介绍了 EFT 的理论基础、治疗历程以及临床技术，为助人专业工作者提供了完善的治疗架构，并强调了"心理治疗是一门科学且需要有科学证据的支持"这个划时代的概念。

在接下来的 10 年，苏珊·M. 约翰逊博士带领她的团队，继续针对不同的族群做临床成效的两年与三年的长期追踪，同时也通过观察和分析无数的治疗录像，希望通过治疗历程的质性研究，更深入地了解与安全咨访关系有关的元素，以及治疗困境的成因与处理。在第 2 版中加入这些新的研究资料，除了为咨询师提供更多的临床实践的指导之外，还提出了阻挡伴侣建立情感联结或妨碍咨询进展的重要的新概念——"依恋创伤"以及对依恋创伤的治疗方式。

在第 3 版中，苏珊·M. 约翰逊博士正式与她的博士导师完成了学术和学派上的完全分隔。她的 Emotionally Focused Therapy（中文标准译名为"情绪取向治疗"）同另一个 Emotion Focused Therapy（中文惯例译为"情绪聚焦疗法"或"情绪焦点疗法"），成为两个英文缩写虽都是 EFT，但理论与操作重点大不相同的两个学派。苏珊·M. 约翰逊博士坚定且强势地将依恋理论推到舞台正中央，作为 EFT 个案概念化的基础、治疗历程的 GPS 以及有效疗愈个人与关系的核心。

另外，在第 3 版中，EFT 治疗师的训练重点也有所转移：从原本强调个案关系改变必须经历的三个阶段共九个步骤，变为着重此时此刻情绪经验的 EFT 探戈（EFT Tango）舞步，将重点放在与个案经验的贴近和高合作性上，通过咨询中矫正性的经验，可同时改变个人内在运作模式与关系互动。该版本坚持了 EFT 一贯在专业上严谨负责的原则，除了整合理论研究和临床实践等方面的信息之外，还提供了最新且完整的 EFT 文献摘要。

对我个人而言，我对 EFT 的热爱与信心是与日俱增的。不管来访的是个人、伴侣或家庭，EFT 都是我在 28 年的咨询生涯中唯一使用的技术，因为它严谨和有效，也因为 EFT 不断地激励和敦促我在专业上持续精进。第 3 版的读者是非常幸运的，可以收获 EFT 20 多年发展的精华，充实心理咨询专业知识，并促进个人的自我成长。这本书是每位专业咨询师和心理学爱好者的珍贵资源。

刘婷博士

ICEEFT 认证训练员、督导与治疗师

EFT 费城中心专家委员会主任

亚太情绪取向伴侣与家族治疗协会理事长

前 言

这本书的 2004 年版问世至今已经有 10 多年了。在这些年里发生了许多事情，现在的确是到了大幅度修订的时候了。EFT 的发展是惊人的，而本书则是 EFT 学派临床实践的基础手册。

随着 EFT 概念深度地精进，它和成人依恋理论同步扩展，并已经发展成了一种综合性的方法，以了解人们基本的弱点和需求，以及它们是如何在我们最亲密的关系中发挥作用的。《依恋与亲密关系：伴侣沟通的七种 EFT 对话》（*Hold Me Tight : Seven Conversations for a Lifetime of Love*，2008）和《爱是有道理的》（*Love Sense*，2013）这两部大众图书就是以 EFT 为基础，把依恋科学带进了有关爱和爱的表达的流行话题中。EFT 的研究基础显著扩大，就正向的成果研究数量、针对改变过程的调查以及正向成果的追踪研究而言，EFT 学派已成为伴侣治疗领域中实证干预的黄金标准。

EFT 的通用性也有所提高，即它适用于不同的族群和问题。它现在经常用来解决因临床抑郁症、焦虑症和创伤后应激障碍而加剧的关系困扰，并被用作伴侣和性治疗之间的桥梁。它既适用于不同的文化和不同的族群，还适用于性少数群体和异性恋、无信仰和有信仰导向的伴侣，以及受过良好教育和劳工阶层的伴侣。最近，以这个学派为基础的教育方案"深情相拥®：情感联结的对话"（Hold Me Tight®：Conversations for Connection）已经完成设计和测试，这个方案尤其适用于面临心脏疾病的伴侣，也适用于其他生理健康问题的伴侣。基于安全依恋所设计的教育方案十分适合也频繁地被应用在帮助时常面临分离和任务调派的军人夫妇。系统性地教授 EFT 的技能已经全面展开并取得了重大成功，有数量众多的专业人员不仅接受了认证初阶训练和其他培训，而且成了国际情绪取向治疗卓越中心（the International Center for Excellence in Emotionally Focused Therapy，ICEEFT）的认证治疗师。在全球，该中心已拥有超过 65 个支持 EFT 学习和研究的附属中心。

值得注意的是，最近的一项研究证明，EFT 不仅有助于改善关系困境，而且能够改变伴侣个人的依恋取向，即亲密关系是一片肥沃的土地，让更安全、更整合的自我意识以及与他人的联结和信任感在此茁壮成长。正如我在 2019 年出版的《依恋与情绪聚焦治疗》（Attachment Theory in Practice：Emotionally Focused Therapy with Individuals，Couples，and Families）一书中所阐述的，这种对依恋科学的借鉴促进了 EFT 的拓展，EFT 已经延展到个体治疗和家庭治疗模式。EFT 一直既疗愈自我，也疗愈系统；既构建自己情绪经验的个体，也会塑造和反映这些情绪经验的关系。看起来，侧重于依恋与情绪的 EFT 作为社会自我的发展模式，是令人信服且引领潮流的，它不仅有助于伴侣治疗领域的发展，而且有助于一般心理治疗。

在本书中，你将学到可用于 EFT 伴侣咨询的微观干预，以及从系统理论出发的宏观干预，也就是"EFT 探戈"。依恋理论的概念平台对情绪和情绪调节的最新理解也有显著进展。你会读到许多临床案例，咨询中发生的变化过程将更鲜明地呈现在你眼前。

然而，与往常一样，EFT 的精髓及其鼓舞专业人员热情的原因依然保持不变。EFT 提供了一个令人信服的方式，来帮助我们了解被卡住的地方和一个充满活力的健康模式、其治疗目标和一套明确的干预措施，以及与我们的个案同在的方式，让治疗师和个案都更活泼、有生气。在一个倾向快速解决问题的世界里，

EFT 遵循了威廉·奥斯勒（William Osler，1849–1919）爵士的格言，他建议"胜任的医生治疗疾病，优秀的医生治疗患有疾病的病人"。正如卡尔·罗杰斯（Carl Rogers）所言，EFT 允许治疗师沉醉于"经验的法则"，并与个案一起成长。

对由专业的心理治疗师、督导、研究人员和训练员组成的 EFT 社区来说，过去几年是一段令人兴奋的发现之旅。我对精心设计的情绪体验的力量以及由依恋理论提供的人类功能地图的信任，会随着个案、研讨会和研究计划的不断增长而成长。当我们能够利用与生俱来的情绪和生存动机（如对情感联结的渴望）来激励改变的过程时，心理治疗就容易多了。我希望这本书能够同时提供信息与鼓励，并打开一扇新的大门，让我们有信心一起了解人类是关系性的存在，最终能够为我们的心找到一个安全的家。

目 录

01 第 1 章 伴侣治疗领域与情绪取向治疗
情绪取向治疗的发展与成长 // 4

情绪取向治疗 // 13

02 第 2 章 从依恋的角度来看爱情：情绪取向治疗
从 EFT 的角度来看成人之爱 // 24

03 第 3 章 EFT 的改变理论：个人内在与人际互动
经验观点：改变内在情绪经验 // 40

系统理论：改变互动模式 // 43

整合系统与经验观点 // 46

摘要：EFT 的主要假设 // 47

04 第4章 EFT干预的基础：情绪和宏观干预的EFT探戈

拓展经验和编舞 // 49

同理的关键角色 // 51

任务一：创造并维持一个治疗联盟 // 53

任务二：掌握并重塑情绪 // 57

在EFT中聚焦的情绪 // 64

EFT探戈：改变自我和关系系统 // 71

05 第5章 基本的EFT微观技术：经验性和系统性

在任务二中的技术和微观干预：接触、调节和重组情绪 // 86

任务三：重组互动以建立正向联结 // 98

解决特殊治疗困境的技术 // 110

个别会谈 // 113

总结 // 113

技术操作的要诀 // 115

06 第6章 评估：找出舞步及聆听音乐

过程目标 // 121

治疗过程 // 122

个人标记或定义重大事件和伤害 // 124

跟互动有关的标记 // 125

个别会谈 // 126

疗愈的过程 // 128

　　　　　　　　干预技术 // 130

　　　　　　　　治疗初期 EFT 探戈的应用 // 130

　　　　　　　　治疗初期使用的微观干预技术 // 133

　　　　　　　　伴侣的改变和治疗初期任务完成的状态 // 137

07 第 7 章　改变音乐：降低恶性循环的冲突以稳定情况

　　　治疗的标志 // 141

　　　EFT 探戈在治疗阶段的应用 // 142

　　　EFT 微观干预 // 146

　　　第一阶段结束时伴侣的历程和状态 // 152

08 第 8 章　第二阶段初期：加强情感的投入

　　　　　　　标志 // 161

　　　　　　　第二阶段 EFT 探戈的应用 // 164

　　　　　　　第二阶段常用的微观干预技术 // 166

　　　　　　　伴侣的改变和本阶段任务完成的状态 // 175

09 第 9 章　建立情感联结

　　　EFT 第二阶段的改变事件：重新联结与态度软化 // 181

　　　标志 // 184

　　　EFT 探戈在改变事件中的应用：第二阶段的重新联结与态度软化 // 185

　　　干预技术 // 187

　　　EFT 的改变事件 // 192

第10章 第三阶段：巩固安全基地

第三阶段初期 // 199

标志：巩固改变的开始 // 201

巩固新的互动位置、关系模式与对未来的期待 // 202

最后几次咨询 // 203

在治疗最后阶段的干预技术 // 204

伴侣的改变和治疗的结束 // 206

滋养与维持更安全的联结 // 208

第11章 重要的临床议题与解决方案：成为 EFT 治疗师

成为一名 EFT 治疗师 // 211

问题一：EFT 特别适合或不适合什么类型的个人及伴侣 // 212

问题二：何种状况不适用 EFT // 216

问题三：EFT 在种族和文化议题上的立场和做法是什么 // 216

问题四：EFT 治疗师如何处理治疗中的僵局 // 217

问题五：EFT 治疗师如何处理过往的经验 // 219

问题六：EFT 治疗师会限制情绪吗 // 220

问题七：个人在 EFT 伴侣治疗的过程中也会产生改变吗 // 222

问题八：EFT 治疗师如何判断要专注在哪些情绪上 // 225

问题九：情绪经验在 EFT 中如何产生 // 226

问题十：如何成为 EFT 治疗师 // 228

第12章 情绪取向家庭治疗

重建依恋 // 233

基本目标和技术 // 235

第一次和第二次家庭会谈 // 236

EFFT 案例介绍：女儿，我只是想要保护你 // 238

EFT 伴侣和家庭治疗间的差异 // 242

EFFT 的第二个案例：在我跑掉之前抱紧我 // 244

EFFT 发展的现况 // 250

第13章 关系创伤：处理依恋创伤

宽恕与和解 // 251

第14章 EFT 第一阶段的咨询：在 EFT 认证训练初阶时的一场现场示范

第15章 第二阶段的一次咨询

第二阶段的咨询 // 283

如海啸般的非难 // 297

参考文献 // 301

结　语 // 317

第1章

伴侣治疗领域与情绪取向治疗

> 我从一开始就知道,仅凭我的论点的力量无法贯穿得足够深入,以达到造成改变的程度。改变几乎没有成功过……只有当一个人能透彻地领悟时,改变才会发生。只有这样,一个人才能采取行动并产生改变……领悟到唯有你才能构建自己的生命规划是特别困难的,甚至是可怕的……只有当心理治疗唤起深刻的情绪时,情绪才会成为促成改变的强大力量。
>
> 欧文·亚隆(Irvin Yalom)
> 《爱情刽子手:存在主义心理治疗的10个故事》(*Love's Executioner*, 1989)

伴侣治疗领域正在发生一场革命(Johnson, 2003a, 2013)。许多不同的想法和正式的研究计划正在酝酿中,并形成了这场革命背后的动力。最近,针对婚姻问题和满意度的研究再次证实了其他研究所得出的结论:负面和正面关系对人们生理健康和功能的影响,以及什么是有效的临床治疗技术。所有这些研究同时还与研究成人爱情的本质紧密结合。最后,许多不同种类和层次的思考和调查结果都指向相同的方向并得到了一致的结论。我们对亲密关系的重要性及关系是如何发生问题的理解、我们对指出特定有效的治疗技术及明确呈现改变过程的能力，以及我们解释成人爱情的过程的能力已经到达一个关键的境界，让我们可以真正地从艺术与科学的角度来描述、预测与解释伴侣治疗。EFT 已经从这场革命中成长起来，它不仅为这个领域做出了贡献，而且继续进行着自我完善和发展。

新手伴侣治疗师不再需要接受像作词家琳·迈尔斯（Lynn Miles）的"爱情像是一阵温暖的风，你没有办法把它抓在手中"之类的想法，也不再需要相信修复爱情关系应该是一个朦胧随机的过程。新的研究证据指出了婚姻问题的模式，并画出了通往成人爱情联结的地图，这些新信息让伴侣治疗师知道该如何帮助伴侣迈向一个更加稳定与满足的关系。本书以 2004 年的第 2 版为基础，并根据新近出版的《依恋与情绪聚焦治疗》一书对 EFT 临床新路线图进行了修订。

出版本书第 3 版的目标如下：

- 为伴侣治疗师提供一个关于成人爱情和亲密过程的简洁、清晰、深入研究的概念；
- 概述 EFT 的原则以及关系修复和复原的阶段和步骤；
- 描述关键宏观干预（EFT Tango）的顺序、更具体的微观干预以及 EFT 中的关键改变事件，这些事件聚焦于提高伴侣之间的情绪反应能力；
- 详细说明如何将 EFT 应用于不同类型的伴侣、个体以及家庭（EFFT）；
- 针对阻碍关系修复所常见障碍和僵局，提供解决方式的路线图（如简单描述有助于处理伤害的宽恕与疗愈是如何实现的）。

21 世纪，心理治疗师可以更清楚地了解婚姻困境的本质：夫妻双方是被负面情绪淹没，并陷入狭隘、被限制的互动中（Gottman, 1994）。他们可以在伴侣治疗文献中找到经过实证研究验证其效果的特定技术（Snyder & Wills, 1989; Johnson, Hunsley, Greenberg & Schlinder, 1999; Jacobson, Christensen, Prince, Cordova & Eldridge, 2000; Burgess-Moser et al., 2015），他们还可以阅读大量且不断增加的关于成人爱情本质的文献（Feeny, 1999; Johnson, 2013）。这个路径在过去一直被伴侣治疗领域所忽视，直到最近才有所改变（Roberts, 1992）。此外，对伴侣治疗的重点重新进行了阐述，如情绪在改变过程中的角色（Johnson, 2018）

和改变事件的关键干预（Bradley & Furrow, 2004；Greenman & Johnson, 2013）等研究报告都已经发表在学术期刊上。

伴侣治疗作为一门学科似乎越来越成熟（Johnson & Lebow, 2000；Johnson, 2013），其应用的范围也在扩大：伴侣治疗现在被用来缓解越来越多的"个人"症状，如抑郁症、焦虑症和慢性病（Johnson, 2002；Kowal, Johnson & Lee, 2003；Dessaulles, Johnson & Denton, 2003）。研究通过有效的免疫系统功能与改善生活压力和创伤等关联的机制，让人们了解了亲密关系和社会支持的质量与个人身心健康之间的关联（Pietromonaco & Collins, 2017；Kiecolt-Glaser & Newton, 2001；Whisman, 1999）。稳固的亲密关系也促进了个体的成长和自我实现，并且影响了和谐正向的自我观感（Ruvolo & Jobson Brennen, 1997；Mikulincer, 1995；Mikulincer & Shaver, 2007）。

事实上，越来越多的证据表明，亲密关系提供"关怀备至的安慰"，以保护我们免受身体和情绪疾病的侵袭，并提高复原力（Taylor, 2002）。这类研究既提供了笼统的结论，如隔离对人类来说比吸烟更危险（House et al., 1988），也提供了非常具体的观点，如向他人倾诉对心血管系统有正面影响，防止了衰老对人体的不利影响（Uchino, Cacioppo & Kiecolt-Glaser, 1996）。社会支持似乎能够优化健康行为（Pietromonaco & Collins, 2017）。这类研究也开始关注亲密关系的神经生物学，并发现特定的机制，如所谓的拥抱激素、催产素的水平（Taylor et al., 2000），似乎可以为我们提供保护，让我们不生病。人们普遍认识到，孤独和缺乏社会支持是造成健康问题的危险因素；相反，与所爱的人的安全联结水平会影响身体健康，也会影响生理因素（如血压和皮质醇调节）、情绪因素（如对压力的反应）以及健康习惯等行为因素。因此，现在我们将与他人缺乏情感联结视为一种公共卫生风险也就不足为奇了（Holt-Lunstad, Robles & Sbarra, 2017）。另外，有其他研究正在开发与测试伴侣影响心脏病患复原的干预方式（Tulloch, Greenman, Dimidenko & Johnson, 2017）。

伴侣治疗也越来越被公认为一种重要的心理健康干预措施，这也许是因为人们认识到了离婚对伴侣、家庭（Cummings & Davis, 1994；Hetherington & Kelley,

2002）和社区的负面影响，或者是因为在北美社会，其他社区的社交来源似乎正在迅速减少（Putnam，2000）。"社会资本"的丧失与这些社会中民众抑郁和焦虑水平的上升有关（Twenge，2000）。许多人别无选择，只能从我们的亲密伴侣身上得到支持和联结。事实上，我们之中的许多人现在似乎在"二人世界"中活得好好的。从这个现象来看，亲密关系的质量在人们的生活中变得越来越重要。

一般民众也越来越意识到寻求咨询和专业建议来帮助那些处于痛苦关系中的伴侣和家庭的价值，成人之爱开始被视为一个可以理解、影响和修复的过程。婚姻中的伴侣关系被视为刻意组成的（Douherty，2001），而非浪漫的、幻想的、机会的或命运手中的东西。越来越多的治疗师报告，他们经常将伴侣视为他们工作的一部分，同时他们也承认这种治疗模式是一种特别具有挑战性的方式。因此，在使用经过检验测试的伴侣治疗模式，特别是基于我们对新成人爱情科学的理解的治疗模式时，严格培训专业人员的必要性正变得越来越迫切。最后，本书是值得推荐的学习更具体、更科学、更有影响力的一套干预措施的教材；同时，它在不断茁壮成长的伴侣治疗领域向越来越严格的专业培训目标迈进做出了贡献。

情绪取向治疗的发展与成长

EFT 是在 20 世纪 80 年代初期所提出的治疗学派（Johnson & Greenberg，1985）。EFT 的创立是由于当时在伴侣治疗的领域中十分缺乏一个清晰有效、强调人本而不重行为的干预方式。EFT 被命名为"情绪取向"是因为该学派视"情绪"与"情绪沟通"为形成互动模式和定义亲密关系经验的关键因素，并且视情绪为强有力的改变机制，而不只是婚姻问题的一部分。EFT 的重点在于通过情绪和情绪的力量来促成伴侣治疗中的改变，这不是当时伴侣治疗的文献的主流观点。事实上，在当时甚至现在，伴侣治疗领域都对情绪有极大的恐惧。情绪通常被视为行为或认知过程中产生的次级并发症，是治疗中一种危险的破坏性力量，到了几乎可以说是有情绪恐惧症的地步，或是把情绪当成造成改变的非重要因素。在某种程度上，伴侣治疗师一直很清楚，情绪的改变是关系修复的重要因素，只是以前人们认为情绪的变化是通过认知和行为的手段产生的。

然而，近年来，情绪在关系痛苦和伴侣治疗中令人瞩目的效果已经得到了更多的认可（Gottman，1994）。情绪研究继续推进（Plutchik，2000；Gross，1998；Gross，Richards & John，2006；Lewis & Haviland-Jones，2000；Sbarra & Coan，2018）。我们也对情绪的调节和关系的投入在伴侣关系的幸福感和苦恼中的关键作用（Johnson & Bradbury，1999），以及人类依恋的情感本质（Bowlby，1980，1988；Johnson，2003c）有了更加详尽的了解。除了EFT之外，其他方法也开始把对情绪的关注纳入其中（Cordova，Jacobson & Christensen，1998；Gottman，1999），尽管这些方法根本不是解决这一问题的。概括地说，在过去10年中，我们已经明确知道，处理情绪在关系修复过程中是不可或缺的，并且发展出了有效处理情绪的具体方法和干预措施。

作为一个治疗学派，EFT是以伴侣在治疗中的系统性观察结果为基础，参考伴侣成功修复关系的过程而发展起来的。近年来，几个针对婚姻困扰的治疗模式，如戈特曼（Gottman）学派，也是以观察和分析亲密伴侣之间的特定互动为基础的；另外，依恋理论是以成人亲密关系为重点的治疗模式。因此，EFT作为一个治疗学派、一个研究关系困扰的模式，与依恋等关系理论之间存在着共容性也就一点也不令人惊讶了。在痛苦关系中的伴侣教会了本书作者和最初的研究团队如何描述EFT中概述的改变过程，并推动这一改变过程成为系统的干预方式。第一本EFT治疗手册是根据第一个成果研究报告的一部分来撰写的，该研究是本书作者的博士论文，是将EFT与未治疗的伴侣同完成行为沟通和技巧训练的伴侣进行了比较得出的（Johnson & Greenberg，1985）。EFT的第一个研究成果就令人刮目相看，这样惊人的疗效让EFT值得科学家再花30年来仔细研究。

到目前为止，有21份来自北美研究人员的研究报告不断证明，EFT在减少婚姻困境和营造关系满意度方面有正面成效（Wiebe & Johnson，2016）。效果研究还发现，当抑郁症状和创伤后应激障碍与婚姻痛苦同时发生时，EFT可以有效地减少这些症状。四个元分析中都包含了其中设计最严谨的研究。值得注意的是，在上一个对治疗成效的大型研究中（Burgess-Moser et al.，2015），研究人员发现EFT

伴侣治疗的干预有独特的效果，自我报告和对互动行为的分析结果皆显示EFT提高了依恋安全性，减少了依恋焦虑、依恋逃避和编码的互动行为。功能性磁共振成像研究发现，在EFT（Johnson，2013）建立情感联结对话之后，女性在握着伴侣的手时，大脑对威胁的反应产生了变化。当我们考虑与安全依恋相关的无数正向心理健康因素时，帮助伴侣感受到安全依恋的做法是十分重要的（Mikulincer & Shaver，2007）。例如，更有安全感的人会有更正面、更清晰、更一致的自我意识，对他人更富有同理心，能更自信和有弹性地面对压力。良好的伴侣治疗引导伴侣们通过新的互动来重建情感联结，进而促进个人的成长和疗愈。

除了这项改变依恋研究的后续追踪的数据以外，还有另外两项研究也发现，EFT在治疗终止两三年后的成效保持稳定。一些研究甚至发现，不少伴侣在治疗结束后其关系满意度仍能继续提高。由于复发是伴侣治疗领域的一个关键问题，这样的结果令人鼓舞。我们相信，这些结果得益于在EFT中编排的联结对话所产生的力量，而情绪联结的关键时刻形成了个案生活中极其重要的矫正性情绪经验。这些联结带来了由内而外的改变，而这种改变反过来成为关系中的资源，成为可用来检测与伴侣紧密相连的内在渴望以及这种归属感造成的重大改变的标准。

至于具体的改变是如何发生的，还有九项EFT历程研究可以用来了解改变在治疗中发生的过程（Greenman & Johnson，2013）。正如EFT理论所预测的，这些历程研究发现，个案会进入更深层次的情绪，并与治疗师形成更开放、更富有同理心和反应更灵敏的互动，从而与他们建立更安全的治疗联盟，这些因素始终会预测治疗结束时和追踪时的关系修复。迄今为止，有三项研究关注目前极受欢迎的关系教育课程的有效性，也就是以畅销书《依恋与亲密关系：伴侣沟通的七种EFT对话》为基础所发展出的"深情相拥®：情感联结的对话"教育课程（Conradi, Dingemanse, Noordhof, Finkenhauer & Kamphuis, 2017; Kennedy, Johnson, Wiebe & Tasca, 2018; Wong, Greenman & Beaudoin, 2017），针对完成该教育课程的伴侣（其中一方患有心脏病，两人需要共同配合来面对这种健康问题）的试点数据也得到正面的结果（Tulloch et al., 2017）。虽然"深情相拥®：情感联结的对话"课程原本是为没有严重关系困扰的伴侣所设计的，但有研究证据显示，它对于有严重关系困扰的伴侣也有帮助。

在一般的结果研究中，有三项成效研究调查了EFT对增强亲密关系的正面影响，另有两项研究考察了性满意度（Wiebe et al., 2019），还有一项小型研究发现情绪取向家庭治疗（EFFT；Johnson, Maddeaux & Blouin, 1998）对在暴食症中挣扎的家庭也有正面的疗效。一般来说，这些研究都已通过严格的忠实性检查，以确保治疗师确实遵循了EFT的治疗手册。还有两项研究关注核心训练对治疗师的能力、信心和个人生活的影响（Sandberg, Knestel & Schade, 2013；Montagno, Svatovic & Levenson, 2011）。

所有这些研究都使EFT在伴侣治疗领域的实证效度方面达到了黄金标准。关于最近APA委员会制定的这一验证标准（Sexton et al., 2011），EFT是唯一符合标准并有资格被归类为委员会所制定的最高层级的治疗方法。一般来说，在伴侣治疗领域，几乎所有治疗模式都缺乏研究效果的数据。事实上，传统行为伴侣治疗（traditional behavioral couple therapy，TBCT）和整合行为伴侣治疗（integrative behavioral couple therapy，IBCT）是除了EFT以外两个公布伴侣治疗效果数据的学派（Christensen et al., 2004）。

对于临床工作者来说，关于EFT研究最重要的发现有以下几个方面。

- 原始元分析（Johnson et al., 1999）发现，EFT显示出了令人鼓舞和足够健康的效应量（effectsize）。参与该分析的伴侣在接受10~12次EFT治疗（治疗师都全程接受临床督导）后，70%~73%的伴侣从关系困境中恢复，并且改善率在统计上是显著的，高达90%。相比之下，在接受传统行为疗法的伴侣中只有35%的伴侣从关系困境中恢复（Jacobson et al., 1989）。训练有素且知识丰富的EFT治疗师可以充满自信地成功帮助大多数的伴侣，并以EFT作为治疗的指南针和指引，因为EFT已经通过许多测试，并且一次又一次地被证明是有效的。这种信心也使个案放心，有助于建立安全的治疗联盟。
- 一般来说，在EFT治疗终止后个案经观察并没有出现复发问题。复发一向是传统行为治疗的一个重大问题（Jacobson & Addis, 1993）。在EFT研究中，最危险、最可能复发的人群是慢性病儿童的父母，但两年后追踪的结果依然稳定（Clothier, Manion, Gordon-Walker & Johnson, 2002）。然后，EFT 治疗师可以向个案或转介机构保证，结果的本质是显著的，并不仅仅是对痛苦症状的短暂缓解，而是可以在结案时，让个案没有不必要的焦虑症状。

- 有明确的证据显示，安全的治疗联盟对于预测 EFT 的结果非常重要；女性伴侣是否相信其伴侣是在乎自己的，对 EFT 治疗结果非常具有预测性。虽然在治疗初期，对关系的苦恼程度通常是心理治疗结果最重要的预测指标，但 EFT 治疗结束后四个月的追踪结果显示，初始的苦恼程度并没有影响治疗结果。积极投入治疗任务，似乎比最初的苦恼程度对治疗结果有更显著的影响。EFT 对观念传统的伴侣、有成瘾症的伴侣以及不善表达情感的男性一方也很有效（Johnson & Talitman, 1997）。这些结果证实了 EFT 聚焦在塑造和维持伴侣间安全联结的方向上是正确的，并提醒治疗师，真正重要的是个案在治疗中每个时刻的投入程度，而不只是使用什么治疗技术。治疗师应协助个案在此时此刻其所处的位置进行情绪的接触，而不是告诉他们应该做什么，并带领每个个案一步一步地向前推进，以使个案完全投入这个过程。这些研究让治疗师更安心地遵循 EFT 疗法（因为帮助个案重建联结和摊开[①]他们的情绪不再是难题），然后可以利用情绪的力量，帮助人们发展出新的自我观感和新的人际舞蹈。

- 有许多研究针对 EFT 的改变历程进行分析调查。临床工作者尤其重视改变是如何产生的，特别是因为研究证据已经一再证明，治疗模式中认为的关键影响因素可能根本不是真正造成改变的催化剂。在一项著名的减轻抑郁症状的行为研究中，研究结果与理论假设恰恰相反，在治疗中挑战个案功能失调的信念对改变并没有帮助。事实上，功能失调的信念与持续的功能障碍有关。然而，会话中情绪的加深确实预测了治疗中正面的改变。EFT 的研究标示出影响正面疗效的关键改变事件，并确认了重要的干预措施（Bradley & Furrow, 2004; Johnson, 2003d）。治疗的新任务和历程已经确定并进行了测试，例如通过宽恕

[①] "摊开"是 EFT 处理情绪的专项技术之一，有"把情绪拆解为不同的情绪因素和情绪层次"的意思。——译者注

与和解的过程可以疗愈依恋创伤（Makinen & Johnson，2006）。EFT治疗师已经明确地知道改变情绪调节策略必要和有效的因素，即依恋理论和互动反应能使关系满意度达到显著和持久的改善。

一般来说，有关婚姻困境本质的研究（Gottman，1994）和成人依恋的研究（Cassidy & Shaver，2016；Johnson，2013）都强有力地验证了EFT治疗过程的重点和干预目标。系统理论家路德维希·冯·贝塔朗菲（Ludwig Von Bertalanffy）认为，治疗成功的关键（Bertalanffy，1968）是治疗师专注于"定义和组织一个生命系统的关键变量"。就EFT而言，治疗师知道要不断聚焦情绪（情绪是伴侣共舞的背景音乐）、关注造成关系疏离的模式，以及逐渐建立伴侣之间更安全的联结。所以，即使面对在痛苦关系中不断变化的激烈剧情，EFT的治疗师也不会迷失方向。

因此，对于所有治疗模式都想问的几个关键问题，我们现在都有了明确、科学的答案。这五个问题分别是：

- 随着时间的推移，治疗模式是否都具有稳定持久的效果？
- 为什么有这些效果，即治疗期间发生了什么才能造成改变？
- 治疗师究竟要做什么才能催化变化？
- 治疗是否实用并适用于不同的治疗师，即治疗模式可以学习吗？能提供有效的训练方式吗？
- 治疗是否适合不同类型的个案，特别是具有不同的症状和复合性病征的个案？

在开展对EFT干预效果的新研究的同时，EFT背后的成人爱情关系的理论概念化也在不断扩展，并成为更多研究的基础。EFT在情绪联结方面总是聚焦于伴侣之间的关系，而不是如传统的行为伴侣治疗中的讨价还价、重新谈判。EFT始终聚焦于情绪投入和塑造矫正性情绪经验，而不是教授一系列的技能或提高觉察能力。同时，依恋理论（Bowlby，1969，1988）与成人爱情关系之间的关联已变得越来越明显，并与EFT不断精致化的干预和改变过程相吻合（Johnson，2003d）。社会心理学家继续为成人爱情的研究做出贡献，依恋理论显然是关于成人爱情关系最有前途的观点（Johnson，2013）。综上所述，依恋理论现在被公认

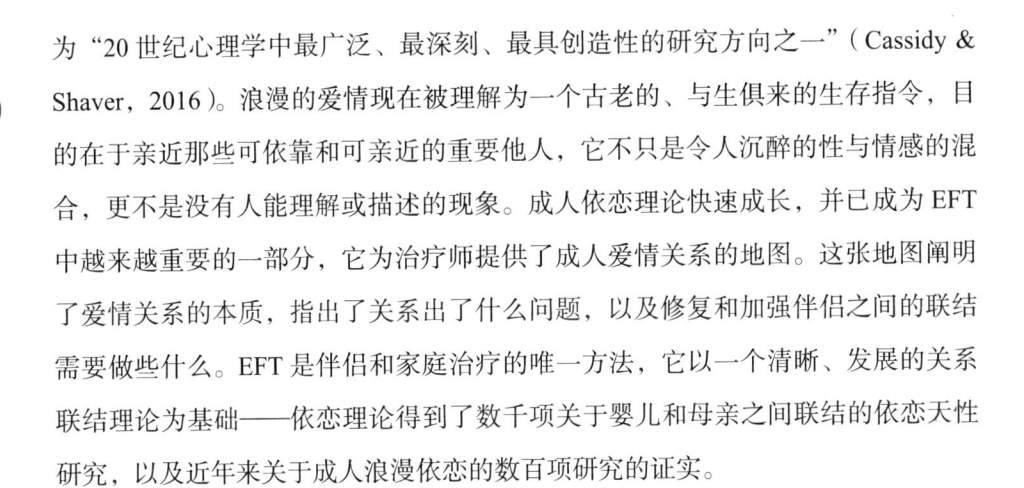

为"20世纪心理学中最广泛、最深刻、最具创造性的研究方向之一"（Cassidy & Shaver，2016）。浪漫的爱情现在被理解为一个古老的、与生俱来的生存指令，目的在于亲近那些可依靠和可亲近的重要他人，它不只是令人沉醉的性与情感的混合，更不是没有人能理解或描述的现象。成人依恋理论快速成长，并已成为EFT中越来越重要的一部分，它为治疗师提供了成人爱情关系的地图。这张地图阐明了爱情关系的本质，指出了关系出了什么问题，以及修复和加强伴侣之间的联结需要做些什么。EFT是伴侣和家庭治疗的唯一方法，它以一个清晰、发展的关系联结理论为基础——依恋理论得到了数千项关于婴儿和母亲之间联结的依恋天性研究，以及近年来关于成人浪漫依恋的数百项研究的证实。

本书的目的在于指导临床心理治疗工作者如何尽可能地用系统的观点，将EFT应用于各种不同的伴侣亲密关系之中。除了技术之外，本书同时提供了理论的基础，以帮助助人工作者用EFT的观点来看待伴侣关系问题及伴侣治疗过程中所发生的改变。

EFT有以下诸多优势。

- 对其假设、策略和干预措施都做了清晰的描述和界定。EFT是一个短期治疗学派，通常可在8~20次会谈后完成，可应用于各类型的个案，并已成功地训练出大量的伴侣治疗师。伴侣与家庭治疗领域中的许多学派都是"大师"导向，学派的主要人物号称能够施展"魔法"，但大多数治疗师却无法学习魔法的施展方式。EFT符合科学模型的定义，它清晰地描述了一个现象（关系困扰和健康关系）、一个预测（关键变量如何相互影响和定型，如何积极主动地改变这些变量）以及一个解释（一个协调一致的理论框架，可以富有逻辑性地诠释上述现象）。同时，它是一个脚踏实地的临床学派，能够有效地处理伴侣之间的冲突、距离、障碍和伤害。

- 实证研究证明，EFT适用于一般或特殊议题的个案，如对慢性病儿童的父母（Walker et al.，1996），并且具有显著的治疗效果（Johnson et al.，1999）。EFT还引导了不同主题的研究项目，包括治疗改变过程，或治疗成功相关的关键改变事件和个案相关因素等，这使得治疗师能够根据特定个案不同的需求来量身定制疗程，同时聚焦在共通的治疗目标上，即逐步建立情绪的可亲性、回应性和投入性这三者组成了伴侣终生需要的安全联结。

- EFT 的三个阶段和九个步骤清楚地描述了伴侣治疗过程的经历，以及重复进行的、可在所有阶段和步骤使用的一系列干预方式——EFT 探戈。

- 在干预方面，EFT 有清晰的理论基础，该基础由改变理论组成，综合了人本的经验[①]取向理论以及系统理论，这个综合体整合了对自我和关系系统的关注以及一套明确的干预措施，将工作重点放在个案的情绪现实中。经验性的干预一直以来都以大量、实质的研究为基础（Elliot，2002）。

- 上述所有优势都体现在干预方面，这些干预是以依恋理论和科学的框架为基础的。EFT 的最大优势是以依恋理论为基础，因为人类是社会性的哺乳动物，他们需要与可信赖的他人建立亲密的关系才能生存和茁壮成长（Brassard & Johnson，2016；Johnson，LaFontaine & Dalgleish，2015）。我们的神经系统在漫长的婴儿期和童年期是极其脆弱的，需要寻找他人作为安全避难所。而这种依赖他人的需求从摇篮开始直到死亡才结束。浪漫的爱情则被视为依恋过程的一种（Mikulincer & Shaver，2007），伴侣治疗师以过去 20 年来在发展和社会心理的大量研究结果为资源，澄清人类的恐惧和渴望，并理解特定关系行为的影响等关键变量，包括批评或沉默等负向行为，以及倾诉和同理反应等正向行为。伴侣和家庭领域在过去显然因缺乏对亲密关系的明确理论和科学证据而陷入发展的困境。如果没有这样的地图，就很难真正达到干预的目标，甚至很难知道哪些改变是必要和有效的。我们将在第 2 章详细介绍依恋理论。

- EFT 也适用于许多不同类型的个案。EFT 可用于帮助有着各种各样问题的夫妇和伴侣，包括来自不同文化和社会阶层的伴侣（Denton, Burleson, Clark, Rodriguez & Hobbs, 2000; Parra-Cardona, Cordova & Holtrop, 2009）、同性伴侣（Josephson, 2003; Hardtke, Armstrong & Johnson, 2010; Allan & Johnson, 2016）、有性问题的伴侣（Wiebe et al., 2019; Johnson, 2017a）、老年夫妇（Bradley & Palmer, 2003）、患有慢性疾病的夫妇（Kowal et al., 2003），以及患有抑郁症

[①] 书中的"经验"有"经历、体会和感受"的多重意思。——译者注

和焦虑症（如创伤后应激障碍）的夫妇（Johnson，2002；Priest，2013）。有证据表明，EFT 也改善了伴侣的抑郁症状（Dessaulles et al.，2003；Denton，Wittenborn & Golden，2012），并有效地减少了焦虑和回避型依恋伴侣的不安全感（Burgess-Moser et al.，2015）。

- EFT 作为一个治疗学派并不局限于伴侣治疗。如上所述，现在有一个关系教育和强化亲密关系的"深情相拥®：情感联结的对话"团体方案，这个团体方案针对心脏病患者及其伴侣（Tulloch et al.，2017）的版本也已经发布（Johnson & Sanderfer，2016），原始的团体方案和这两个针对特定群体的版本都可在国际情绪取向治疗卓越中心网站上找到，原始的团体方案现在有在线程序的版本。EFT 也可用于个人治疗（EFIT）和家庭治疗（EFFT），可参考《依恋与情绪聚焦治疗》一书（Johnson，2019a）。EFT 与情绪工作的技术、以情绪作为改变的机制，以及与重要他人建立变革性关系的技术，无论是在实际互动中还是在与想象中重要他人的对话中，都可以应用于伴侣或婚姻（EFCT）、EFIT、EFFT 这三种治疗模式中。

- 受到 EFT 的依恋理论基础影响，EFT 治疗师有计划地在北美和全球主要城市创建起支持学习的 EFT 社群。目前全球总共有 65 个 EFT 中心在为专业人员提供支持、督导和继续教育。EFT 的初阶课程在这些中心开展，协助治疗师提高他们的技能，并继续接受国际情绪取向治疗卓越中心的正式认证培训，以成为学派的认证治疗师及认证督导。EFT 认证初阶训练由国际情绪取向治疗卓越中心认证训练员在全球各地推展，在已覆盖全球主要国家和地区的基础上，最新的地点选址涉及阿联酋、匈牙利、南非和伊朗四个国家。大多数学员都对认证初阶课程给出了极高的评价，并选择继续接受进一步的 EFT 认证训练。国际情绪取向治疗卓越中心网站上明确列出了认证途径，并提供了大量培训资源（Johnson，2017b）。

情绪取向治疗

什么是情绪取向治疗

EFT是整合性的学派，它兼重个人内在与人际互动。EFT整合了两个关系元素：一是着重于个人如何处理他们的内在经历，特别是以依恋为导向的关键情绪反应；二是聚焦于人与人之间，也就是伴侣互动的模式和循环。EFT通过系统模式、内在经历以及对自我和他人看法的内在运作模式，来了解伴侣是如何激发和创造彼此的。

EFT整合了个人内在的情绪反应以及人际互动的模式和循环，当一位治疗师尝试引导在婚姻问题中苦恼的伴侣，从负向、僵化的内外在反应转变为敏感、有回应的安全情感联结时，情绪反应和互动模式成为整个治疗过程的基准。伴侣双方的情绪经验与他们建构互动模式的方法共同维持了双方各自的"互动位置"（interactional position）。换句话说，"互动位置"是由个人内在的现实感和关系中两人所进入的模式共同决定的，如果伴侣间有着正向的情感联结，这些现实感和规则会不断正向地影响和改变另一方。而建立伴侣间亲密正向的情感联结正是EFT的终极目标。

EFT的另一个重点在于拓展个人内在经验和人际互动。EFT的第一个治疗目标是重新整理隐藏在伴侣"互动位置"之下的情绪反应，以促成"互动位置"的转变。当伴侣的"互动位置"转变成易亲近和有回应的状态时，两人之间才能开始一个安全的情感联结。EFT的第二个治疗目标是重新建立一个互动模式，这个新的互动模式可以为伴侣双方提供一个新的角度来看待人际互动的前后关联。例如，丈夫可能发现妻子的恶言攻击是出于她对得到丈夫的回应感到绝望，而不是心怀恶意地想去伤害他。反之，重整个人的内在反应的同时也改变了伴侣间的互动方式。例如，当丈夫试着对他的妻子表达他的需要和期望时，妻子发现原来丈夫对自己的疏远冷淡是不知道该对她的恶言攻击做何反应导致的恐惧造成的，而这个新发现则会使妻子停止抱怨。

当 EFT 成功地运用在伴侣关系上时，双方都能够视对方为一个提供安全、保护及舒适的泉源；然后，他们能够帮助对方去调节负向情绪，并建构一个正向的自我概念。

EFT 的治疗过程犹如一个关系的旅程：

- 从疏离变成有情感交流；
- 从警戒防卫和自我保护，变成开放心胸和愿意为了关系去尝试新的体验；
- 从被动无助地被负向情绪的潮水带着跑，变成主动创造自己的舞步；
- 从绝望地指责对方，变成能够觉察反省两个人是如何共同造成一个使得两人都无法关心对方和正向地回应对方的情景的；
- 从专注于对方的缺点，变成发掘自己的恐惧和渴望；
- 最重要的是，从疏远隔离变成情感联结。

即使有治疗师的指引和协助，这个旅程对任何伴侣来说也都是不易完成的。当 EFT 治疗师协助个体拓展和重整其内在经验时，个体会发展出一种新的自我表达方式，并用这个方式与其伴侣互动，从而进一步使得对方的态度与反应随之改变。简言之，新的内在经验建构了一种新的对话方式，而这种新的对话方式建构了一个新的互动情景，进而形成了伴侣间新的舞步和互动模式。

EFT 和其他家庭治疗学派的异同

治疗师的角色

EFT 治疗师既不是一名教导沟通协调的教练，也不是一名发掘过去和原生家庭对目前婚姻关系有何影响的拓荒者，更不是一位提供"行为处方笺"的策略家或帮助伴侣双方调整不合理期望和信念的导师。

EFT 治疗师是一位在帮助伴侣双方重整其经验，尤其是和婚姻关系有关的情绪经验的"历程顾问"；是一位协助个案伴侣重编"婚姻舞步"的编舞者。在每次的咨询过程中，EFT 治疗师有时是一个跟班，有时是领队的合作伙伴，而不是一个下"指示"的专家。在治疗过程中，伴侣有机会去实验、探索新的相处之道，以便能够拥有他们心目中的理想婚姻。

着重在"此时此刻"

EFT 治疗师着重在个案对其伴侣"此时此刻"的反应，并追踪、拓展个案的内在经验、互动行为及相对的行为反应。在治疗过程中，个案婚姻关系的改变是因为个案用不同的角度来看自己的经验，并用新的方法和其伴侣互动。EFT 治疗只在原生家庭经验对"此时此刻"的互动模式有直接影响时，才可以处理这些经验。这种做法和代间取向或精神分析学派较注重过去经历的做法是大不相同的。

EFT 同时也很少用"未来式"来指定个案家庭作业。这种做法和行为学派常用的技术是大不相同的。

治疗目标：安全联结

EFT 的目标在于重整个人内在经验及互动模式，以期在伴侣间建立一个安全的情感联结，治疗的焦点始终放在依恋需求、安全感、信任和两人的接触上。从另一个角度来看，治疗的焦点放在消除人们追求亲密依恋关系的障碍上。

EFT 治疗师不会尝试去教导个案伴侣新的沟通技巧，因为依据 EFT 的观点，在个案伴侣的依恋需求尚未满足、真挚的情感联结尚未建立之前，他们是不会去运用新学到的沟通技巧的。也因为 EFT 不认为婚姻问题是个人所引起的，所以 EFT 不将焦点放在潜意识和个人内在的冲突上。最后，因为 EFT 视伴侣关系为一个情感联结而不是一个理性的协议，所以 EFT 也不会试着去帮助个案重新商讨解决问题的新方法，或签订伴侣间的新契约。当伴侣之间形成了较安全的联结时，他们可以运用原有的沟通与协调技巧，而且当伴侣不再陷入依附冲突和不安全感中，关系的议题会变得更清晰，不那么纷繁复杂。

聚焦情绪

任何短期治疗学派的必要因素是聚焦。在 EFT 中，情绪既被视为造成关系问题的主角，也被视为解决关系困境的主角。情绪主导了依恋行为，激发了我们对他人的反应，并表达了我们的需求和渴望。在 EFT 中，情绪不会被漠视、控制或简单地标记出来，而是被拓展和分化。我们经常将此描述为"摊开"个案的情绪经验或"组合"情绪的过程。与其他非经验取向的学派相比，情绪体验和表达被视为改变的目标和催化剂，也是 EFT 的主要治疗任务，通过与伴侣接触所产生的新矫正过的情绪经验是 EFT 改变的要素。EFT 改变的核心过程是通过拓展关键情绪，并用它们来帮助伴侣在治疗的现场演练中产生新的互动和回应。

接受每个人的原貌

从 EFT 的观点来看，在婚姻困境中的伴侣不是有缺陷的、缺乏人际技巧的，也不是发展迟缓的（Gurman & Fraenkel, 2002）。伴侣个人的需求、渴望和原发情绪反应被视为健康且正常的。真正制造问题的是伴侣两人表达和追求这些情绪与需求的方法。举例来说，当"恐惧"被压抑、否认和曲解时，这些处理恐惧的方法很可能会造成伴侣之间的误解、冲突或疏远。正如弗洛伊德指出的，"在爱的时候，我们对痛苦是手无寸铁、无法抵抗的"。因为情绪反应（如恐惧）被抑制、否认和扭曲，而导致功能障碍。EFT 治疗师的任务是肯定和同理个案的经验和情绪反应，而不是去教导、改造个案成为一个不同的人。

EFT 治疗师不会把个案视为有缺陷的人，而会认为个案被卡在特定情绪状态中，用僵化不变的方式去处理、调解自己的经验，而且不断重复、无效地用伤害对方和自己的方法来维持这段婚姻关系。同时，EFT 治疗师相信个案之所以有这些情绪经验和反应是"事出有因"的，EFT 治疗师的任务之一就是找出这些藏在具有破坏性和非理性的情绪反应背后的动机和原因（Wile, 1981）。

EFT 如何看待改变

如果经验取向治疗师卡尔·罗杰斯（Carl Rogers, 1951）和结构系统治疗师萨尔瓦多·米钮庆（Salvador Minuchin）有关于关系困境的谈话，那么这个谈话就像是 EFT。情绪被视为经验的本质或系统的变量（Johnson, 1998）在这种情绪被表达出来时，诱发其他人的特定反应，然后循环回去影响表达出这个情绪的人。如上所述，情绪是伴侣舞蹈的背景音乐，并形成关键互动。EFT 与传统的人本学派有着共同之处（Johnson & Boisvert，2002；Cain & Seeman，2002），这一切都着重于同理地了解个案此时此刻的经验，特别是情绪和情绪相关的因素。

EFT 可被归于经验取向的学派，因为其重点在于以下几个方面。

- 找出人们主动积极地借着和环境的互动建构出其目前的经验的方式。治疗联盟是平等和合作的。

- 治疗师同理和肯定的力量建构了一个适合个案探索和获得新经验的正向情景。治疗师的接纳和真实所提供的安全感，使每个个案与生俱来的自我修复能力得以发挥。

- 人类有能力自我成长，并对情绪反应和需求做出健康适应。卡尔·罗杰斯和约翰·鲍尔比（John Bowlby，1969）都对 EFT 中的情感联结观点有极大的影响，他们不从病理化的角度来看待个案。鲍尔比认为，对世界做出反应的所有方式都可以是有适应功能的。正如罗杰斯也曾说过，只有当这些方式变得僵化，无法适应新环境时，问题才会出现。罗杰斯认为，治疗师必须澄清和肯定个案的经验和关系立场，因为它们的形成都是有原因并具备功能性的。

- 内在现实和外部现实相互定义的机制。EFT 之所以重视情绪，正是因为情绪引导人们了解自己的世界，并帮助人们了解自己的需要和恐惧。

- 情绪的沟通方式如何回过头来引发情绪反应是决定关系的关键。情绪将自我和系统、互动舞步和舞蹈之间联系起来。EFT 治疗师和依恋理论家聚焦于自我概念和互动模式如何形成关键的反馈循环（Mikulincer，1995）。

- 在治疗中，善用此时此刻来营造和强化矫正性的情绪经验。经验取向治疗师认为，矫正性情绪经验是重大和持久改变的主要来源。

EFT 可被归于系统取向的学派，因为其重点在于以下几个方面。

- 强调情景的重要性。每个伴侣的行为都以对方的行为为背景，同时也是对对方行为的回应。从某种意义来说，伴侣个人的行为既是对对方的行为所做出的反应，同时伴侣双方对自己如何影响对方的特定行为反应往往是没有觉察的。在典型的痛苦关系中，一方的退缩和缺乏反应会引发对方的批评和过度要求；反之亦然。

- 专注在"互动"的结构和过程，即 EFT 聚焦在探索并澄清亲密或疏远、主导或顺从的结构及其过程。
- 婚姻困境中的伴侣所形成的负向互动模式既会自动运转，也是一个使关系恶化的主要原因。
- 强调循环式（而不是直线型）的因果关系。EFT 治疗师相信互动模式及其对关系的影响是持续不断、双向地改变对方的，而不是一个单向的关系。例如，丈夫可能发现"我从关系中退缩是因为你不断挑剔我，而你不断挑剔我是因为你不满意我的冷淡和疏远"。

总之，EFT 是经验取向和系统取向的综合体，将个人内在与人际关系相结合。EFT 治疗师帮助个案伴侣重整其情绪经验，并由此促成"互动位置"的转变，在伴侣中唤起新的情绪反应。如前所述，新的情绪经验会影响伴侣共舞的方式，而新的舞蹈会影响伴侣的情绪经验。"情绪"一词来自拉丁语单词，意思是"移动"。情绪的新结构代表着伴侣在关系舞蹈中进入新互动位置，有助于伴侣建立安全的情感联结。

EFT 的治疗过程

EFT 是一个为期 8~20 次咨询的短期的伴侣治疗。治疗师和伴侣之间的治疗联盟，是一个成功的伴侣治疗之先决条件。EFT 并不适合用在已长期分居或有婚姻暴力的伴侣，而最适用于那些想重建深层真挚情感联结及因负向的互动关系而变得疏离的伴侣。同时，EFT 也适用于其他对象，如患有产后抑郁症的妇女、创伤后症候群和中度适应不良的青少年或成人，或处于困境中的家庭或个人。另外，短期的 EFT 也适用于一般的伴侣问题，如缺乏亲密感、伴侣之一因工作或生活压力而烦恼等。

EFT 也常被用来帮助性少数群体伴侣（Kowal et al., 2003）或一方正受重病之苦的伴侣等，这些伴侣想要通过伴侣治疗在关系中做一些改变。如果一个人观察 EFT 的治疗，那么他会看到治疗师不断在伴侣之间交替地澄清两人的情绪经验，并鼓励伴侣两人真实地在治疗中有目标地互动，如"你可以告诉他……吗"。

EFT 将个案改变的历程分为三个阶段共九个步骤。

第一阶段，减少恶性循环的冲突，稳定关系：

步骤一，评估诊断，与个案建立关系并描绘出主要争端的冲突点；

步骤二，界定负向的互动模式；

步骤三，找出隐藏在"互动位置"之下未觉察的深层情绪；

步骤四，从深层情绪和依恋需求的角度重新界定问题。

第二阶段，改变互动位置：

步骤五，增进个案对于一直被否认的个人需求和特性的了解，并将这些新信息应用于互动关系中；

步骤六，增进个案对伴侣经验与新的互动模式的了解和接受；

步骤七，鼓励个案表达其需求和渴望，并建立情感的联结。

第三阶段，巩固和整合：

步骤八，应用新的互动模式去解决旧有的关系问题；

步骤九，巩固新的互动模式和依恋行为。

EFT 治疗的改变历程

在 EFT 治疗的过程中，可观察到伴侣出现以下三种改变：

- 第一阶段结束时，旧有的恶性循环减少，冲突缓解；
- 第二阶段中，"逃避退缩者"的参与 – 重建依恋；
- 第二阶段中，"指责追赶者"的软化 – 重建依恋。

第一顺序的表面改变是打破旧有的恶性循环。例如，当较有敌意的伴侣不那么愤怒或激动的时候，伴侣中较冷淡退缩的一方会开始尝试更投入双方的关系中。这对伴侣可能会开始有一些亲密的接触（如性生活），并对在治疗过程中新建立的联结产生一些信心，也会开始对关系抱有希望。

接下来的两种转变是第二顺序的结构改变，这两种转变是从根基上去改变关系的结构。

只有当"逃避退缩者"开始变得比较主动积极时，新情感联结得以建立。这个转变影响了个人在婚姻关系中的互动方式和促成两人之间的亲近的新模式，"逃避退缩者"会较常表达其需求和期望，较少逃避或拒做回答，在咨询中与其伴侣互动时有越来越多的情绪投入。

"指责追赶者"能够开始软化并放下武器，原先很有敌意的一方愿意尝试表达其依恋需求和脆弱无助的一面，并允许两人重新审视彼此之间的信任度。一般而言，伴侣两人会用不同的方式去指责或逃避对方，所以两个人都有机会在不同的时间或情景下去扮演"逃避退缩者"和"指责追赶者"。以上所讨论的三种转变实际上是个人试着在独立与孤独、亲密与依赖之间找到一个平衡点。这个寻求平衡的过程在婚姻关系中因受两人互动的影响愈显复杂。举例来说，当一个挑剔的丈夫变得比较温和时，比较退缩的妻子就会比较愿意去尝试接近丈夫和表达自己的意见；当两人之间的关系变得比较亲近时，丈夫也比较敢表达自己的需求和脆弱无助的一面，而丈夫的新态度也相对地鼓励了妻子的正面回应。这样一来，这些新的互动方式会带动更亲密的情感联结。

一个典型的改变过程

盖尔和本决定接受婚姻咨询，因为盖尔十分不满本对婚姻漠不关心和疏远的态度，本同时也表达了他对盖尔不可理喻又霸道态度的埋怨。本通常是采取退缩的方式来回应盖尔的不满，增加两人性生活的频率是他认为解决两人冲突的最佳方法。盖尔则希望本能跟她谈谈他的世界。以下以这对伴侣为例来解释上述的三种转变。

恶性循环冲突的减少

盖尔：（指责追赶的妻子）我一直是那么生气，气他不在乎我、不关心我的喜怒哀乐，我从来没有像现在这么孤单寂寞过。我的霸道和蛮不讲理是我想要告诉他，他没有权力用这种方式来对待我。

本：（逃避退缩的丈夫）不管我做什么都不对，我不会说她想听的话，我也不愿意学。我知道我在转身逃开她，因为我实在不知道该怎么做才能让她满意。

盖尔：我知道是我的态度将他推得越来越远，但当我感受到他的疏远时，我会惊慌失措。

本：我想我学到了"保持距离以策安全"的艺术，我从来没想到她会想要亲近我。

这段对话包括了四个重点：对两人之间的互动模式的觉察、为自己在这个互动模式中所扮演的角色负责、觉察并表达自己的深层情绪、试着不要逃避或指责对方。一般而言，伴侣在此时的感想是："我在这次的咨询中终于比较了解你了。"

"逃避退缩者"的参与

本：我从来不想成为聚会的焦点，我不喜欢那种压力。当我试着冒险地接近你时，我希望你能给我一些鼓励和支持。如果你不改"纠察队"的态度，一直挑剔我的过错，我就会一直逃避你。我并不是满脑子都想着"性"，我有时只是希望你抱着我，而我希望能更自在地表达我希望你亲近我的想法。

在这段表白中，本一改以往"自我保护"的态度，而试着用比较主动的方式去接近盖尔。本试着表达他对盖尔的依恋需求，对盖尔而言，他也变得比较容易亲近。

"指责追赶者"的软化

盖尔：我很害怕当我试着去依赖你时，你会转身拒绝我，我好像已经很久不曾觉得跟你在一起是安全的了。

盖尔：我希望你可以告诉我，我对你而言是最重要的。我需要知道我是重要的，而我们双方都需要亲密感，而且我需要知道我是你所珍视的。

在这段对话中，盖尔表达了她脆弱无助的一面，并试着将自己交到本的手中。当本开始对盖尔的表白有一些正面的回应时，两人之间的新情感联结会慢慢形成。

本章的目的在于为读者简要介绍 EFT 和伴侣治疗，第 2 章将要介绍 EFT 的哲学以及这个哲学将如何影响亲密关系和促进关系的转变。

第 2 章

从依恋的角度来看爱情：情绪取向治疗

> 从出生到死亡，人类最幸福的时刻就是当我们从依恋对象提供的安全基地出发，把生活变成一系列或长或短的旅行。
>
> 约翰·鲍尔比（John Bowlby）
> 《安全基地：依恋关系的起源》（*A Secure Base*, 1988）

每一位 EFT 治疗师在聆听案主带入治疗室的问题时，都会在心里试着回答以下的问题。这些问题的答案提供了一个框架，以帮助治疗师理解他正在观察的多维现象，并决定其工作的重点和治疗策略。

- 个案发生了什么事？他们的关系出了什么问题？这个治疗的重心该放在哪里？
- 个案的关系"应该"是什么样子？对个案而言，什么才是健康的功能？治疗的目标是什么？
- 个案应该做些什么才能解决问题并建立一个新的、健康的关系？治疗师可以做些什么来促成个案的改变？

治疗师需要一个了解健康功能的理论，这个理论可以界定问题的发生、了解健康功能是如何被破坏以及个案在治疗中如何发生改变的。在伴侣治疗中,"关系"(而非个人)是我们要帮助的个案。因此,治疗师需要掌握成人亲密关系理论,了解成人爱情的本质。这就是本章的主题。

从 EFT 的角度来看成人之爱

如果我们问个案"长期幸福关系的基础是什么",他们的答案几乎是"爱情"这个词。然而,在专业的伴侣和家庭治疗领域,我们注意到"爱情"缺席了,这是一个被遗忘的因素(Roberts,1992)。伴侣和家庭治疗通常侧重的问题在于权力、控制、自主和调解冲突,而排除了滋养和爱(Mackay,1996)。近年来,将依恋理论应用于成人关系是伴侣治疗的一个革命性的改变,因为伴侣治疗师第一次拥有了一个连贯的、相关的、有丰富研究证据支持的框架,对成人之爱有了更好的理解和干预的方式(Brassad & Johnson,2016;Johnson, LaFontaine & Dalgleish,2015)。这是一场更大规模的革命的一部分,在这场革命中,科学终于开始解答"人际关系的核心奥秘"(Berscheid,1999,p.206)。

没有什么比一个好的理论更实用的了。这种理论能够让治疗师了解复杂的、多元性的爱情剧的定义性特征,即一种痛苦的亲密关系。这种理论也给予治疗师一种语言来捕捉并更了解每个个案的经历和感受。一旦确定了关系的定义特征,就更容易描绘和改变,然后更容易到达遥远的目的地。爱的理论不仅帮助治疗师了解痛苦关系的问题,而且提出了既关键又有效的治疗目标,以及可以实现这些目标的步骤。一个好的理论能确保干预措施是有针对性的,能直接处理核心问题。

依恋理论的基本原则由约翰·鲍尔比(1969,1988)首次提出,然后由社会心理学家(Mikulincer & Shaver,2007)和越来越多的临床助人工作者(Costello,2013;Magnavita & Anchin,2014)发展并应用于成人关系中。

依恋理论的十大核心原则

依恋理论的十大核心原则如下。

依恋是一种与生俱来的动力

寻求和保持与重要他人的接触是人类一生中本能的主要动机来源。依恋在我们的文化中被病理化了，它其实是人类与生俱来的一部分，而不是我们随着年龄的增长而被遗忘的童年特质。依恋及其相关的情绪是亲密关系的核心特征，这是伴侣治疗师最关切的"问题核心"。依恋理论具有相当程度的跨文化适用性（van Ijzendoorn & Sagi, 1999）。它与人类作为社会性动物的进化有关，并提供了一个举世通用的观点。它提醒我们，如同沙尘吹来会刺痛所有人的眼睛一样，对孤立和失落的恐惧存在于每个人的心中。

安全的建设性依恋与自主性是相辅相成的

根据依恋理论，没有所谓的完全独立或过度依恋他人（Bretherton & Munholland, 1999），只有有效或无效的依恋。安全型依恋促进自主和自信。安全型依恋和自主如同一枚硬币的两面，而不是互斥的二分法。研究证据告诉我们，安全型依恋与更一致、更清晰、更正面的自我意识有关（Mikulincer, 1995）。归属感让我们成为现在的我们。我们的联结越安全，我们就越独立和分化。健康在此意味着保持一种相互依存的感觉，而不是自顾自地与他人切割。

依恋提供了一个不可或缺的避风港

与依恋对象维持接触是一种与生俱来的生存机制。依恋对象（通常意味着父母、子女、伴侣和恋人）的存在，提供舒适和安全，若感觉到自己无法靠近这些依恋对象会产生痛苦。靠近亲人可以使神经系统平静下来（Schore, 1994），这是对生活中不可避免的焦虑和脆弱的天然解药。对于所有年龄层的人，正面的依恋创造了一个安全的避风港，为抵御压力和降低不确定性的影响提供了缓冲（Mikulincer, Florian & Wesler, 1993），并为人格的持续发展提供了最佳温床。

依恋提供了一个安全的基地

安全型依恋还提供了一个安全的基地，个人可以从这个基地出发去探索世界并对所处环境做出最好的适应。这个安全基地的存在让人们更愿意去探索和学习新信息（Mikulincer，1997）。它能培养出有助于冒险、学习和不断成长的内在运作模式（对自我、他人和世界的观点），以便适应新的环境。安全型依恋的个体能逐渐提升沉静下来反思自己行为和精神状态的能力（Fonagy & Target，1997）。当人际关系给予个人一种安全的感受时，个人就更愿意接近他人、为他人提供支持和积极应对冲突和压力。这些关系往往更快乐、更稳定、更令人满意。能否与伴侣建立安全的情感联结，是造成伴侣痛苦的核心问题，因为这种联结是一个安全的避风港和安全的基地，能够提供有效修复关系的途径。

情绪的可亲性和回应性建立了情感联结

一般来说，情绪会启动并指挥依恋行为。更具体地说，安全联结的基石是情感的可亲性和回应性。依恋对象可以人在心不在，但当依恋对象不可亲时，就会造成类似分离的痛苦。情绪的投入至关重要，也就是相信对方会在我们需要时投入情绪参与进来。从依恋的角度来看，任何反应（甚至愤怒）都比没有反应好。如果依恋对象没有情绪的投入，也没有情绪反应，就像依恋对象在对我们说："你传递出来的信号并不重要，我们之间也没有联结。"情绪是依恋的核心，这一理论指导我们来理解伴随痛苦关系所产生的许多极端情绪，并将这些情绪正常化。依恋关系是我们最容易产生强烈情绪的地方，也似乎是情绪有最大影响力的地方。情绪帮助我们了解我们的动机和需求是什么并能够与他人沟通，情绪是依恋之舞的背景音乐（Johnson，1996，2013）。约翰·鲍尔比曾说过："情绪的心理和精神病理学……在很大程度上就是对情感联结的心理和精神病理学"（1979，p.130）。

恐惧和不确定性启动了依恋需求

当个人受到威胁时，无论是经历创伤性事件、日常生活上遇到困难（如压力或疾病），还是对依恋联结本身的安全性有任何破坏，个人都会受到极大的影响，对安慰和亲近的依恋需求会变得特别明显。接下来依恋行为被启动，如试图靠近依恋对象。与所爱的人的情感联结是一种内在的情绪调节装置，与重要他人的依恋是我们"用来防止无助和恐慌的情绪的主要保护方式"（McFarlane & van der Kolk，1996）。依恋理论协助伴侣治疗师理解特定事件（如在派对上与他人调情或在一方需要的时候没有及时出现）是如何对关系产生威胁、让痛苦开始像滚雪球般地越演越烈。

分离所造成的痛苦是一个可预测的过程

如果依恋行为不能得到依恋对象的回应（如安慰和靠近），个人典型的反应会是愤怒抗议、对掌控的执着、抑郁绝望，最终导致情感抽离切割。抑郁是对失去联结的自然反应。约翰·鲍尔比认为，亲密关系中的愤怒常常是试图靠近一个无法亲近的依恋对象的反应，并将带有希望的愤怒与绝望的愤怒区分开来，后者促使人们用不顾一切和胁迫的手段来达成目的。在安全的关系中，对无法亲近的抗议是被对方认可和接受的。一位 EFT 治疗师将痛苦的基本表现（如追赶命令/逃避退缩）视为分离痛苦这个主题的变奏曲。

特定的不安全联结模式是可辨识的

人类有特定的几种应对依恋对象不回应的方式。对于"当我需要你的时候，我能依靠你吗"这一问题的负面回应，只有这些特定的方法来调适。依恋反应则可以用两个向度来分类：一是焦虑，二是逃避（Fraley & Waller，1998）。

当与不可替代的重要他人的情感联结受到威胁但尚未完全切断时，依恋系统可能会变得过度活跃或超速运转。依恋行为被增强并变得激烈，焦虑的纠缠、追求甚至侵略性的强行控制和逼迫重要他人回应等方式逐渐升级。从这个角度看，在不良关系中，大多数批评、指责和情绪激动的要求都在试图处理和解决与依恋有关的伤害和恐惧。

第二个应对缺乏安全情绪联结的策略，特别是在得到回应的希望很渺然时，人类会尝试关闭依恋系统并抑制依恋需求。最常见的方法是专注于任务，并限制或避免与依恋对象有任何情绪接触，以减少痛苦。焦虑纠缠和逃避切割这两种基本策略，被发展成与亲密他人交往的习惯性模式。从依恋的视角来看，愤怒的批评往往是试图让对方变得可亲，并对伴侣的隔离和抛弃提出抗议。逃避退缩可以被视为试图遏制互动，并调节因拒绝所引发的恐惧，反过头来这会更确认自己是不值得被爱的恐惧。

第三个不安全的策略是前两者的组合，也就是先寻求亲近，然后得到时又因害怕而逃避亲密关系。这种策略通常在儿童文献中被称作混乱型，或在成人文献中被称为恐惧逃避型（Bartholomew & Horowitz，1991）。第三种策略的形成与混乱的和创伤性的依恋有关，因为重要他人是恐惧的根源，也是解决问题的资源（Johnson，2002；Alexander，1993）。

焦虑和逃避这两种策略首先通过一个母亲和婴儿的分离与团聚的实验（也就是陌生人情境实验）结果而被学者提出（Ainsworth, Blehar, Waters & Wall, 1978）。一些婴儿能够调节分离时的痛苦，承认他们内在的需求，并在母亲回来时寻求明确的支持。他们能够传送明确的信号，以确保是与母亲有联结的。接下来，因为对母亲在他有需要时的回应有信心，婴儿能够恢复探索和玩耍，这些是具有安全型依恋的孩子。有些孩子在分离时非常苦恼，他们似乎不相信母亲会回来，所以当与母亲再次团聚时，他们或纠缠着不放，或表示愤怒。这些很难被抚慰、一心一意地想要与母亲接触的是焦虑型不安全依恋的孩子。另一组孩子在生理上有明显的不适，但在分离或团聚时却很少表现出情绪。他们专注于手边的任务和活动，这些是逃避型不安全依恋的孩子。这些类型是"自动运转的社会互动模式和情绪调节策略"（Shaver & Clarke，1994，p.119）。它们呼应了保罗·埃克曼（Paul Ekman）和华莱士·弗里森（Wallace Friesen）在 1975 年所提出的情绪表达的原则，即用一种感觉替代另一种感觉。例如，当我们关注的是强烈的愤怒（夸张渲染），而不是隐藏的恐惧时，就能降低个人所感受到的恐惧（转移替换）。

最近对成人依恋的研究增加了我们对成人依恋类型的理解。例如，焦虑型依恋的成年人似乎视与依恋对象的分离为一场生死攸关的灾难，而安全型依恋的成年人则更乐于接受新信息，能够修正人际关系中的信念，并更有效地寻求安慰。焦虑型依恋的伴侣更容易产生强烈的愤怒，而逃避型依恋的伴侣似乎会感受到强烈的敌意，并将这种敌意归咎于他们的伴侣。此外，当对方表达痛苦或寻求支持时，逃避型依恋的伴侣往往会感到对方的敌意。研究发现，逃避型依恋的伴侣平常有良好的社交技能，但当他们自己或其伴侣内在的依恋需求浮现时，他们既不会寻求也不会给予支持。逃避型依恋的伴侣也较易涉入复杂混乱的性关系（Brennen & Shaver, 1995; Shaver & Mikulincer, 2002）。一般来说，焦虑型和逃避型依恋的人对新奇和不确定的情况抱持着僵化和高度警觉的态度，并且将放松警惕和无助投降画上等号。所有伴侣治疗师都认识到，这些因素是狭隘僵化的互动模式的前奏和其中一部分，也限制了亲密的情感联结所需的灵活开放性。

这些不安全的习惯性联结模式可以通过新的关系经验来改变，但它们同时可以影响当前的关系，也很容易自我延续、继续推动旧有的模式。这个习惯性的模式包含了用来调节情绪和保护自我免受排斥、不被抛弃的特定行为反应，以及认知架构或内在运作模式等。在依恋文献中，暗指个体特征的学术名词"依恋类型"通常与"依恋策略"这个名词互换使用，这意味着依恋模式是受环境影响的行为。被使用的第三个学术名词"习惯性的联结模式"（Sroufe, 1996）则进一步强调了这一概念的人际性质。当关系发生变化时，这些联结模式可以也确实会发生变化，它们会随着情境来调整，而不是绝对不可变的（也就是说，不是只有更安全或更不安全两种不变的选择）。文献中关于这些建立亲密联结的互动模式能够帮助伴侣治疗师看透所有问题和戏剧性的情节，从而可以直接进入关系中的关键互动和态度。这些策略或模式的描述也符合对婚姻困境的质化描述性研究，例如，研究人员发现，指责－追赶之后的防卫－疏离反应是关系破裂的前奏。

延续依恋理论的观点，研究证据也清楚地显示了依恋类型会影响关系满意度。如果伴侣是不安全型依恋，那么个人对关系的满意度较低；与两方或其中一方是不安全依恋型的伴侣相比，两人皆为安全型依恋的伴侣自我报告的适应性更佳（Feeney, 1994; Lussier, Sabourin & Turgeon, 1997）。当我们思考这些习惯性的反应和自我延续的互动模式时，很容易看出依恋是一个系统性的理论（Johnson & Best, 2003），是一个"主动积极地调节现实和创造现实，而不只是被动消极地反映现实的系统"（Bretherton & Munholland，1999，p.98）。

依恋中包含了自我和他人的内在运作模式

我们通过最亲密的关系来找到自己的定义和价值。如上所述，依恋策略反映了整理和调节情绪的方式。有些人在感到被拒绝时会像天塌下来般的不断抱怨，有些人则沉默好几天。约翰·鲍尔比列举出这些代表自我和他人观点的认知内容，自我和他人观点影响了个人在关系中的回应模式。安全型依恋的人觉得自己是值得被爱护、被照顾的，并对自己有信心，觉得自己是有能力的（内在运作模式中对自我的看法）。事实上，研究发现，安全型依恋与更高的自我效能有关（Mikulincer，1995）。安全型依恋的人相信别人会在自己有需要的时候立即回应，内在运作模式中对他人、对世界的看法则是视他人为可靠且值得信任的。这些对自我和他人的内在运作模式是从童年时期开始，通过无数次与主要照顾者的互动提炼出来，并延续到未来所有的重要关系中，形成新关系中的期望和偏见。它们不只是单面向的认知架构，还是一个建立人际联结以及处理依恋信息的程序脚本。内在运作模式涉及目标、信念和依恋策略，它们充满了情绪。内在运作模式可被设计、被维持，对伴侣和家庭治疗师而言最重要的是，它能够通过情绪沟通而改变，伴侣和家庭治疗师能够通过个案自我流露的情绪来了解其自我和他人内在运作模式，这些模式在与重要他人的频繁互动中自然地发展和修正。例如，一旦痛苦的伴侣克服他们愤怒抗议的习惯化反应，他们往往就会开始分享对自己是否值得被爱和是否有价值的恐惧。

孤立和丧失的本质是创伤性的

最后，重要的是要认识到依恋在本质上是一种创伤理论。约翰·鲍尔比通过研究缺乏母爱和与母亲分离及其对儿童的影响，开始了他作为健康专家的职业生涯。依恋理论描述和解释了那些在我们最需要的人身上感受到缺爱、失去、被拒绝和被遗弃的创伤，以及这些经验对我们的巨大影响。约翰·鲍尔比认为，这些创伤性的压力因素以及随之而来的孤立感，对人格形成和个体独立处理生活压力的能力有着重大的影响。他认为，当个体确信亲人会在他需要时出现在其身边时，"与缺乏这种信心的人相较，有信心的人更不容易产生强烈或长期的恐惧"（1973，p. 406）。伴侣和家庭治疗师非常了解缺爱和分离所造成的痛苦，它是正在进行中的"普通"关系困境的重要组成部分。事实上，个案经常从生死攸关的角度来谈论这种痛苦的创伤。作为创伤理论，依恋理论特别能帮助我们理解情绪伤害背后的包袱，如被拒绝或被亲人抛弃的感觉。正在处理孤立和丧失引起的创伤性无助痛苦的伴侣，往往采取战斗、逃跑或僵住的方式，这些方式是常见的创伤性压力带来的反应特征。创伤视角侧重于无助和恐惧的力量，帮助伴侣治疗师贴近痛苦的伴侣的真实经验，用建设性的方式处理这一现实的困难。

成人依恋说明

由于美国的文化强调个人主义并重视自给自足，因此一些临床工作者和伴侣很难从依恋的角度看待成人关系。约翰·鲍尔比一直认为依恋是一辈子的事，也许在这里应该明确指出婴儿同主要照顾者的关系与成人爱情关系的特征是具有基本相似性的（Shaver, Hazan & Bradshaw, 1988）。

在这两种关系中，都有一种对注意力、情绪反应和双向互惠的强烈渴望。不论孩子或成年情侣，如果更容易被对方视为可亲和可靠的，他们都会感觉更自信和安全，更有能力应付压力事件。在这两种关系中，如果对方被视为容易接近和回应迅速，人们会更快乐、更外向，对模棱两可或负面关系事件中的痛苦表现出更大的承受力。当依恋对象是遥远的或拒绝的，婴儿和成年情侣则变得焦虑、忧心忡忡，无法集中精神或自在地探索环境。这两种关系都以寻求亲近和高质量的身体接触（如爱抚、拥抱、支持性的亲吻）来表现。当恐惧、生病或痛苦时，成人和儿童尤其希望被亲人抱住和安慰。在所有年龄阶层，人们在分离和失去依恋对象时都会感到痛苦，并且害怕会失去依恋对象。通过接触和问候的重新联结是欢乐和安慰的源泉，当对未来重聚的可能性有任何怀疑时，这类反应尤为明显。在人际关系中，经验和礼物都是共享的，倾诉是有价值的，人们会主动地思考所爱的人会对某件事或有趣的景点做出怎样的反应。还有一些长时间的眼神交流的关系，用眼神来表示对彼此的迷恋和对对方身体的兴趣。非语言交流也非常重要，恋人和父母/孩子都会用童稚语调相互吟唱。

每个人可以有多个依恋对象，但对于儿童和成人来说，通常有一个特定的重要人物来提供安全庇护和安全基地。逆境和压力增加了一个人对另一个人的需求，并加剧依恋行为，无论年龄多大。同理的贴近是坠入爱河和与孩子玩耍的一部分，当依恋关系不安全时，人们对缺乏互惠和反对或否定特别敏感。恋人与父母和孩子都会从对方的关注、认可和积极回应的关怀中获得极大的满足；相反，在整个生命周期中，关系中断往往会造成极大的痛苦，并提高人们对身体、心理问题和疾病的敏感度。从出生到死亡，人类渴望有人照顾他们，在意和珍惜他们，抚慰他们的伤口，让他们在生活中遭遇困难的时候可以安心，在黑暗中有人陪伴支持。

即使成人依恋与婴幼儿依恋有许多共通之处，但两者也有以下三个重要的不同之处。

- 成人的爱情关系更具抽象性。成年人更容易将重要他人放在心上、记在脑中，更能够用自己印象中的重要他人来获得安慰和保证。孩子年龄越小，就越需要实实在在的身体接触。
- 成人依恋关系包含性爱的部分，性是一种联结的活动（Johnson，2017a）。性可以被看作一种依恋行为，既有追求性高潮的目的，同时也有繁衍后代的功能。依恋理论家指出，在喂奶和性高潮时都会释放出催产素（亦被称为拥抱激素）。
- 成人依恋关系在本质上更强调有来有往。父母被期待要主动建立与孩子的依恋关系。成年伴侣期望这是一个互惠对等的过程。

成人的联结也有可能需要花较长的时间才能从友谊的形式变成依恋的情感联结。一些理论家认为，长达两年的成人关系更有可能显示依恋特征（Hazan & Zeifman，1999）。这些理论家还强调，在儿童和成人的重要关系中，对提供情绪及身体安全的依恋对象即使是暂时的"丧失"所做出的焦虑和抗议反应，都有极强的适应性意义。在伴侣治疗中，这种对丧失的焦虑和抗议会以沟通困难或缺乏亲密的形式出现。

鉴于上述情况，在此也有必要指出，最被广为接受的婚姻痛苦和离婚的行为治疗模式可能是不正确的，也就是说，负面情绪、冲突和不良互动等并不是造成爱、信任和亲密等正面情绪减少的因素（Roberts & Greenberg，2002；Huston，Caughlin，Houts，Smith & George，2001）。另一种模式（一个符合依恋视角的治疗学派）认为，缺乏自我表露和回应的交互作用是关系痛苦的开始。然后，个人依恋需求得不到满足，而这种缺爱和距离最终导致了冲突和痛苦。一旦在一段关系中对依恋线索做出回应，亲密关系变得更加安全，伴侣双方就可以解决许多长期的冲突，也可以在没有分歧威胁的情况下对问题进行讨论。

依恋作为整合的视角

伴侣治疗正朝着更完善的整合方向努力，因为依恋理论的融合度高。这是一个系统性的理论，侧重于行为脉络和沟通模式（Kobak & Duemmler，1994；Erdman & Caffery，2002）。这一理论从进化论的角度出发，提出了一个有关与生俱来的控制系统的概念，旨在保持与主要照顾者和孩童之间或是需要合作抚养子女的伴侣之间的亲近和照顾。它也可以被看作一个个人的动力理论，聚焦于情绪调节和对他人的看法（Holmes，1996）。有一些依恋理论家将依恋仅仅视为一种内在的心理状态（Main，Kaplan & Cassidy，1985），但其他社会心理学家、伴侣和家庭治疗师从相互影响的角度来看待依恋关系和依恋类型，即在与亲人的互动中不断构建和重建。个人与不同照顾者的关系可能有着"质"的不同，随着人们在人际关系中学习和成长，依恋类型可以也确实会发生改变（Davila，Karney & Bradbury，1999）。最起码像伴侣和家庭治疗的临床应用一样，依恋整合了自我和系统两个层面。现代版本的依恋理论也融合了求助、照顾和性行为（Feeney，1999）。

依恋理论聚焦情绪和肯定依恋需求，与女性主义的观点是一致的，并且很容易与女性主义的观点相结合（Baker Millerand Pierce Stiver，1997；Fishbane，2001）。依恋理论家同意女性主义者所重视的两点：亲密关系有极大的影响力，以及把情感联结的需求病态化是危险的（Vatcher & Bogo，2001）。女性主义者与解释健康关系的依恋理论是一致的。这两种观点都认为，健康关系的特点应是"平等、互惠、亲密和相互依存"（Haddock, Schindler Zimmerman & Mac Phee, 2000）。但最重要的是，依恋是一种临床理论，它把成人爱情的奥秘摊在阳光下，向我们展示了痛苦爱情剧背后的情节，这样我们才能有效地重新导演这部戏剧，让它有不一样的结局。

依恋的理论和研究形成了一个综合的整体，它涉及伴侣如何处理他们的情绪，整理和组织关于自我和他人的看法，以及与重要他人的沟通。例如，这种观点有助于伴侣治疗师了解焦虑依恋背后的情绪反应，以及逃避型依恋伴侣在对方感到脆弱或需要时反而逃避情绪投入的倾向（Simpson, Rholes & Nelligan, 1992）。依恋安全感促进对新证据和替代视角的开放性，从而有助于协作解决问题。这些信息提醒伴侣治疗师：在建立务实的问题解决或建设性的技巧互动之前，需要先重建情绪安全和依恋安全。一旦伴侣能够一起改善关系中的不确定性，他们也能够走出恶性循环（如指责–逃避的模式），并能从后设观点（元视角）来看待两人的对话。

安全依恋促进沟通的开放性、连贯性和能力。正如丹尼尔·戈尔曼（Daniel Goleman）在他的《情商》（*Emotional intelligence*）一书中所指出的："对他人的贴近需要自己先找到内在的平和。"（1995, p.112）研究将依恋安全感与伴侣治疗师需要处理的各种行为联系起来。安全的依恋与健康的自信以及较少言语攻击相关，安全的伴侣关系提供更多的支持、更少的拒绝，这些要点在本书的其他章节中会有进一步的讨论（Johnson, 2002, 2013）。

最后，重要的是，在现代具有科学性的伴侣治疗中，理论、研究和临床实践是汇流成同一股力量的，依恋理论是这种融合的一部分。关于伴侣关系中痛苦本质的数据、强调恶性循环的破坏性（如指责–退缩）以及安慰和持续的情感投入的必要性（Gottman, Coan, Carrere, Swanson, 1998），依恋理论和研究所概述的成人爱情本质以及EFT治疗学派的成效研究结果和治疗改变的历程研究都指向同一个方向。这个方向整合并聚焦于情绪和特定互动模式，并显示伴侣治疗在本质上是解决依恋联结安全性的问题。

依恋的改变

依恋的改变可以是行为反应的改变程度，比如，变得更加开放和同理，用不同的方式来调节情绪，或改变关系中特定的部分，以及从自我与他人的内在运作模式来解读与依恋关系有关的信息，因此在不同层面都可能发生变化。但一般来说，伴侣治疗师希望促成新的依恋反应，将伴侣关系重组为更安全的联结。

在约翰·鲍尔比的著作中，他专注于治疗师如何帮助为个体个案增加觉察力，从而帮助改变该个案一般的不安全依恋模式。然而，现代依恋导向的治疗师更注重在特定的依恋关系中有矫正性力量的新情绪经验，作为改变依恋反应和模式的主要途径。这些新的情绪经验可以消除过去的恐惧和偏见（Collins & Read，1994），让治疗学派能够被更清楚地阐述和扩展，并进一步构建和整合新的行为（Johnson & Whiffen，1998；Johnson，2019a）。

从系统的角度来看，从僵化和弹性的角度考虑依恋的变化是很合适的。从系统的角度来讲，健康是关于弹性和调整个人内在对世界看法的能力，以及对新环境的行为反应能力。约翰·鲍尔比强调，有功能的内在运作模式必须是开放性的，以便随时调整和维持最新状态（1969），而对持续发生的经验限制或防御性处理可能会干扰这一个调整的过程。依恋取向的治疗师将聚焦于拓展个案的依恋行为，并试着理解和处理原有和新的依恋经验。改变发生在感受层面、认知层面，也发生在特定模式的互动中。为了让焦虑型依恋的伴侣变得更加安全，他们可能必须先看到他们的模式：他们随时保持警惕，很容易感到失望，必须塑造新的经验，能够表达需求和真实感受，并与重要他人建立安全的情感联结。许多伴侣和家庭治疗学派往往着重于行为、互动模式或内在感受，依恋理论则认为改变需要包含上述所有观点。依恋和系统理论都采用循环的因果关系这一概念来解释互动模式的形成和维护。然而，依恋理论也表明，特定类型的焦虑和调节这种焦虑的方法对亲密关系中的关键反应有决定性的影响（Johnson & Best，2003），伴侣如何共舞，以及他们如何从内心掌握这个舞蹈，形成了依恋的经验。

依恋理论对伴侣治疗的重要性

依恋理论为一些关于人际关系的基本问题提供了答案。我们如何陷入无效的行为,从而剥夺了我们对于伴侣和家庭成员的爱的渴望?为什么疏远往往不能冷却与依恋对象互动时产生的冲突?为什么某些事件比其他事件更能决定关系的质量?而且对于伴侣治疗师来说,最根本的问题是如何集中我们的精力以更有效地尝试修复关系中的伤,重建与我们所爱之人珍贵的情感联结呢?

依恋理论,特别是最近关于成人依恋的阐述和研究证据,为伴侣治疗师提供了一种了解和塑造关系互动的方式。以下是依恋理论为伴侣治疗师提供的更为具体的内容。

- 对健康的亲密关系提供了明确的概念,以及定义关系中健康或功能障碍的关键时刻。这自然引出了一套清晰的历程目标,确定了治疗师与伴侣个案的旅程的最终目的地。有效的伴侣治疗的主要目标必须是解决依恋问题,减少依恋不安全感,并重建安全的联结。EFT治疗师编导了建立信任、安全依恋联结的典型改变事件。因此,在这些事件中,明确地营造双方的可亲性和回应性是安全联结的基石。我相信,正是这些改变事件的影响,让接受EFT治疗的伴侣的改变可以持久,不会出现像其他治疗模式普遍出现的复发和退步情况。

- 从非病理化的观点来解释痛苦的本质,为治疗师提供疗愈个案创伤和困境的语言,从而成为个案在治疗过程的避风港,并加速个案学习的过程。这一角度还提供了一种有效的方法来重新界定每个伴侣在痛苦关系中的反应,以培养怜悯和亲近,而不是疏远和不信任。

- 一种掌握、表达并因此聚焦关系中重要因素(如依恋、情绪、恐惧和渴望)以及分离所带来的痛苦的方法。约翰·鲍尔比(1988,pp.138–139)特别强调,需要帮助个案处理"可怕的、陌生的、不能接受的"情绪。治疗师关心的是帮助伴侣表达依恋不安全感,并更建设性地处理缺乏和失去信任及情感联结的问题。对所有伴侣治疗师而言,要聚焦于痛苦关系中混乱和充满琐碎内容的对话是非常大的挑战。

- 清楚地把握关键的改变事件，构建新的矫正性情绪经验，才能持久稳定地改变人际关系。我们的神经系统是通过共鸣的产生和联结的维持所构建的（Greenman & Johnson, 2013），这也是我们用来理解和有效解决关系僵局和创伤的新方法。我们将在第 13 章中详细介绍在依恋取向的 EFT 中得到宽恕与和解的方法。

琳·霍夫曼（Lyn Hoffman）于 1981 年提出，伴侣治疗和家庭治疗对于如何创造改变有很多想法，但对改变什么却没有明确的方向。正如她所说，家庭治疗更应该关注"如何"改变而不是改变"什么"。临床工作者都知道，有东西在灌木丛中沙沙作响，但没有人愿意去找到它或解释它是什么。这个现象因为约翰·鲍尔比和成人依恋理论家而改变。一旦我们能够理解一段痛苦关系的戏剧性发展，我们就需要一种改变理论来引导干预。我们将在第 3 章中介绍 EFT 中所使用的人本经验性与系统性治疗方法的整合。

第 3 章

EFT 的改变理论：个人内在与人际互动

> 依恋干预都是为了调节情绪和维持情绪的平衡。我们帮助个案改变他们调节情绪的能力，我们也用情绪来"改变"人们，来唤起和塑造新的行为。这种改变是一个与生俱来、自然发生的生理准备过程。
>
> 苏珊·M. 约翰逊
> 《依恋与情绪聚焦治疗》

EFT 是一个整合经验取向和系统观点的理论。EFT 认为，婚姻困境因为人们处理情绪经验的方式和其互动行为而持续，久而久之形成自我增强的行为模式。处在婚姻困境中的伴侣无法跳脱强烈、反射性的情绪反应和僵化的互动行为，也就限制了双方的互动方式和情绪经验。伴侣间情绪的音调和舞步的互动，既被卷入造成彼此伤害和绝望的循环，同时也加强了这个恶性循环。这种无法跳脱的状态抹杀了伴侣间可亲性和回应性的可能。研究显示，婚姻困境中的伴侣出现强烈负向情绪和僵化的互动方式是显而易见的。经验取向着重在协助伴侣重整并拓展其情绪经验，系统取向则着重在协助伴侣修正其互动模式。

经验观点：改变内在情绪经验

基本上，EFT 是一个人本取向的治疗学派（Johnson & Boisvert, 2002）。人本取向一直比其他治疗取向更能认识到情绪的重要性，更系统化地将情绪视为改变过程的重点。人本经验取向的治疗论点主要包括以下几个方面。

重视过程

人类持续不断地整理和塑造其情绪经验，并赋予这些情绪经验一些新的意义（Cain, 2002）。个案比治疗师更了解自己的经历与感受，因此我们可以说个案才是他们自己生活的专家。治疗师的角色是：（1）拓展个案对自己经验的觉察和了解；（2）整合过去未整理的经验；以及（3）赋予这些经验新的意义。因此，治疗的焦点是此时此刻的关系历程。重点在于如何处理事件对关系和个人的影响，而不是简单地去追究事件的细节或真相。治疗师的角色是过程顾问，治疗则是治疗师与个案一起合作探索的经验。就如卡尔·罗杰斯所说，治疗的过程让治疗师"享受发掘经验的层次"，而每个人经验的层次都是独特的。经验取向尊重个别差异，视每个人和每个关系就像一种独特的文化，是治疗师需要去了解的。经验取向治疗师"持续地接收信息，而不是无所不知"的态度，这正符合婚姻与家庭治疗对多元文化差异的重视。

安全、合作的治疗联盟是必要的

人本主义的治疗师认为，人是社会性动物，需要归属感和受到重视；并且他们视个人为人际关系的一部分，而不是独立的个体（Cain, 2002）。因此，治疗师的接纳和同理自然成为促成个案重新整理旧经验和建构新经验与能动性的关键因素。治疗师对每一个个案的接纳，也是罗杰斯所说的"无条件的尊重"（1951），让个案能够以一个新的方式去接触自己的经验。例如，罗杰斯认为对个案经验的同理反映，不只是一个反映，更是一个启发或揭示，让个案能够更完整地整理他的经验，可以去碰触和处理内在经验中那些可怕的裂隙。从后现代主义的观点来看，治疗师要努力保持平等、真诚、坦白，以便在治疗室营造一个安全的庇护所（Anderson，1997）。在这个庇护所中，人们可以看清自己在关系中所做的选择，例如封闭自己并把伴侣关在心门之外，而且为这些选择的后果负起责任。婚姻治疗要建立的安全联盟，需要留意在肯定一位伴侣的经验的同时，不会疏忽或否定了另一位伴侣重要的经验。婚姻治疗最后的目标也是为伴侣创造一个安全、相互接纳的关系。

强调健康发展

人类的本能是自然朝着成长的方向发展，并拥有健康的需求和渴望。当我们试着去压抑和否认这些需求和渴望时，问题就产生了。这种认为问题起因过于狭隘或僵化，即经验处理的过程被"卡住了"的观点，与人际系统取向的观点强调破坏性的狭隘互动形态是互相呼应的。这个健康模式和系统模式一样，认为健康状态是对经验保持开放，并且有弹性的回应，以利新的学习、新的选择和适应新的环境。经验取向基本上是"非病态化的"。改变的重点不在于改变特定的缺点或不足，而是通过新的经历和体验获得成长。这个取向认为，人在困境中缺少选择的时候就会受到限制，无法创造良好的关系与生活形态。如果能顺应环境而改变的话，所有的反应就都是有适应性的（Bowlby，1969）。罗杰斯完全赞同约翰·鲍尔比的说法："心理治疗师的工作就像骨科医生的工作一样，是提供个人进行自我治疗的最佳条件。"（1988，p.152）

以情绪为焦点

情绪在经验取向或依恋理论中都扮演着极重要的角色，而且被看作人类正当的反应。约翰·鲍尔比和情绪理论家们（Frijda，1986）都指出，情绪能提供与人类需求相关的信息，并增进人的行动力。更具体地说，新近的经验学派理论家认为，情绪的架构或蓝图是鉴于环境对需求和目标的阻碍或满足而形成的。这个架构引导人们将过去与现在的经验分门别类，并重新组织对自己内在经验和自己对他人所产生的反应。这些架构也能帮助我们预测、解释、控制我们的经验，并决定我们要如何回应。在治疗中，这些蓝图会启动，可以用来探索与扩展，并经由新的经验而加以改变。情绪需要被接触、表达和重组，也要在时时刻刻的互动中不断地修正对经验的解读。情绪既是改变的目标，也是改变的催化剂。

着重于矫正性的情绪经验

经由拓展原有的经验，然后产生强有力、矫正过的新情绪经验，改变就发生在当下。因此，改变不能单单依靠洞察、宣泄情绪或技能改进，它是由重组与表达新的情绪经验来改变一个人重要经验的结构、对自己的看法，以及与他人的沟通。总而言之，越来越多研究数据证明，情绪的唤起、经验的深度和治疗的成果呈正相关，不只经验学派如此，认知行为学派也一样。在美国国家精神卫生研究所（the National Institute of Mental Health，NIMH）对抑郁症的研究中，路易斯·卡斯顿圭（Louis Castonguay）及其同事发现，个案更多的情绪投入与体验能够有效地预测了两种治疗模式的正向改变（Castonguay, Goldfried, Wiser, Raue & Hayes, 1996），而对偏颇扭曲想法的关注实际上反而预测了治疗后更多的抑郁症状。

一位经验取向的婚姻治疗师会完成下列任务。

- 专注和反映伴侣个别的情绪经验。
- 肯定和接纳个案的情绪经验，而不要试着找东西去取代它。
- 贴近同理地与个案一起去探索：在上述情绪经验中，哪些印象最鲜明？哪些最伤痛？哪些是个案在特定互动过程中尚未成形或未被充分理解的感觉？
- 运用"过程问句"和同理的推测去拓展其情绪经验。这些问题可以是"发生了什么"或"如何发生的"，可以是推测性的也可以是从我们摊开的情绪经验出发的。治疗师温和并尊重地带领个案去他们经验的最前沿，也就是约翰·鲍尔比所说的"恐惧、排挤、不被接纳"。
- 引导个案从事促进一种新的体验处理的任务，例如在有问题的反应（刺激或触发，而不是反应本身）中关注新因素，并扩大和深化这种意识，直到出现重组整个体验的新方面，如治疗师将帮助个案在习惯性愤怒反应下获得绝望和渴望。在经验型个人治疗中，这样的任务可能是要求个案与影响个案自我定义的关键依恋人物进行假想对话，并检查个案的情绪反应。在讨论治疗任务时，第4章将更详细地讨论情感工作。

上述五个经验性的干预技术最初用于个别心理治疗。在婚姻治疗中，伴侣的一方有机会目睹治疗师帮助另一方重整其情绪经验的过程。但因为伴侣也在场，在治疗过程中当场的互动可以让个案练习并塑造新的互动方式。婚姻治疗师此时并不是在有"人证"的情况下做个别心理治疗，目标是经由重整个人内在的情绪经验，帮助伴侣在治疗谈话中重建情感联结。这个目标影响了治疗师如何选择特定的情绪经验作为治疗重点，以及如何处理这些经验的方法。婚姻治疗的挑战在于：要兼顾探索双方的个人经验，肯定双方的差异，并鼓励伴侣间的互动。婚姻治疗师要切记，伴侣双方都密切注意和聆听治疗师对另一半说了什么、有何反应。他们随时会开口反对治疗师的评语，或因治疗师说的话而受到伤害。婚姻治疗师必须切记的是，去肯定和接纳伴侣双方的经验，不要偏袒任何一方。

如果我们试着从经验取向的角度来回答本章一开始提出的问题，答案就出现了。问题的产生或持续是因为伴侣双方用局限的方式去整理他们的经验，彼此的觉察能力很低，而且缺乏弹性和变通能力。治疗的目标是：（1）找到较有弹性的方式去处理他们的情绪经验；（2）为他们的经验找到一个新的意义或解释，而这个新的解释能够帮助个案了解其需求和目标；（3）找到和环境互动的新方法。在经验取向中，情绪的觉察能力是一切改变的基础。情绪反应帮助个人了解其需求和渴望，同时也鼓励个人和环境互动以满足个人的需求。改变的过程是经由重整旧经验和创造新经验，再加上采取恰当的行动而产生的。

系统理论：改变互动模式

系统理论（Bertalanffy，1956）有哪些主要论点和EFT的治疗方法有关呢？

首先，系统理论被广泛应用在许多不同的层面，我们最好先了解这个名词的定义。系统理论在此是采用萨尔瓦多·米钮庆和查尔斯·菲什曼（Charles Fishman）所提出来的解释（Minuchin & Fishman, 1981）。系统理论将焦点放在"此时此刻"的互动模式，以及这些互动模式是如何掌握和控制人的行为反应。系统理论认为，改变是经由互动模式的修正而产生的。所有家庭系统治疗的共同特征就是要阻断造成问题与症状行为的互动循环。

- 系统理论视系统中的每个状态为一个整体，并找出这个整体中的各个因素是如何互动的，而不是将单一因素从所属特定情境中分离出来。重点是行为的模式与顺序，每个单一因素都是受其所属系统影响，而不是独立运作。换句话说，要真正了解伴侣一方的行为就必须参考另一方的行为反应。找出"互动的模式与循环"是此理论的重点。

- 系统中的各个因素以有组织且可预期的方式互动，维持系统的稳定与和谐。为了促成改变，一位系统治疗师会将重点放在改变各个因素和系统互动的方式，而不是试着去改变单一因素。因素本质的改变（如一个伴侣降低了他的敌意）叫作第一阶段的改变，但这是不够的。系统结构的改变称为第二阶段的改变，这个阶段被认为是重大而持久的变化所必需的（Watzlawick, Weakland & Fisch, 1974）。系统观点注重的是互动的过程和顺序，以及它如何变成自我增强的稳定模式。模式一旦形成，就会限制不寻常或在模式之外的行为。举例来说，当一个平常退缩的人打开心房、想要靠近他的伴侣时，他的伴侣一般是不会信任这种突如其来之举的，而是继续以攻击的方式回应，使得试图靠近的伴侣又退缩回去。

- 因果是循环的，而不是一个直线、单方向的关系；伴侣的任何一方的行为都是对另一方的行为所产生的反应，也同时刺激另一方接下来的行为反应。举例来说，丈夫的退缩冷淡是对妻子的挑剔唠叨所做的反应；而妻子的挑剔唠叨是因丈夫退缩冷淡的态度。这里的重点并不是要讨论个人的内在动机和意图，而是要伴侣双方共同承担自己和他人行为的责任。系统理论鼓励治疗师去找到伴侣互动模式的因果循环。

- 系统理论的另一个重点是沟通行为。需要特别注意的是，系统理论不将重点放在沟通的内容，其重点是在那些影响事情如何被表达的"关系因素"。经由观察表达事情的方式，治疗师可以找出伴侣关系中"演讲者"和"倾听者"的角色——一个互动立场。互动立场是可以投入的、疏远的、自主的和控制的。互动立场在任何关系中都扮演十分重要的角色，因为它不仅帮助我们了解伴侣之间的互动循环，还帮助我们了解个人在互动循环中的沟通模式，同时也帮助我们了解个人对自己的看法。经由互动方式的改变，个人内在与自己的关系也随之改变。

- 治疗师的任务是改变负向、僵化的互动循环。改变互动循环的方法如下：（1）赋予原有互动模式新的意义，以促进不同的反应和看法；（2）尝试一些建设性的行为，打破原有的互动模式，如分享两人各自的恐惧，新的对话由此产生。要使上述两种方法有效的前提是：治疗师是否能融入伴侣的系统中，并和双方建立盟约。

- 系统理论的治疗目标是重建一个建设性的互动方式，同时兼顾个人在婚姻中的成长。换句话说，治疗的目标是建立一个促进归属感和自主性的系统，在这个系统中，个人被允许有个别差异，同时有机会和他人维持情感联结。当人置身于一个安全的情感联结中，个别差异是不具威胁性的，反而会增加生活的色彩。就如萨尔瓦多·米钮庆所说的："在能够和他人建立完全的情感联结之前，要先做完全的自己。"（Minuchin，1993，p.286）要留意的是，系统理论家通常只关心界线和掌控的议题，而忽略了恩情与情感联结。

系统理论如何回答本章一开始提出关于问题的本质、治疗的目标以及改变的本质等问题？系统理论认为，问题的产生在于关系的结构，是伴侣双方所采取的互动立场，是整个互动的过程，也就是在婚姻困境中不断重复出现的自我增强行为反应。治疗的目标在于建立较具弹性的互动立场和互动模式，并让伴侣双方都能在婚姻中有归属和主控的感觉。依恋科学作为一种系统性方法，侧重于自我维持的互动模式，以及它们如何塑造人际交往现实，并进一步详细介绍了哪些新互动能够改善适应性。

整合系统与经验观点

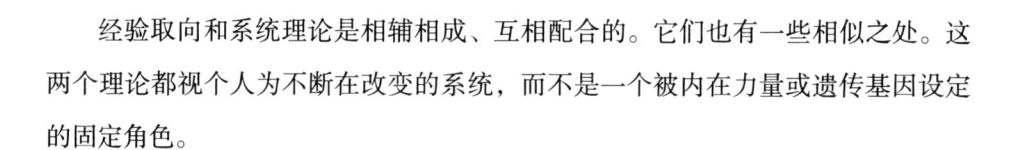

经验取向和系统理论是相辅相成、互相配合的。它们也有一些相似之处。这两个理论都视个人为不断在改变的系统，而不是一个被内在力量或遗传基因设定的固定角色。

这两个理论都专注在此时此刻的经验或过去历史对此时此刻经验的影响，认为人被卡在问题中，也就是人并不等同于问题本身。它们都重视过程——经验和互动的舞步是如何形成的。

经验取向和系统理论都认为，问题的产生是因为人们陷入僵局，他们用来解决问题的方法无法达到其预期的效果，但却因为某些原因无法或不愿意改变策略，而不是个人有缺陷或毛病。从经验取向的角度来说，个案被卡在其狭隘的问题解决方式和情绪经验中，因而限制了他们回应的方式。从系统理论的角度来说，个案则是被卡在其互动模式和互动规则之中。

这两个理论都鼓励治疗师和个案结盟，以协助他们制造新的互动立场、互动模式和新的方式去整理其内在经验。

从 EFT 的角度来说，找到一个同时兼具个人内在和人际互动的架构是非常重要的。这两个架构的重点相辅相成。事实上，系统理论已经因为它的技术缺乏人情味、抽象的认识论，以及不看重家庭成员在关系中的感受而遭到批评（Nichols，1987）。系统取向又误将依赖和高度凝聚等同于"情感纠结"或缺少健康的分离（Green & Werner，1996）。EFT 重视经验，将内在体验这一部分融入系统理论所刻画的反馈回路，并且强调养育的恩情和安全的联结。从 EFT 的角度，安全的依恋可以促成最大的分化自主（如果一个人跟他所依赖的人的联结是安全的，就比较容易成为完整的自己），以及最强烈的亲密与情感联结。安全的联结也能增加人的弹性和反省能力，而非反射性地回应环境的状况。鲍温学派（Bowenian approach）的治疗师认为是情感纠结的种种状态，从 EFT 的角度则是焦虑或惧怕逃避型依恋。

僵化的互动模式不只是跟系统内聚和反馈回路有关，还跟互动位置和依恋情感如何互相影响，以及依恋情感如何影响人在关系中所采取的行动有关。系统理论之父路德维希·冯·贝塔朗菲认为，系统中一个居于领导或统整地位的因素若发生微小的改变，整个系统就会有很大的改变。依恋情感是亲密伴侣之间的主要信号系统。如果把依恋情感当作一个系统里的领导因素，就很容易将情绪和情绪的变化融入系统的观点中（Johnson，1998）。

其他学者（Nichols，1987）也表示，治疗最好能同时运用长焦镜头（探索个人经验）和广角镜头（探索人际互动的舞步）。如果只用一个镜头，很可能会误解与扭曲事实。在萨尔瓦多·米钮庆过世前的最后几年曾经常说，他过去不承认、也未尝试去钻研情绪在定义与亲密他人互动质量的力量，这是一个错误。经验取向引导治疗师进入和重整情绪的经验，系统理论则提供重新建构互动的指引。

摘要：EFT 的主要假设

EFT 是以成人依恋理论为基础，运用系统理论和经验取向来促进治疗过程中的改变。其基本假设如下。

- 成人亲密关系的核心是两人之间的情感联结，婚姻冲突的主要课题就是这个情感联结的安全程度。家人和伴侣之间情感联结的质量是经由可亲性和回应性、情绪的投入度而建立的。这些联结显示了我们对于安全、保护、与人接触的内在需要。对"你会为了我而留在这里，是可靠的吗？即可亲又有回应，并投入在情绪中吗"这个问题的负面回答，是造成亲密关系中与双方差异和表面的权力争夺有关的冲突的主因。
- 情绪是塑造依恋行为、形成自我和他人在亲密关系中的经验的关键。情绪引导了我们对自己和他人的看法、我们行为背后的动机，以及我们和他人的沟通方式。情绪同时是治疗过程中改变的目标及催化剂。
- 婚姻问题持续存在，是由伴侣双方的互动方式被各自的情绪经验主导。这些因素彼此牵制，治疗时可以造成个人经验和双方互动的影响与改变。

- 依恋需求是健康、自然的。制造问题的不是依恋需求本身，而是在不安全的情感联结中，人们用来表现或满足这些需求的方式。依恋理论和经验取向的观点都认为，需求和期待是正常和健康的，问题起因于阻塞与否定这些需求。EFT 非常重要的一部分，就是支持和承认这些需求。

- 在 EFT 发生的改变，是经由探索和重新整理隐藏在互动立场之下深层的情绪经验。重复 EFT 中经常使用的隐喻：情感结构是亲密关系之间的舞蹈关键的相互作用——改变这种舞蹈最有用的方式就是改变情感音乐。事实上，如果治疗师不协助这对伴侣来改变这种音乐，新的舞步就往往无法产生。情绪体验的新因素和表达体验的新方式往往会造成新的反应，从而改变伴侣彼此所处的依恋位置，并允许有助于情感联结建立的新互动，更进一步地重新定义伴侣之间的联结。例如，脆弱无助的表达唤起了关怀和联结，而关键行为则触发否定忽略和防御性的疏离。改变的动力不是通过觉察力、某种宣泄或谈判而发生的，改变是通过新的情绪体验和新的互动事件而发生的。正如爱因斯坦所说："亲自经历的才算知识，其他的只能称为数据。"（1954）

本章概述了 EFT 治疗师用来指引干预方法的理论观点，并总结了 EFT 的假设。在《依恋与情绪聚焦治疗》（Johnson，2019a）一书中可以找到对依恋理论和科学作为心理治疗基础的更实质性的讨论。第 4 章概述了成功应用 EFT 所需的基本治疗技能和干预措施。

第4章

EFT 干预的基础：
情绪和宏观干预的 EFT 探戈

> 临床上最重要的经验，以及他们的记忆和表现，取决于情绪状态……情绪状态是主要的组成要素。
>
> 丹尼尔·斯特恩（Daniel Stern）
> 《婴幼儿的人际世界》(*The Interpersonal World of the Infant*, 1985)

拓展经验和编舞

治疗师：所以，当他想接近你，将身体转向你并说他需要你的时候，你有什么感觉？（她双手紧握，眼睛看着地板）要相信他有些困难，是吗？……你试着不要动摇……你现在双手握得很紧？

妻子：是的，我要坚持住。我不要相信他……如果我被他打动，就会……（她松开双手，让双手垂落下来。）

治疗师：就会……如果你让自己抱着希望，开始信任他……如果你冒险……他会突然间就不在那儿了……那种坠落谷底的失望是很可怕……无法承受的？（她同意地点头。）

妻子：（对着治疗师）假如不是你坐在这儿，我现在就会跑出这个房间。

治疗师：啊哈……我使这儿稍微安全了一些……是吗？（她点头。）你可以告诉他"我是那么害怕燃起希望……害怕把我自己放在你的手里"，你能试着跟他这样说吗？

丈夫：（对着治疗师）她不会冒这个险的。

治疗师：这对她来讲很困难。你可以帮助她吗？你能够把身体转向她，然后看着她吗？这样她就可以看到你正在接近她。你能帮助她并安抚她的担心吗？我记得上次咨询你做过……

上面这段简短对话清楚呈现 EFT 的三个任务：

- 培育安全的治疗联盟，加强个案在改变过程中的投入程度；
- 体会、展开并拓展在依恋情境中的情绪回应；
- 重新编导个案回应彼此的方式，以重建关键的互动。

EFT 治疗师必须能够创造一个安全的情境，让伴侣双方找到通道接触他们的情绪并重建互动模式。从依恋理论的观点来看，这个安全的情境是一个"安全基地"。为了建造一个安全基地，EFT 治疗师必须具备随机应变的能力，能够：（1）整理个人的内在经验和设计伴侣间互动模式的舞步；（2）密切注意、追踪经验与互动模式，加以扩展和指引，将这些经验和互动导入新的方向。

治疗师需要同时运用经验取向及系统理论的观点，这两个观点的组合可以让治疗师清楚地看到：伴侣其中一方的沉默退缩，其实是因为另一方的行为而产生"无可避免"的回应；反过来说，伴侣这一方的逃避退缩，整理情绪经验的方式，以及其依恋策略和调适方法，也是让另一方采取这样的行为回应的罪魁祸首，EFT 治疗师要能同时兼顾个人经验以及个人经验对两人互动经验的影响，以及这个互动模式又如何回过头来塑造新的个人经验。这就像伴侣双方在跳一段依恋之舞，他们的舞步会决定两人的情绪反应，而情绪反应就如同背景音乐，同样会影响两人的舞步以及相互配合的方式。

如果治疗师具备某些特质，如前面提及随机应变的能力，或对于主导互动模式感到某种程度的自在，学习 EFT 的理论和技术就会比较容易。EFT 的治疗过程常会出现一些紧张、激烈的情绪反应和情境，需要治疗师某种程度的涉入。EFT 是一种"全心投入"的治疗学派，治疗师没办法采取"保持距离，以策安全"的态度，必须具备的特质包括：（1）对于密切的人际接触感到某种程度的舒适和自在①；（2）主动、弹性和积极介入的态度。虽然我在此强调治疗师个人特质的重要性，但不可否认，适当运用治疗技术对于有效的治疗也是不可或缺的。成功的 EFT 治疗包括三个基本任务：形成一个合作性的治疗联盟，体会与改善情绪经验，以及建立一个新的互动循环。接下来，我们会对每个任务予以详细阐述。

同理的关键角色

在讨论 EFT 的关键性任务之前，有必要先讨论同理的性质和意义。同理是 EFT 和人本疗法必要的先决条件，也是这些疗法不可或缺的一部分（Rogers，1975）。

同理的英文字"empathy"是从德文的"einfuhlung"而来，意思是"感觉到心里面去"。卡尔·罗杰斯曾说过："一位理想的治疗师首先必须要完全同理。"（1975，p.5）在这方面 EFT 的态度跟卡尔·罗杰斯一样，我们可以举出许多治疗师的同理反应是如何影响个案的。一个正确、精准的同理反应可以有以下收获：

- 让个案知道他的经验可以被另一个人理解。这能减轻他对于自己经验中仍不了

---

① 由于治疗师全心全意地投入治疗过程和个案的情绪经验中，因此他们无法完全超然、客观地不受任何影响。治疗师必须自在到某种程度去接纳个案的情绪经验，给予个案足够的空间去接触、探索及表达其经验，而不要打断或阻止上述过程的进行。——译者注

解的部分的害怕（Warner，1997，p.134）。我们对于不够清楚的部分会觉得比较难掌握和承受，保持开放的态度，有助于持续更新经验。

- 帮助个案更真切地聆听自己和所爱的人。治疗师的同理反应可以作为一个示范，教导个案接纳自己的经验，进而促进个案对经验里的新成分、新观点、新看法的了解与接纳。治疗师了解和不批判的态度让个案感到安全，降低个案处理痛苦经验时的防卫心理。肯定是 EFT 的标志，同理是支持的基础。我们对于无法理解或体会的部分是很难去肯定的。

- 专注在特定经验的处理与开展上，放慢节奏，让个案能在心里"抓着"这些经验慢慢处理。这样个案就能以新的眼光观察，并有更深入的体会。

- 整理混乱或模糊的经验，或将情绪经验整理组织为一个有意义的整体，而不是毫无关联的碎片。EFT 的一个关键特点是，当困难情绪被唤起和感受的同时，这些情绪也被治疗师调节、组织和规范，治疗师正在积极地将自己放在个案的经验中，与个案一起处理这种情绪。

- 给予个案安慰和保证，让他们不再被困难的情绪所淹没。同理的反应可以缓和咨询的张力，让个案能尽量投入。同理可说是治疗师创造情绪的"工作距离"的主要方法。当经验变得难以承受时，同理的反应提供了承载、支撑和抱持，正如丹尼尔·西格尔（Daniel Siegel，1999）所说的，分担能帮助我们承受痛苦。

- 让重要经验的意义可以被感受、核对、探索、分辨和修订。

一般而言，用心传递的同理会提高个案的安全感，有助于专心构建经验和它的意义，因而产生新的反应。治疗师是个案处理经验的伙伴，通过各种形式的同理反应，整理和加深每一个个案的经验。这使伴侣两人在不断地投入自己的情绪经验的同时，还能跟对方及治疗师保持联结。

对同理的重视，反映出经验取向治疗看重具体经验或当下个案"感受的知觉"以及它的构建过程。经验和对经验的理解，永远是持续进行的过程。经验是"无言的了解：在话语之先，话语由它而生"（Vanaerschot，1997，p.142）。运作正常时，经验是一直前进的，意义和行动也随它转变。

同理的贴近和回应是相当艰辛的任务。治疗师必须对每位个案的经验做出协调与回应。这个技术是可以培养的，但治疗师也必须具备心胸开放和好奇爱问的特质。治疗师要和每位个案一起去发现个案的经验。要达到高度同理的了解，治疗师不但需要沉浸在个案的世界里，也要回到自己的经验中找寻参照，识别个案正在接触但尚未成形仍然模模糊糊的经验的形状、颜色和形式。治疗师积极地把他自己联结到个案的经验，同时保持一种"如同"的性质，免得迷失或被个案的经验淹没。然后他能够帮助个案找到他们自己无法找到的词汇，协助个案展开重要经验里夹带或隐藏的方方面面。要保持聚焦和同理地投入，治疗师还必须应付个案世界中会勾起他自己痛苦不安的因素。必要时，还得暂时搁置自己的主见和信念系统。治疗师要能够跟每位个案表达同理，而不会否定了伴侣中的另一方。同理是注意力高度聚焦的状态，一个需要持续努力的多层次任务、一种复杂的技术、一种真正的联结，即一种和个案相处的方式。

EFT 同理问话的重心通常是情绪，更确切地说，是伴侣间不断变化的依恋剧本所产生的需要与惧怕。治疗师的同理就像一束柔和的灯光，挑选某些片刻和经验的因素，以进行更深入的探索，在治疗会谈中安静地引导和对焦。同理的调音让治疗师能够跟随并体会个案时时刻刻的经验。治疗师的同理无可避免地会有差错。同理反映的功效并不在于客观的正确，而是能够进入个案的经验，带领个案前进与探索。

任务一：创造并维持一个治疗联盟

在 EFT 中，治疗联盟的形成是基于治疗师能否和各家庭成员间建立信任、合作的关系。在这个关系中，伴侣双方都有机会接触各自的情绪反应，并了解其在婚姻中的互动立场。治疗师是一个陪伴个案走过改变历程的合作伙伴，也是创造新"婚姻舞蹈"的编舞者。EFT 治疗师像是治疗过程的顾问，而不是告知个案对与错的专家。"正向联盟"有三个因素（Bordin, 1994）：个案认为治疗师是温暖、支持的合作伙伴；治疗师的任务对其有帮助，对改善关系有关键性影响；个案与治疗师有共同的努力目标。如此一来，个案对治疗师有信心，相信治疗师会接纳并帮助他们减低其痛苦及改善破坏性的互动循环，进而解决他们的婚姻困境。任务元素被认为是治疗联盟中预测 EFT 治疗结果最重要的元素（Johnson & Talitman，1997），这是合理的论点。因为 EFT 治疗师从经验中发现，投入治疗任务的程度对治疗的结果有关键性的影响。我们假设聚焦情绪以及依附需求和恐惧的感知相关性是 EFT 治疗研究中脱落人数如此之少的原因。个案知道他们正在处理问题的核心，并感到被倾听和支持。制定共同目标是治疗联盟的重要部分，也是第一次会谈的重点。以建立更安全的情感联结为目标，而不是简单地减少冲突或找出更好的解决问题的方法，似乎能与大多数个案产生共鸣，但这些目标必须用个案可以理解的语言和框架来诠释。

治疗联盟在 EFT 治疗过程中的重要性已经由成效研究结果证实（Johnson & Talitman，1997）。研究发现，治疗联盟占了治疗成果变异量的 20%，而治疗联盟在其他心理治疗学派却只占了变异量的 10%（Beutler，2002）。一般而言，所有的研究证据都指出，正向、持久的治疗联盟是造成治疗改变的必要因素，但这还不足以说明治疗联盟在 EFT 中的重要角色，因为当治疗的改变是建立在情绪的投入，或与所爱之人间困难、冒险的互动时，一个正向安心的治疗联盟就显得更重要了。

治疗联盟的建立是 EFT 初期运用治疗技术很重要的部分，治疗技术分别针对了伴侣的个人内在经验和婚姻的互动关系。不论是对伴侣各自在关系中的内在经验或其在婚姻中所处的地位所做的同理和肯定，或是对两人互动循环不带价值评断的描述，都是 EFT 帮助个人内在经验和人际互动的重要治疗技术，也是促成正向联盟的有效方法。通过治疗联盟的形成，个案体验到治疗师能够并愿意同理及了解他们被一个"强有力的互动网络"缠住的痛苦。我们在第 5 章和第 6 章中会进一步讨论这些治疗的过程。

简单来说，在建立治疗联盟的过程中，最具影响力的因素是治疗师对于个案伴侣的婚姻问题及其改变所采取的态度。在 EFT 中，这些态度包含下列五个要素。

同理的贴近

综上所述，治疗师不断地用同理的语气和伴侣双方说话，希望在个人的层面上建立关系和信任。同理向来被定义为"一个运用想象力的反应，一种暂时将自己融入个案世界的能力"（Guerney，1994）。在经验治疗学派中，单凭采取这种姿态并将其传递给个案知晓，就已经被视为有治愈性（Rogers，1951）。同理的作用是降低个案的焦虑，鼓励个案全心全意投入治疗的进程。与其评估个案提供信息的真实性、实用性和精神疾患的严重性，治疗师宁愿多花心力去接触和了解个案的世界。治疗师专注的重点在于了解个案的经验，而治疗师的倾听能力、联结个人经验和个案所叙述的人生故事的能力，以及从个案的主观立场来看问题的能力，此三者帮助治疗师达到了解个案经验的目标。发展心理学和临床研究显示，调谐经常包含了关注说话者的非语言信息，以及对隐含在这些信息中生理线索和情绪的模仿或反映（Stern，1985；Waston，2002）。

接纳

不批判的立场是建立强固治疗联盟的要素。这种态度的含义包括三部分：（1）治疗师是什么样的人；（2）治疗师对于自己的价值观、偏见和优缺点的自我觉察程度；（3）治疗师所持的理论、背景和信念。如果治疗师认为人们是失能或有缺陷的，要维持不批判的态度就会十分困难。换句话说，如果治疗师对"人性"抱持比较正向的态度，相信人类具有改变和成长的能力，那么维持不批判的态度就比较容易。经验取向治疗强调，治疗师需要"尊敬、看重个案的真实自我"以及"包容即使个案也难以自我接纳的某些部分"。这种尊重、接纳的立场鼓励个案和治疗师一起去面对并分享他们本来不敢告诉伴侣的事。例如，回应辱骂的话语时，可以尊重某一方对于失去的恐惧及由此产生想要控制另一方的渴望，了解这些辱骂源自恐惧，对双方的关系造成负面影响。在企图做任何改变或找出补救办法之前，应该先了解什么对个案来讲是他们现在真实的心情，然后治疗师应该以此为依据，用接纳的态度来调整步伐和速度。这种接纳是主动而非被动的，它是一种对个案表达肯定的积极态度。这意味着治疗师不仅仅是用非病理的角度来解释个案的行为，更是清楚直接地将其造成问题的负向行为视为一种对困境的适应方式，或在困境中仍坚强地试着学习的勇敢表现（Johnson，2002，2019a）。

诚恳真实

治疗师诚恳真实的程度是治疗联盟不可缺少的部分。所谓治疗师的诚恳真实是指治疗师能够呈现其"真实感"和"现实感"的能力。诚恳真实的治疗师并不是冲动地自我坦露，而是真实可亲并以个案能够信任的方式来回应个案。如此一来，治疗师能坦承所犯的错误，并允许个案教导他们有关个案的情绪和生活经历。简言之，治疗关系就像真实的人际互动，在这个关系中，治疗师是诚恳真实的。在婚姻治疗中，治疗师和伴侣双方的联盟或许不如个别治疗中与单一个案间的联盟来得强烈及紧密，因为伴侣另一方（成人生活中最重要的依恋对象）的存在缓和了紧密的强度。治疗师诚恳真实的另一面也是某种程度的透明化或被看见的意愿。例如，治疗师在 EFT 中通常会愿意解释运用哪种治疗技术，以及这种治疗技术将如何帮助到治疗进程。治疗师的自我坦露将在本章稍后讨论。

持续积极的观察

在治疗过程中，如果要从头到尾、始终一致地维持治疗联盟，治疗师必须不断积极地审视、探索和修复（如果有必要的话）这个联盟。治疗师要持续审视自己和伴侣双方的关系，主动探索并整理伴侣双方与治疗的关系。如果治疗师发现任何显示治疗联盟被破坏的线索，修复这个联盟立刻成为优先处理的治疗任务。治疗师可以问个案一些问题来了解治疗联盟的状况，比如了解个案对于治疗师的意见和处理方式的看法，或鼓励个案表达他们的看法和需求。一般而言，一旦治疗师开始以同理的态度询问类似的问题，治疗联盟就会变得更加坚固，被破坏的可能性也会相对降低。举例来说，治疗师在治疗的后期可以问个案："在过去几周中，我们一起经验了相当激烈的挑战，不知道你们对所谈论的主题或治疗进行的过程有没有疑问或建议？你们的看法和回馈对我个人的专业成长或我们接下来的咨询都是很重要的信息。"

加入"系统"之中

婚姻治疗师除了要成为各家庭成员的工作伙伴之外，同时也要成为整个家庭与婚姻系统的伙伴。在治疗的初期，治疗师观察并接纳这个婚姻系统本来的样子，并试着加入系统之中。这个加入系统的过程包括两个层面：一是捕捉和具体描述在这个关系中特定的立场和模式；二是正确地反映出伴侣本身对于其不良互动循环是攻击／追赶／纠缠，还是防卫／退缩／逃避。当治疗师用同理、尊重的方式反映其互动模式和因果循环时，个案能较超然地看待自己的互动关系，并进一步了解自己是这个不良循环的"加害者"，同时也是"受害者"。

伴侣治疗师必须要做到的是，在尊重、肯定伴侣一方经验的前提下，也要同理、肯定和接纳伴侣另一方的经验和立场。伴侣双方都很关注治疗师和另一半的关系如何，这可以作为治疗联盟和改变过程中良好的示范。例如，丈夫开始对治疗师透露一些他从未让妻子知道的心事，这时，治疗师要敏感地觉察到任何治疗性措施对双方的影响，并有意愿来处理这个情况。治疗师可以问妻子对于丈夫和治疗师这段对话的感想，试着找出妻子是否认为治疗师偏袒丈夫那一方，或妻子是否因为丈夫告诉治疗师他从未告诉她的事情而变得更愤怒。

治疗师和伴侣双方在这个阶段需要具备协同合作的态度，在治疗的初期澄清个案的期望和目标（伴侣个别及共同的期望），以及治疗师要求个案投入参与的部分。

任务二：掌握并重塑情绪

在 EFT 过程中，个案的情绪经验是治疗的重心。治疗师希望个案在治疗过程中探索、整理及重塑其情绪经验。经由表达新的情绪经验，伴侣间自然形成一个新的互动立场。例如，面对极度寂寞又尖酸刻薄的一方，治疗师在这个阶段可以做的是：（1）赋予"尖酸刻薄"新的意义；（2）从"绝望地不顾一切"的角度来重新整理"尖酸刻薄"，提供一个对自己和伴侣的新看法；（3）挑战另一方对"尖酸刻薄"伴侣的看法，以期用新的方式回应"尖酸刻薄"的态度。对其表层和深层情绪的掌握，EFT 改变历程"三阶段九步骤"中的第三步骤、第五步骤特别重要，我们稍后将进一步说明。

从 EFT 的角度看"情绪"

介绍基本技术之前，我们要知道 EFT 是怎么解释情绪的。首先，情绪不被视为原始的非理性反应，而是一种高层次的信息传递系统。事实上，身为治疗师，如果将情绪置于情境的脉络下，我从未见过一种情绪是毫无道理的。同样非常重要的是，由于情绪是一种普遍使用的名词，被应用在从困窘到绝望许多不同的经验中，在此提到的名词只占这个领域专家们所认定的基本情绪很小的一部分（Plutchik, 2000; Tomkins, 1991; Izard, 1997）。更明确地说，本书的情绪是指生气、害怕、惊讶、快乐、羞愧/厌恶、受伤的/痛苦的、难过/绝望。

以上每种情绪都包含一个独特而普遍可以辨认的面部表情，具有天生的神经学基础，其社会功能可以帮助我们生存并影响他人，迅速引起别人的注意，而且在出生不久就开始发展（Izard, 1992）。

情绪是处理信息的机制

情绪整合了生理反应、意义架构、行为倾向，以及个人对此经验的自我觉察。如果情绪被看作一个过程，将它视为结果来思考是有帮助的，正如玛格达·阿诺德（Magda Arnold）在 1960 年首次提出的。如果你在林间小径看见一条长长的、黑色的东西，你的第一个反应通常是简略、迅速、强制性的：是好是坏？有危险还是安全？这个反应的重点在于迅速而非精确，通常发生在大脑的边缘区域，称为杏仁核。接着会有生理反应，如果判定是"蛇"——"危险"，你开始心跳加快，身体准备逃跑。通常接着有一个再次判定，这次判定更完整，包含更多的认知过程，发生在大脑的新皮质部分。此时才会被赋予意义，比如"这是一块木头"或"它是一条大毒蛇"。然后，一个强制性的行动倾向加入，这个人可能露出微笑，变得放松下来，或是立刻逃开这条危险的毒蛇。如果将这个过程转译到伴侣治疗，可能是这样的：她问他是不是爱她，他做了个鬼脸，抬起眉毛，她认定这个模棱两可的反应是负面和危险的，她抿住嘴，身体变得僵硬，准备战斗，然后说："你那个愚蠢的鬼脸是什么意思？"他的眼睛看着别的地方，然后听到她的重新评估："就像往常一样不回答，我干吗要问——真愚蠢。"接着她倾身向前开始攻击："你是个情感白痴。我根本不知道我今天干吗要来！"情绪已经将她"转移"到攻击的位子，而这个反应随后引发她的伴侣大规模的防御、压抑与关闭心门。这一系列情绪的过程为治疗师打开了大门，让治疗师可以聚焦、澄清和拓展，或者重新排演情绪反应的任何部分，进而拓展到个案的整体经验。

情绪是丰富的信息宝藏

我们在其中可以找到各式各样的信息，了解自己是如何被所处的环境影响，以及我们的行为反应是如何受这些信息掌控的。情绪的表达会影响我们的社会互动和人际沟通，情绪的原始社会功能可能是动员我们迅速处理重要的人际互动（Ekman，1992）。普遍而言，情绪就像内在的罗盘，将我们导入外部世界，并提供我们关键性的信息，以了解事件对于个人的重要性；也告诉我们自己的渴望和需求。事实上，完全不参考情绪而拟定行动策略几乎是不可能的（Damascio，1994）。它们是本能的反应，带有强制性的驱动力。愤怒让我们有力量去战斗，胁迫攻击者并防御伤害。难过是对丧失的抗议，并激发出他人的滋养和帮助。羞愧命令我们躲开他人并撤退，以维持我们在社会中的一席之地。恐惧让我们有力量战斗或逃离，并激发出自我保护。

情绪是"调适"的机制

情绪是个反应中枢，用来重整个人的行为模式，以满足其安全及存活的需求。在亲密关系中，情绪倾向于以下几个方面。

- 集中注意力并引导伴侣双方了解各自的需求，以及了解生活环境中会引发强烈情绪反应的"地雷"。所以当我伤心时，我敏锐地知道我有多需要关心，也知道此时伴侣任何保持距离的举动都特别容易激怒我。

- 为个人观点和事件的意义上色。所以，我的愤怒已经预设好一套解释事件的公式，让我将别人的行为看作对我的侮辱，并且提醒我所有经历过的受辱经验。
- 引发并组织反应，尤其是在依恋关系中的反应。当我焦虑时，特别想要向伴侣寻求安慰和保证。
- 引发对自我、他人以及对关系的看法。当我处于火爆激烈的情景中，我的自我概念就会自然而然地出现，比如："也许这就是我应得的回应，我是个失败者。"
- 与他人沟通。情绪在本质上是社交性的，它是一个关系中重要的信号系统，影响我们在关系中的互动方式。情绪的表达会从对方那里得到特定的反应，因此在组织互动中扮演关键的角色。这些表达会在别人那里激发补偿性的情绪反应。例如，在依恋的情境中，对于恐惧或悲痛的表达会激发同情的悲痛和一种想要去安抚的渴望。这些互补性的反应是求爱、建立联结，以及修复和解过程的核心因素（Keltner & Haidt，2001）。更常见的是，当脆弱的一面被表现出来，就具有消除敌意和寻求同情的功能；愤怒则是要求顺从及改变距离。激烈的情绪同样倾向于不顾其他考虑，引发了强制性反应，比如战斗－逃跑或接近－回避。这些反应很难去抑制或控制，在令人痛苦的关系中，会倾向于抑制伴侣的反应。情绪是成人亲密之舞中的音乐。当我们改变了音乐，我们就改变了舞蹈。

情绪是亲密关系中强有力又不可避免的动力

如果在治疗过程遗漏了情绪的部分，那么我们不只错失了一个有力的资源，最糟的是我们无法觉察"情绪"在掌控关系上的魔力。在治疗中运用情绪的力量能有效激发强烈的反应，迅速地重整这些反应，造成认知的改变。如同萨特（Sartre）说的，情绪像是介于人和其所处环境间的"转换器"，对一个伤心的男人而言，天空总是在下雨。情绪也可以将这个世界转换到更积极的位置，充满新的可能性。

情绪在关系中扮演关键的角色

在不安全的依恋关系中，情绪强烈影响人对依恋对象的反应。想要矫正关系，必须通过情绪的改变。只有借着情绪经验的不同，才能带来不同的反应。维托里奥·圭达诺（Vittorio Guidano）曾说："想法通常是经由思考过程而改变，唯有感受才可以改变情绪反应。"（Guidano，1991，p.61）。有趣的是，伴侣双方通常会借着引发另一种强烈的情绪来降低某些令他们感到威胁的情绪，举例来说，当他们感到"恐惧"，通常伴随而出的是"生气"的感觉。

情绪可以分为核心或原发情绪（也称核心的原发情绪）、表层的续发情绪（也称反应性情绪）以及工具性情绪。核心的原发情绪是对情境立即直接的反应；表层的续发情绪是对原发情绪的反应和应对尝试，其往往模糊了对原发情绪的认识。例如，愤怒的防御性反应常出现在婚姻冲突中，而不是受伤、恐惧或其他一些核心的原发情绪。工具性情绪是为操纵他人的反应而表达的情绪。

情绪也可以让问题行为恶化。

- 若持续不去处理这些情绪反应，可能会出现一些脱序的行为。以受虐生存者为例，由于其过去经历太过痛苦，于是他们就排除和遗忘所有的原发情绪，而治疗通常从反映和接纳续发情绪开始去探索、澄清其互动循环。研究显示，这样的解决方式对个案而言并不容易，因为它没有办法帮助个案从情绪的痛苦中逃脱（Gross & Levenson，1993）。
- 排山倒海而来的情绪是无法调节的，它会像洪水般淹没所有感觉，并让人的视野变窄。例如，极度的恐惧感可能会超越任何认知层面能采取的决定，直接驱使人逃离危险的现场（Izard & Youngstorm，1996）。当我们被极度的恐惧感占据，只会注意到与危险有关的线索以及如何逃脱。
- 情绪觉察或表达受限时也会限制一个人的回应方式，使其被困在无法逃脱的负向情绪互动漩涡之中。困境中的伴侣常用续发情绪作为主要的表达和互动方式，这会将他们拉往负向的回应循环，持续对伴侣抱有负向的情绪。

虽然在治疗初期，治疗师会运用反映和肯定这两个技术来处理个案在不良互动循环中出现的续发情绪，但 EFT 治疗师真正关注的焦点是个案所忽略且不了解的原发情绪反应。在 EFT 过程中，情绪要以不同的方式来处理和调节，以得到更恰当的反应。狭隘、过度或未经处理的情绪反应，可以在安全的治疗氛围中予以承认和澄清。当关系发生变化时，这份关系就变成一个安全的基地，让个案可以用不同的方法调整心情、以适当的方法表达需求，最后能够产生新的情绪经验。例如，当一个伴侣可以对自己和对方承认他在身体接触时的恐慌，这经常会唤起伴侣同情和安慰的举动，让崭新、治愈性的情绪经验在他们的关系中产生，减少并改变恐慌的反应。

体会和表达隐藏在互动位置下的原发情绪，例如在批评愤怒之下的失落感或退缩逃避底下的无助和挫败感，让婚姻治疗出现新的情绪接触，改变有问题的互动循环。要分辨前面描述的那些情绪，在临床环境中不难做到，类似的机会也会在治疗过程自然出现。

最后，我们要说明个案经验三个不同层次的情绪及其在 EFT 中的运用，这是很重要的部分。

- 投入。情绪经验无法从远距离探测，需要身临其境的探索和体会。唯有亲身体验其情绪经验之后，个案才能探索自己和对方的情绪世界，进而重塑原来的情绪经验。与其用艰涩的专有名词去分析和解释个案的情绪经验，治疗师在这个层次倾向于使用简单、具体的字句和想象力来帮助个案联结其情绪经验，而不是用具体事件来分析。然而，如果情绪开始变得太过强烈，治疗师对情绪体验的反映和整理往往就会使个案平静下来。将情绪置于负向循环和依恋不安全感的脉络中，也提供了另一种理解情绪的方法，从而使情绪更容易管理。尤金·T. 简德林（Eugene T. Gendlin）1996 年指出，经验取向的治疗师帮助个案创造一个与情绪的安全工作距离，这个距离让他们可以深入参与，但不会超过负荷。这一个概念符合关于情商的文献资料（Salovey，Hsee & Mayer，1993）。情商包括能够在情绪出现时识别、调节它们，使它们不会超过负荷，在必要时反映和控制情绪冲动，并利用情绪的智慧来主导行动。由于同理的贴近是安全依恋互动的本质，治疗师同时积极帮助伴侣双方贴近、识别和回应对方的原发情绪。

- 探索。我们在此并不是要为个案的情绪经验贴上标签或教导他们较好的表达方式，真正的重点是联结伴侣各自的情绪经验和他们的互动关系，这包括持续关注情绪经验尚未明确的部分和边缘化的部分，以及这种经验的分化和象征意义。探索可以想成一个"摊开"的动作，也就是将愤怒等经验标签拆解为不同的情绪因素（如愤怒、痛苦、无助和恐惧）。探索可能还涉及聚焦于情绪的不同因素（我们稍后将讨论将不同情绪因素组装成一个连贯的整体的正式过程），例如某些因心理状态而产生的生理反应（像是胃痛等）是人们开始变得麻木或疏远伴侣时的线索之一。当治疗师有机会去探索伴侣一方的"麻木不仁"，他们可能发现外表看起来麻木不仁的反应其实是个案用来掩饰其绝望和抗议的方法。这个新的角度帮助个案伴侣对于"麻木不仁"有新的了解和解释，并朝着建立伴侣新情感联结的目标更迈进一步。

另一种对情绪的思考是从莉莎·费德曼·巴瑞特（Lisa Feldman Barret，2004）关于粒度的著作中阐述的日益具体的角度来理解。她指出，当我们在面对强烈的痛苦时，以高度的特异性和复杂性来构建我们的经验时，我们往往在神经层面上反应较少，变得不那么严重沮丧和焦虑，也不太可能采取负面的调节策略，如自伤或过度饮酒。巴瑞特发现，那些能够正确地在日记中精确地指出情绪的研究被试，他们在重述困难情况时感受到的压力较小，也调适得更好。事实上，精确指认情绪的过程与 EFT 干预措施类似。正如我在其他著作（Johnson，2019a）中建议的，EFT 治疗师不断地将模糊或难以捉摸的情绪线索或情绪耳语转化为确实而具体的经验。EFT 治疗师是一个粒度专家！我经常注意到，超过负荷和受到威胁的感觉似乎夺走了我们确认情绪和具体化情绪的能力。当我终于意识到，我对于搭飞机的恐惧其实不是因为怕坠机，而是对气流造成的颠簸和不适无法预期，我那时的生理反应跟一个孩子在被遗弃的关键时刻出现的身体症状完全相同时，我对飞行的恐惧因此改变了颜色和形状，变得更加清晰、更具体和更能有效地调适。

- 新的情绪。毫无顾忌地表达负向情绪并不是 EFT 或任何伴侣治疗的目的；相反地，EFT 认为重复表达"续发情绪"是造成伴侣间不良互动的重要原因，所以探索新的或过去未曾觉察的情绪经验可以改变不良的互动循环。在 EFT 中，情绪自下而上被扩展、修改或重组，而不是自上而下。EFT 治疗师并不试图说服个案脱离某个情绪状态，而是鼓励个案投入并拓展新的经验因素，以修订现有的情绪状态。

在 EFT 中聚焦的情绪

EFT 治疗师特别将注意力集中在下列三类情绪经验。

- 在治疗过程中出现明显、不可忽略的情绪经验，如哭泣、戏剧化的非口语表达、能代表个案心情的比喻或标签，治疗师在这里用他贴近个案经验的同理心、治疗师的情绪反应，以及个案的经验作为指南。在 EFT 训练 DVD "塑造安全联结"中，一个高度理性的男人试着用模糊理智的言辞来描述妻子的愤怒带给他的感受，直到"被暗算"这个词冲口而出。治疗师反映、重述并探索这个情绪线索，然后一扇通往恐慌和无助经验的大门就此打开。治疗师会注意并记录这样的情绪线索，一次又一次地使用它来碰触个案脆弱的情绪经验。

- 和依恋需求与依恋恐惧有关的情绪。愤怒是对依附对象没有回应时惯常的反应，难过和忧伤以及对于失落与无助的痛苦接踵而至。当个案无法开口要求对方来满足自己的需要，或无法表现出他们对于亲密关系的渴望时，羞愧经常是那把关键钥匙。恐惧与脆弱是依恋理论的核心，因为痛苦的心情往往让我们感到婚姻不幸福。需要注意的是，这些较柔和的情绪可以通过刻意的努力来压制或否认，但 EFT 治疗师能够自信地坚持探索情绪，因为治疗师了解情绪这个领域，这是每一种哺乳动物与生俱来的权利。例如，他知道，拒绝（特别是被你所依赖的人）被人脑解读为一个真实的危险线索，这个被拒绝的经验与身体疼痛非常类似（Eisenberger & Lieberman, 2004）。然后，EFT 治疗师可以把焦点一次又一次地放在疼痛的部位，同时也提供准确的同理，帮助个案承受这种痛苦。

- 治疗师聚焦于可能造成负向互动循环的情绪，这些情绪同时也妨碍了伴侣双方彼此亲近和回应的程度。治疗师专注于触发习惯性逃避退缩的威胁，例如，当较疏离伴侣的一方听到另一方的抱怨，在他表示要放弃之前，脸上快速闪过的恐惧；或在家庭治疗中，在青少年的愤怒蔑视的反应之前，出现在他脸上对安慰和联结的急切渴望。

创伤的个案会出现很多强烈且互相冲突的情绪，要追踪和展开哪一种情绪是困难的议题。对于典型的个案伴侣，EFT 治疗师一般是从理性批评里的愤怒和退缩逃避中的焦虑与无助着手，然后依循着害怕、焦急和依恋不安的路线发展。

一般而言，治疗的阶段决定治疗师要关注、跟随与处理的情绪和情绪深度。早期咨询会从清楚显露或刻意隐藏的续发情绪着手（如让伴侣中的一方不再列举另一方的过错和重提过去的伤害，而直接承认自己的愤怒），然后将伴侣双方的续发情绪都放入他们负向循环的情境中，并接受情绪的正当性。接下来，治疗师才开始将焦点渐渐转移到伴侣互动过程中原始的依恋情感上。在治疗中期，治疗师会聚焦个案的原始深层情绪，并加深他们对深层情绪的体会。情绪有一种逐渐融合或带领潮流的性质（Wile, 1994）。我们对自己的感觉也会有某种感觉，如对自己的愤怒感到害怕，或对自己的害怕感到羞耻。治疗师需要帮助和支持个案接纳自己的情绪与感觉。

治疗师在面对个案强烈的情绪时，也必须能够处理自己的焦虑。大部分治疗师可以说得出对于引发这类脆弱无助情绪的强烈恐惧，而个案，特别是受过创伤的个案，也会有同样的恐惧。当我们可以具体标示出这些恐惧时，它们更容易被驯服。例如，人们担心一旦情绪被释放，这些情绪以及与情绪相关的痛苦将是永无止境的，会一直继续下去，就是死路一条。人们可能担心情绪一旦被引发，就永远收不住了；担心会被这些情绪控制，失去掌握经验和自我的能力；担心会失控，沦为情绪冲动的奴隶，把事情弄得更糟，或是刻意伤害了自己或别人。人们担心会因为承受不了这些情绪而失控，担心如果自己表露某些情绪，别人就会觉得我们怪异或无法接受。这种恐惧阻碍治疗师去接纳、开展和运用情绪经验来制造改变的能力；也会妨碍个案与人建立情绪联结的能力。这种恐惧可以在与治疗个案对治疗的接受程度和能力，也是决定治疗师聚焦强度的重要因素。EFT治疗师要尽量贴近个案此时此刻的经验，而个案停留在某种情绪中的意愿和能力是因素之一。某个个案在某个时间可能认同他觉得困惑或不舒服，却还不能认同他的感觉里有惧怕。治疗师需要接受个案对自己的情绪特有的看法和解读。例如，个案可能难以接受"愤怒"这两个字，而坚称是挫折，并且很愿意探索这个挫折感；又如，一位年长者可以谈他的不安，而不愿意承认感到难过，因为这会太没面子了。

另一种思考的方法，是考虑 EFT 治疗师开始情绪工作的切入点。治疗师可以利用不同的机会将情绪经验进一步展开，像是利用个案在咨询中所做的评语或个案所用来描述自己经验的抽象比喻或图像（例如，个案说"这太难了""这让我不舒服"或"这是在对我疲劳轰炸"）。治疗师可以探索个案对某种互动或某段对话的反应（例如，治疗师可以问"当你对他说……的时候，你心里感觉如何"或"当你的伴侣说……的时候，你怎么回应"）。治疗师也可以反映伴侣的核心负向循环里明说或暗示的情绪。治疗师追踪并探讨伴侣某段对话中所包含的情绪，在咨询中和咨询之外发生具有依恋意义的事件也能够被呈现出来。

为了开始探索并希望以不同的方式调节情绪，个案必须首先感受到这种情绪，必须投入其中。能够改变跑道以及自然无痕地将个案转移到情绪跑道，则是 EFT 的核心技能。

下面是接触和扩展情绪反应的例子。

开始 EFT 治疗时，这对夫妇对彼此都很疏远与拘束。丈夫通常扮演追逐者和指责者的角色，他开始叙述他们的故事。

这对夫妇在前一天晚上参加了派对。在去派对的路上，他一直想着过去几周妻子拒绝他的性要求，所以抵达后就故意喝了好几大杯，让自己"冷静下来"。然后他跑去找妻子，看到她正在和一个看起来像"杂志封面上无脑的模特"般的男人聊得兴高采烈。他"勇往直前"穿过房间，问她是不是打算整晚都跟这"白痴调情、卖弄风骚"。她冷冷地回答，她谈得正高兴，他随时可以离开，好让她继续享受愉快的夜晚。他怒气冲冲地走了，满腔怒火地回家。此后他们一直没讲话，直到来参加 EFT 咨询。治疗师认为，这件事是伴侣负向模式关键部分的例子。在这个模式里，丈夫开始激动、生气或提出苛刻要求，妻子则感到受伤、无望而变得退缩。EFT 治疗师通常会放慢速度，跟丈夫一起回顾事件一步步的过程，聚焦在上面所说的情绪反应：刚开始的刺激源、身体的感觉、内心的评估或意义建构、行动及其后果。在这个例子中，治疗师反映了个案的愤怒，始终聚焦在引起这些情绪反应的线索上。

当他望向房间的另一端，看到妻子正在跟别人谈话时，他看到了什么？在这个画面中，有什么地方特别突出？究竟是什么让他情绪如此激动？个案起初只是重复贬损妻子的话，但治疗师慢慢地、温和地重复前面的问话。个案的记忆开始找到焦点，说："是她看他时的眼神。"治疗师抓住这个线索，个案突然开始流泪，用哽咽的声音说："她不再这样看我了。"这开启了探索个案的依恋需求和恐惧，以及向妻子表达的过程。此时个案需要很大的支持，才能面对他敌意行为之下的脆弱无助。在那件事中，丈夫绕过了他痛苦的感受、害怕可能的损失，以及心跳加速的突然反应，而聚焦在愤怒的次级调适反应上。治疗师也可以聚焦在其他的因素，而呈现个案的反应，例如，当他看向房间另一边或现在谈起这件事时，身体有什么感受。治疗师可以经由询问个案，当他穿过那房间时对自己说了什么，来探索个案内心的意义架构和评估，或聚焦于他的动机。例如，他还有什么话想对她说，比方"你不可以这样对我"。扩大这些因素的任何一个都可以展开和重组整个画面，以及这对夫妇之间的负向互动循环。

治疗师的目标，特别是在 EFT 的第二个任务，是要阐释、展开并重新解析主要的依恋情绪，使用新解析的情绪拓展架构，用情绪"感动"个案产生新的反应，用扩展的情绪来增加伴侣交流的方法。

值得注意的是，随着 EFT 多年来的发展和对治疗改变过程更清楚完善的了解，在提到与情绪工作时，人们使用的专业语言发生了少许的变化。最初的治疗手册谈到寻求识别更深层的情绪，并帮助个案充分投入深化情绪的过程。这个过程的初始阶段已经得到更多的重视，今天 EFT 治疗师首先谈到将情绪聚集起来，作为改变情绪过程中的第一步。他们越来越重视情绪调节，将这个概念与依恋理论和科学的方式联系起来，并认识到通过安全依恋得到的最大好处是能够一致和自信地表达一个人的内在经验，使得存在的恐惧和需要变得具体和清晰，从而有助于正向的适应。安全依恋的个人往往能够清楚地表达并信任自己的经验。对于许多个案来说，使用"建构"一词表达的是需要找到并有系统地将情绪反应组合成一个连贯的形式，同时将这种反应置于一个人际环境中，在这种脉络下出现这种反应是合理的，并且可以正常化。此建构过程稍后也将在"EFT 探戈"的段落再次讨论。

再次提醒读者，EFT 治疗师在会话中有系统地与个案建构的情感因素包括：

- 触发情绪的刺激源（对于最常有危险或困难的负面情绪）；
- 基本感知/初始评估（通常是隐含的）；
- 身体反应；
- 意义形成/重新评估（最常见的涉及依恋问题，包括自我概念）；
- 行动倾向或有动机的冲动。

如果治疗师对情绪的本质及其重要性、构成情绪经验的因素、作为我们内在和互动关系基石的少数情绪，以及一些经过验证的改变情绪经验之有效方法有深刻的理解，那么在所有可能的情况下，用这种令人信服的原始经验来塑造心理内部和人际变化是自然的生物本能。情绪是我们内心世界与人际关系天生的引领者。

下面是治疗师聚焦情绪的因素的示例。

例句示范

妻　子：你太难相处了，我没法忍受你的态度。

丈　夫：（双手一摊，转脸望窗外）

治疗师：当你妻子说……，你做何反应？

丈　夫：没事，我早就习惯了，她一天到晚都在说这些。

治疗师：她说那些话的时候，你没有任何感觉？（复述线索）

丈　夫：这种事太常发生了，我总得过日子啊，就忘记它吧。（转为适应生存）

治疗师：你是否在尝试忘掉那些她说你太难相处、她受不了你的时刻？（他点头）但在你尝试"忘掉"她的话之前的一刹那，你有什么感觉？当她对你说你太难相处的时候……

丈　夫：不知道。我只是想办法躲开。

治疗师：是不是其中有什么让你很难受、很不舒服？你没办法接受，太难受了？（他点头）你听到她说了什么？（焦点在于最初的解读）

丈　夫：（解读"威胁"）她的意思是我已经无可救药，这个关系已经注定了，没希望了。

治疗师：（焦点在身体的反应）你两手一摊，像这样，是不是代表无望和失败？

丈　夫：大概吧，对。

治疗师：意思是你已经投降、放弃了，因为没希望了。

丈　夫：对。（低头看着鞋子，小声说）我已经没办法了。

治疗师：（焦点在于意义）听到她说你太难相处，你感到无望，就想把那些话推到一边，但是你的身体却显露，你的无望，而你对自己说什么？你已经搞砸了，已经失去她了？

丈　夫：是的，我完全搞砸了。我永远没办法让她高兴。她有她的标准，我却没法……我永远……（流泪）

治疗师：（行动背后的依恋需求）所以你用放弃和退缩来保护自己，企图关闭痛苦和无助的感觉。而你（对他妻子说）越来越生气（她点头）。这就是已经控制你们关系的互动循环，让你们俩都陷入孤独（依恋的意义）。这使你流泪了？

丈　夫：没有，我的眼睛里有水而已……

治疗师：你对自己说"我搞砸了，失去她了，我永远达不到她的期望"，是吗？某些部分的你想要双手一摊，像在说"我永远无法让她高兴，永远无法得到她的爱"，是吗？（重复依恋的意义）

丈　夫：对，我哥哥说现在还不是我应该结婚的时候，他说我太年轻，但是事情已经做了，我的家人也都早婚。（个案转移话题，从情绪经验中逃开。）

治疗师：我们可以回到刚刚谈的地方吗？（重新聚焦）所以，当你听到你妻子生气时，你就走开，试着忘记它，而她看到的是，冷漠（她点头）。事实上你是两手摊着，试图处理你那巨大的挫败，一种失败的感觉，一种你永远没办法讨好她的恐惧，因此你把自己关闭起来，把她关在外面。我讲得对吗？（记录丈夫在互动循环中所有的情绪经验。）

丈　夫：是的，就是这样，我想是的，就是这样。（他哭了。）

一旦展开了情绪的经验并整合成一个有意义的整体，且个案也完全融入情绪经验中，现场演练通常就开始了。

治疗师：（进入现场演练）可不可以请你看着她，告诉她"我听到那番话，觉得我是毫无希望的，我已经失去你，所以我就关闭起来，免得再觉得痛"，你可以告诉她吗？

然后，治疗师帮助妻子整理她对丈夫话语的回应。随着这部爱情剧的继续发展，治疗师的干预形成了一种模式，也就是近年来一直被提到的 EFT 探戈。

我们现在将概述这套宏观的干预措施，这些干预措施可用于不同的治疗方式，包括个人（EFIT）、伴侣或婚姻（EFCT）和家庭治疗（EFFT）。EFT 探戈在《依恋与情绪聚焦治疗》一书中有详细阐述，这一系列的干预措施的临床成效证据，可以在对 EFT（Greenman & Johnson，2013）进行的九项历程研究文献中找到。EFT 探戈系统化地加深了个案对核心情绪经验的投入和探索程度，并编导了新的互动方式，以修正对自我与对他人的内在运作模式。许多成效研究发现，EFT 对伴侣的正面影响不仅是改善了关系的痛苦程度，而且还改变了伴侣个人的依恋倾向。以卡尔·罗杰斯的人本主义和萨尔瓦多·米钮庆的系统理论为基础所发展出其他微观干预措施，将在 EFT 探戈的下一节中讨论。

EFT 探戈：改变自我和关系系统

这套由五个"舞步"组成的干预措施可用于 EFT 的三个阶段，即降低恶性循环的冲突、重组依恋和巩固改变；基于使用的节奏和情绪强度不同，可适用于不同敏感性和需求的个案。

探戈的五个舞步概述如图 4–1 所示。

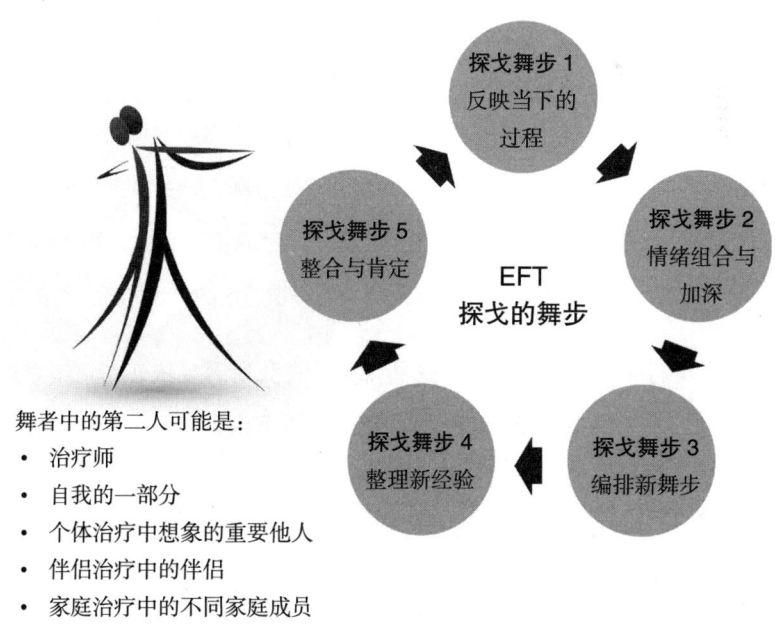

舞者中的第二人可能是：
- 治疗师
- 自我的一部分
- 个体治疗中想象的重要他人
- 伴侣治疗中的伴侣
- 家庭治疗中的不同家庭成员

图 4–1　EFT 的五个基本舞步

- 探戈舞步 1：反映当下的过程。治疗师贴近个案的情绪，给予同理反应，并澄清情绪调节的循环模式（如麻木转为愤怒，然后分解为羞耻和掩藏）和伴侣间的负向互动循环（当我躲起来，你就批评我，于是我更要推开你，而这更加激发了你的攻击性，诸如此类）。这个阶段的重点在于，个案在此时此刻是如何不自觉、又不断地在建构他们的内在情绪经验与人际互动的，而这些相关的体验又是如何回过头去造成自我内在的循环的。

- 探戈舞步 2：情绪组合与加深。治疗师与个案一起探索和重组情绪因素，并将这些因素放在人际互动情景中，使之连贯和"全面化"，这往往有助于个案觉察和拓展更深层次的情绪体验。

- 探戈舞步 3：编排新舞步。治疗师引导个案用新方式互动，以拓展和深化个案的内在真实经验，也就是将新的内在经验转换为个体与真实的或者想象中的他人互动的新方式。

- 探戈舞步 4：整理新经验。在治疗中探索和整合新的人际回应经验，并找出与个案困境之间的关联。在伴侣和家庭治疗中，任何卡住的或对他人新行为的负面回应方式，都会由治疗师在有掌控的情况下展开进一步的处理。在个体治疗中，负面、不接纳的回应方式可能是个体另一部分的自我。

- 探戈舞步 5：整合与肯定。突显并反映新的发现和正面互动回应，并给予肯定，以提升个案的能力和信心。这个过程既凸显了内在经验，也强调了该体验是如何以自我强化的方式来影响互动模式的，以及这种人际关系是如何回过头来影响个体的内在经验的。这里最重要的任务是鼓励成长和不断增强的信心和能力。经验是可管控的，人际关系是可以理解、能够被塑造的，也能成为新的关系。

现在，让我们来更详细地看一下这些舞步。在我所著《依恋与情绪聚焦治疗》（Johnson, 2019a）一书中也以类似的方式概述了以下内容。

EFT 探戈舞步 1：反映当下的过程

为了不断强化治疗联盟，治疗师采取的第一步是贴近，用简单的描述帮助个案了解治疗室中正在发生的过程。要做到这一点，治疗师需要追踪并和个案合作，一起来了解内在经验和外在互动过程，这些经验可能是从个案内在发生、通过个案与治疗师互动中产生的，或是与治疗室里真实的或想象的他人之间互动而产生的。至关重要的是，应以一种陈述性、正常化和唤起式的方式（非评判性）来进行，这种方式鼓励个体对其个人经验或互动模式进行觉察和积极探索，而不是以一种用理性来打散感受或合理化的方式。治疗师追踪和反映个案与情绪有关的表情或相关的想法、感觉、行为表现以及互动方式和互动位置，先从那些表层的部分（来访者明确提出的）开始，然后开始深入到隐含的内容中去。在治疗中，治疗师用简单的语言描述互动模式，无论这些互动是个案头脑中想象的，还是与治疗师或依恋对象进行的，治疗师都要将这些互动描述成有着自身演进动力的和自我维持本质的。每个个案既是造成这个故事的推手又是受害者，治疗师将该故事呈现出来并提取出其中最简洁和最基本的因素。治疗师捕捉故事的细节并将该剧情一一展开，同时建议个案退后些，从远处用不同的角度来审视剧中人，并视这个故事为独立生命。

在个体治疗第一阶段——稳定情况的会谈中，探戈舞步 1：反映当下的过程的例子如下：

萨姆，我听到你很生你妻子的气。你觉得自己受到了不公平的对待，这让你陷入了一种沮丧的黑暗中。我听到的是，这种情形困住了你，你变得越来越生气，心情也越来越低落，直到你的生活被卷进这个黑暗的漩涡中。你完全不想和我谈论这件事，因为这确实很难。把别人都挡在门外会让你感觉更安全些，对吗？

这里的重点主要是在治疗历程中进行追踪，但同时关注到个体与他人保持联结或断开联结的部分。

在家庭治疗第一阶段——稳定情况的会谈中，探戈舞步 1：反映当下的过程的例子如下：

萨姆（家庭中的爸爸），我们能在这儿停一下吗？现在的情况是，你告诉你的儿子他必须按照你说的去做。我觉得对你来说，和儿子讲道理是很困难的。你觉得他没有在听你说的话，所以你也跟他一样看着窗外。玛丽（家庭中的妈妈），你试着为丈夫做补充说明，对儿子指出他是多么地难搞，以及他是如何摧毁这个家庭的。蒂姆（家庭中的脾气暴躁，拒绝合作的青少年），你现在紧握双手，拒绝爸爸的要求，告诉他"不"，是这样吗？（蒂姆点点头。）爸爸对你说教但态度疏离，妈妈恳求你并反复叨念规则，你坐在那里感到愤怒，拒绝做他们想让你做的事。爸爸就像所有的父亲一样要求你配合，妈妈心烦意乱地逼迫你，这让你越来越愤怒。而这种互动控制了家里的每个人。

EFT 探戈舞步 2：情绪组合与加深

我们如何帮助个案以一种与他们息息相关并切实可行的方式来探索他们的情绪经验呢？这需要聚焦在情绪的核心因素上，然后将它们整合在一起。也就是说，我们将情绪与个案建构成一个整体，创造出一种完整感，一种"是的，这就是我感受到的，它对我来说是有意义的"的经验。这也为那些隐藏着的或不被承认的情绪做进一步探索和觉察打开了一扇大门。梳理个案的情绪感受在概念上是相对简单的，但临床实务已证明这是非常有用的。同时能够有效、系统地处理情绪，唤起或调降情绪，或者在情绪变得混乱时将其梳理好，这是一项艰巨的任务。这也许就是在许多治疗模式中往往会忽视或逃避对个案的情绪进行梳理的原因。有必要记住，正如在第 2 章所讨论的，实际上只有六种基本情绪：愤怒、羞耻、悲伤、恐惧、快乐和惊讶。脆弱无助的情绪，像悲伤、恐惧和羞耻等往往比其他情绪更难触及，个案经常出现的是反应性的愤怒或麻木不仁的状态（常常呈现为用合理化、只谈论表层问题，或者以抽离的态度描述问题的方式表达）。

正如之前的章节中描述的那样，我们把这些情绪视为构成个体反应的组成成分或核心因素。可以让治疗师一个接一个地发现，描绘和展现情绪反应，并提炼其本质。治疗师的工作就是帮助个案将这种经验塑造成一个统一连贯的整体，并联结情绪与日常生活中与自己和他人互动的习惯。这个过程不仅增强了个体的觉察力，还改善了其情绪稳定能力——就像那句话所讲的"能看到，就能做到"。

情绪的行动倾向因素将内在调节模式与伴侣互动模式相应地联系起来。情绪将自我和系统联系在一起，它组织针对他人的行动、设置情绪信号并限制他人的行为。然后，这些操作形成一个反馈循环，形成个人的内在体验。每种情绪都有特定的行为倾向，情绪被激发会刺激个体出现特定的行为。愤怒是一种有目的的情绪，它是个体需求的表达，是要移除那些阻挡我们获得满足的障碍；悲伤是想要获得他人的支持和准备放手时的退出；羞耻引发了掩藏；惊讶是想要探索和参与的反应；喜悦让人变得开放和愿意参与；恐惧会引发逃跑和僵住，以至于失去行动能力或者出现战斗反应。

逐渐激发和展开情绪的五个核心要素，然后将它们构建成一个简单、有形的、整体的过程，会将隐含的情绪展现出来以便识别和定义，并进一步探索和深化。首先要以唤起式的探索方式引出每个因素并将其象征化，之后再将各个因素与其他因素联结起来。展开的过程可以从任何因素开始，但通常始于治疗师注意到的，或是想要慢慢体会一个明显重要但被忽略的情绪反应（如某个瞬间的情绪或表情），治疗师会试着用同理反应和唤起式问句来找出这个刺激源（核心因素1）。在婚姻治疗中，唤起情绪的过程大致如下。

治疗师：你能帮帮我吗，丹？当玛妮谈到受伤的感觉时，你转过身去摇了摇头。发生了什么事？是什么原因让你摇头？

丹：我想是她说话的声调。

丹指认出特定的触发因素让他与伴侣在一起时产生习惯性退缩行为。在此之前，治疗师发现如果她只是简单地询问丹的感受时，丹会反驳或者说他不知道。然而，当治疗师更具体地询问是什么原因触发了他的某一特定行为时，丹就能够做出回答。治疗师随后邀请丹进行体验性的探索来梳理他当下感受中的其他因素。治疗师此时专注在身体反应上。

治疗师：你能帮我了解吗？当你转过身的时候，你的身体感受是什么？现在是一种什么样的感觉？

丹：（看起来茫然的样子）我只是觉得自己什么都不想说了。我什么都感觉不到。什么都没有。

治疗师随后会探索个案最初"接收"到的信息或知觉，这常常是模糊的。

治疗师：所以，你不想再说话了，刚刚发生了什么让你不舒服吗？

丹：哦，感觉很糟糕，很糟糕，我好想马上离开，所以我转过身去。

丹现在给出了他最初的知觉和行动倾向，也就是逃离。

治疗师总结了上述要素，然后继续聚焦在对情景的解读上。

治疗师：所以当你听到她的语气时，感觉会有不好的事情要发生。你从她的声音中听到了什么？

丹：她说她一直感到"受伤"，但我听到的只是"你又搞砸了，你只会弄得一团糟"。就是这样。

现在，治疗师收集到了所有的情绪因素，然后可以将这些情绪反应与丹结合在一起，把它作为一个整体反映出来，并且是在他与妻子之间的依恋关系和他自己在关系中感受的背景下呈现出来。治疗师构建了丹对自己的情绪反应，这样做的同时也增强了情绪的特异性和"力度"。丹在这个过程中变得专注，当他在这个感受和体会的过程中可以发现规律时，他的情绪容纳之窗也就变宽了。然后他可以开始拥有并整合这种体验。治疗师则肯定丹能够这样做的能力以及他所有经验的"合理性"。能够抓住、了解和信任自己的经验是个体能够积极适应的基础，一旦丹能做到这一点，治疗师就会要求他在探戈的下一舞步中与他的妻子分享（参见探戈舞步 3）。

这种发掘梳理的过程在引发和提炼情绪的同时也在调节情绪。当这样的情形发生时，关键的情绪反应就变得内外一致并能融入个体自身及其认知系统中去。一旦治疗师有了一套与情绪工作的核心技能以及一份清晰的情绪构成因素列表，他们就可以将所有复杂情绪反应的因素拼接在一起，并将其放置在引发情绪经验的人际依恋关系的背景中。通过这种方式，重塑和拓展情绪觉察就成了一项相对简单和可预测的任务。这种新的情绪表达方式可以作为一种重新了解自我和他人本质的方法，也形成对个人恐惧的约束力，并且还能够帮助个体澄清其需求。此外，这种新的情绪表达方式是个人内在动机的源泉，也是向他人发出信号的方式。这就像当我们听到新的音乐，我们的舞步就会自然而然地变得不同了。

然而，单是将情绪构建起来只是第一步；它是开始探戈舞步 2：深度介入和探索情绪经验的序曲。一旦指认和了解了情绪因素，治疗师就会聚焦在引导个案对其更深层的核心情绪进行探索。当丹听到来自妻子的指责以及要离开他的威胁时就以"僵住"和"麻木"来回应，治疗师则引导丹去注意他的身体反应。丹很惊讶地发现他的心脏怦怦直跳，感到气喘吁吁。"就好像我在害怕，"他补充道，"也许我就是在害怕，但这多荒谬啊。"这些更深层的情绪，通常是恐惧以及随之而来的无助、羞耻或悲伤，个案可能相对容易接触和介入，也可能需要花费精力才能碰触到。这种"深化"的速度和强度取决于个案的开放程度，以及辨识和容忍其不熟悉、脆弱甚至畏惧的情绪能力。它们还取决于治疗阶段以及治疗联盟的稳固性。治疗师通常只是简单地触及或带领个案进入"新的"和更深层的情绪中，然后引导个案进入到提炼情绪本质的过程里（或承认那些妨碍进展的阻碍）。一旦完成这一步，治疗师将鼓励个案停留在情绪中，并继续探索更深层的情绪。这样做的目的是发现和澄清情绪的现实——一个由恐惧和渴望组成的引擎，也是个案用来解释所面临的问题和困境的动力。

在稳定阶段的伴侣治疗中，这种深入的过程大体如下所示。

治疗师：那么，保罗，就像现在这样，你开始变得"暴怒"，对吗？当你试图告诉玛丽，当你总听到她说太忙时，感到越来越强烈的不安。你说明自己的情况后，随即低头叹了口气。你能让我了解那个叹息背后的心情吗？好像与你上周所说的那种心情相类似，是吗？那种深深地觉得你对她而言是无关紧要的？这一定非常痛苦，就好像你无力做任何改变？

保罗：（点点头，转过身去流泪）我再一次独自一人在这关系里。太痛苦了。我总是孤零零的。我这样算是有妻子吗？我的妻子起码应该有点在乎吧！

保罗表达的痛苦心情是他自己过去从未承认的部分，也是她从未在重塑他们关系之矫正性互动中所看到过的，如下所述。

EFT探戈舞步3：编排新舞步

在这个步骤中，个案的内在剧本进入了人际关系领域，治疗师指导个案向重要他人分享在探戈舞步2中梳理和提炼出的（有时是加深了的）真实情绪经验。在个案向其重要的见证人分享他的情绪经验的过程中，一个新的或者是扩展开来的真实情绪状态得以明确表达，它是具体的和连贯的，而且个案承认这些情绪是自己的经验。

这个重要他人可以真实出现在伴侣和家庭治疗中，也可能是治疗师，也可以是在个体治疗中想象的依恋对象。这个重要他人可能在情感上是容易接近的、有回应的和能参与的，也可能是无法参与的，甚至可能是敌对的。在任何一种情况下，个案与这个重要他人间的联结经验都是通过治疗师的探索、调节和编导来完成的。无论这个治疗过程是积极的还是消极的，新的情绪音乐对个案发出邀请，让个案与其重要他人在不同程度的情感联结中一起尝试新的舞步。与重要他人分享这个新触及的脆弱无助，拓展了个体习惯性的行为反应，并且还有可能从对方那里获得新的正面回应。即使想象中的重要他人的反应是拒绝个案，也会为个案提供一个争取自己的需求的机会，以及接受缺失的遗憾的情绪体验，并能用一个新的互动位置来面对内化的父母角色。与他人分享情绪也能够使个体更深刻地进入到这个情绪中，并且能将该情绪整合到其内在系统中。在这个关系剧本上演的同时，对自我和对他人的内在运作模式都会变得开放并有机会获得修正和完善。

可以将探戈舞步3视为一种"暴露疗法"。在一个安全的环境中，在专业人士的保护和指导下，个案开始挑战过往那些他们在其中受过伤或受到过威胁的人际互动情景，以不同的方式进行对话，进而得出不同的结果。如同在正式的暴露治疗中一样，治疗师会持续评估个案所承担的风险，并且常常"将风险切薄[①]"。例如，建议个案"也许这对你来说太难了。那么你能简单地告诉他'告诉你这件事太难了……我现在做不到这一点'吗"，我们可以把这些情景看作修正情绪经验的关键因素，在这些体验中调整和改变重要的生活剧本。

在个体治疗的重塑阶段，探戈舞步 3 大致如下所示。

治疗师：（轻柔、缓慢的语调）所以，卡尔，我们之前谈到过，当你开始指控你的妻子时，其实你是在试图让她向你证明她是值得信赖的；当你害怕被背叛时，这是你所知道的唯一处理方法？现在你能够承认这种恐惧在你的生命中一直伴随着你。想到要真的放手并相信她会照顾你，对你来说真的很可怕，即使你们两人已经在一起这么久了。（卡尔点点头，泪流满面。）但你后来又说，其实更大的恐惧是，你知道没有她，你会变得完全孤独，对吗？这是你难以忍受的。（卡尔点头以示同意。治疗师的声音更柔和、更缓慢，并从卡尔的角度代表他说话。）所以，你能不能告诉她"我之所以变得如此咄咄逼人，是因为我迫切地希望你能向我证明我的恐惧是不必要的，因为没有你，孤独会降临到我身上，我在成长经验中体会过的'黑暗'会把我淹没"。你能做到吗？你现在能告诉她吗？（他转向她，开始说话。）

EFT 探戈舞步 4：整理新经验

在探戈舞步 4 中，治疗师会反映和总结互动过程，即个案以一种投入的姿态直接分享新体验到的情绪，从而构成互动脚本。治疗师与个案一起探索这种情绪出现时的体验是什么样的，以及个案如何解读和整合他所听到的来自他人的回应。接下来，再探索那些阻碍个体听到对方经验和回应的障碍。因此，在伴侣治疗中，如果伴侣一方抵触已经能够用更开放的方式来表达脆弱无助的另一方伴侣所提供

---

① "切薄"是 EFT 现场处理技术之一，有"将谈话内容、现场风险、情绪强度做拆解，降低整体复杂程度和风险程度，降低情绪脆弱无助的程度，以使个案能够循序渐进接受"的意思。——译者注

的信息时，那么治疗师会介入并"挡住子弹"（后面再予以阐述）来处理对于这一方伴侣来说不熟悉的信息，处理其难以进入状态、难以接受或者回应对方信息的障碍。新的情绪经验成为一种新的互动剧本，现在治疗师要在治疗中反映、探索和加强该剧本的意义，并将其纳入个体与自我、他人及人际关系的模式中。治疗师提供了安全的、有组织的、可以具体呈现的治疗流程，这为治疗提供了推动力；个案可以在这些剧目中承担越来越大的风险，并处理其中呈现出来的有益的新信息和新的体验。

在稳定阶段的家庭治疗中，探戈舞步 4 大致如下所示。

治疗师：那么当你向父亲伸出双臂说"我想要一个父亲——我希望你能靠近我"时是什么感觉？那真是非常勇敢。（杰克说这样说感觉很好。）萨姆，你听到这个是什么感觉？

萨姆：我有些感动。杰克，我很感动。但是我内心有种不确定的感觉。我不知道怎么做——如何成为一个好父亲，所以我有些呆住了。我让你失望了。这个情况很令人伤心，也很吓人。我想成为你的父亲。

治疗师要求萨姆再这样说一遍，并继续按照这个线索来进一步澄清萨姆无法回应他儿子的无力感。

在伴侣治疗的重塑阶段，探戈舞步 4 如下所示。

治疗师：保罗，告诉玛丽"我确实生气了。你是对的。我感到很孤独，而且觉得无能为力"是一种怎样的心情？

保罗：感觉很棒，很坚定。觉得很踏实。这是对的。我不想孤身一人，我一直在试着让她看到这一点。

治疗师问玛丽听到这些话是什么感觉。

玛丽：我有点困惑。我从未见过保罗如此脆弱。我听到了，我能听懂。我猜是我点燃了他的怒火——就是因为我的沉默！谁能想到居然是这样的呢？

EFT 探戈舞步 5：整合与肯定

在最后的舞步中，个案进入新的、更投入的个人体验以及与重要他人互动的过程中，治疗师从后设观点的层面反映之前四个舞步的全过程，并突显关键的重要时刻和回应，用它们来巩固个案的力量与勇气。个案从这种治疗中获得的信息是，他们可以改变自身感受和处理情绪的方式，更了解自己和他人的方式，并开始进入到能够重新定义他们生活的关键舞步中去。在探戈舞步 5 中，治疗师为整个探戈进程带来了协调和宽慰，这也成了治疗持续推进的基石。治疗师还会利用这一舞步经常出现的正面情绪来造成更进一步的改变，加强正面情绪并使其具象化。已有证据显示，正面情绪有助于扩大注意力和拓宽认知、增加创造力和放松警惕，从而激励个体的靠近和探索行为（Frederickson & Branigan，2005）。理想情况下，探戈有条不紊的舞步会在达到正向平衡与完满的时刻结束。神经科学家贾亚克·潘克塞普（Jaak Panksepp）将情绪体验疗法称为情感平衡疗法（Panksepp，2009）。每当探戈舞步按照顺序展开时，它就会创造出改变的动力，增强个案的掌控力和自信心，他们可以了解自己内在生命状态和人际关系状况，也相信自己具备塑造和改变的能力。

总之，这个 EFT 探戈进程可以为治疗师指明工作方向。当治疗师发现自己有些失去方向或迷茫时，他可以简单地回归到这个核心过程；该过程是一个治疗的后设框架，有一套基本的治疗技术，可以开始重设治疗师当下进行到的步骤。要记住的是，探戈的所有五个舞步并不是在一个治疗会谈中就能完全展现出来的。它们中的每一个舞步，特别是在重塑阶段张力最大的治疗会谈中，都可能会在治疗中占据很大一部分。在 EFT 伴侣治疗和 EFFT 治疗的研究中可以看到，在来访伴侣软化后的改变阶段，需强化探戈舞步 2、3 和 4，并且常常要多次重复以便达到具体的、新的可以彼此触及和相互回应的程度。在治疗中常常通过反复的情绪加强，与对方进行情感互动以及整理这样的情景来编排新的、安全的情感联结场景（软化的标志性事件值得特别关注，这将在后面的章节中做进一步讨论）。

一旦掌握了 EFT 改变过程中这些舞步的基本顺序，治疗师就可以即兴发挥创造力。知道如何在情绪感受的梳理和深化过程中贴近情绪并与之工作，知道如何在冲突激烈的情景下改变互动模式，以及如何塑造新的、适应性的依恋体验，这使得治疗师能够在治疗中保持真实和在场的状态，治疗师的工作由此可以游刃有余！在所有这些过程中，治疗师带领个案倾听并调节情绪的音乐，塑造新的人际互动行为，并编排重建安全联结的特定舞步，以形成自我和家庭系统的适应性改变。

EFT 探戈中治疗师的立场

对于治疗师来说，EFT 探戈的五步治疗框架在不同的层面展开。治疗师提供有效治疗的挑战在于需要完全地处于当下的状态，并投入个体真实的感受层面；与此同时，还要保持在不同层面的专业意识，例如不同类型治疗的构架和治疗方向。治疗关系情境是有着隐含信息的，也就是治疗师与每个个案之间形成安全治疗联盟是所有 EFT 改变过程得以发生的基础。

第一，治疗师要贴近并回应治疗中的情绪音乐，并从自己的情绪感受出发，反馈出对个案及个案所处困境的同理状态。在这个过程中治疗师始终保持此时此刻的状态并真诚地与每位个案交流。

第二，治疗师持续监控并积极维护他和每个个案之间治疗联盟的安全感。例如，治疗师可能会以特别柔软、接纳的方式向一个非常敏感的个案反映其问题行为，并在这之后立即给予其进一步的肯定。治疗师会有意地提供一些关系的信息，让个案觉得治疗是能够持续评估风险并能提供无限同理的安全避风港（这种立场与慈爱的父母在看到自己的孩子面对生活的波折时给予安全和抚慰所产生的作用类似）。治疗师试着亲近、回应、投入（这些是曾在第 1 章中提到的安全情感联结的三要素）到每位个案的体验中，当治疗师感觉到这个安全的联盟被破坏时会暂停治疗，并优先修复裂痕。

第三，每位治疗师都是个案世界的好奇探险家，也是历程顾问，在个案触碰和构建其情绪体验，寻找破碎的、否认的和逃避的情绪因素时，治疗师随时随地与个案在一起。安全的治疗联盟允许个案尝试与正在发生的，并在大脑中重新编码的崭新体验产生新的互动。神经科学研究也显示，这种更深层次的投入可以使神经回路受到挑战时展现出最佳形态以及重塑回路（Coan，2008，personal communication）。

第四，治疗师会经常反思整个治疗过程，并将其与治疗的阶段和过程以及个案的治疗目标联结起来。治疗师在治疗过程中变成一个安全基地，通过设置一些挑战来探索每位个案舒适区的临界点。例如，治疗师会要求个案深入到一个艰难的或者有创伤的事件中，或鼓励个案用可能触及个案基本存在的脆弱之方式与依恋对象互动。

第五，治疗师和个案通常是以合作的方式来探索人生的困境，他们不是专家和学生的关系，而是两个在被生活裹挟着前进的同时仍努力学习如何生活的人。因此，治疗师可以从专家角色中跳脱出来，帮助个案看到其困境是如何普遍存在的，以及看到找出明确答案的困难性。治疗师甚至可以运用适度的自我暴露作为治疗的一部分。

简言之，EFT的改变过程需要一个特别的治疗联盟。在这个治疗联盟中，治疗师无论是从情绪层面还是个人层面都关注此时此刻，维持"现在式"为决定性改变的发生提供了有利的治疗条件。本章重点介绍了第一项任务——治疗联盟的建立，和第二项任务——与情绪工作，并概述了宏观视角下的EFT探戈。为了避免读者误会，在这里要再强调一次，EFT共有三项任务。如何用EFT探戈来完成第三个任务——重组互动，将在第5章讨论。也就是说，EFT探戈这套宏观干预措施，也会用来处理任务二和任务三，即与情绪工作，并使用新的情绪信号来塑造新的互动，帮助伴侣个案打开了正向互动的大门。

第 5 章

基本的 EFT 微观技术：经验性和系统性

我学会了问自己，我能听到对方灵魂深处的呼唤，并感知到他的内心世界吗？我能否对他所说的话产生如此深刻的共鸣，以至于我能感受到那些他羞于启齿又渴望吐露的心声？

卡尔·罗杰斯

《个人形成论：我的心理治疗观》(*On Becoming a Person*, 1961a)

本章将总结 EFT 治疗师在改变过程中使用的最基本的工具，也就是治疗师的微观技术。这些技能是以卡尔·罗杰斯（1951, 1975）和系统理论家如萨尔瓦多·米钮庆和查尔斯·菲什曼（1981）的工作为发展基础的。同时，经过 30 年的 EFT 临床实践，通过大量的研究发展以及在不同环境对不同情况个案的应用，并以依恋科学作为实践指南，这些微观技术也发生了非常显著的演进和变化。例如，将卡尔·罗杰斯的治疗逐字稿（Farber, Bring & Raskin, 1996）和最近的 EFT 的逐字稿拿来进行比较，EFT 中的反映比罗杰斯更系统、更有结构。这些技术聚焦于调节和重组情绪，以及营造能建立安全依恋的新的有效互动这两项任务，它们是构建更宏观干预的 EFT 探戈舞步的基石。这些技术强调与每个个案的贴近和建立安全的治疗联盟。该联盟的建立和维护是 EFT 的首要任务。现在，让我们看看在任务二和任务三中使用的干预措施。

在任务二中的技术和微观干预：接触、调节和重组情绪

情绪反映

EFT 治疗师会注意、聚焦和反映个案所呈现的强烈情绪。治疗师会与个案分享其对个案情绪经验的了解，并将个案的注意力引导到这个方向。在此所讲的"情绪反映"并不是像回声筒般重复个案所说的每句话，而是要求治疗师全神贯注地同理并吸收个案的情绪经验。治疗师会追踪搜寻个案的情绪经验，并和个案一起整理这些情绪经验，以提高个案对自己如何受这个情绪经验的影响，及自己如何塑造出这些情绪经验的觉察能力。治疗师会挑选并说明个案在互动过程中的转变，包括个案突然改变情绪投入的程度，或卡住了、不知如何用话语表达等情况。

如果治疗师能做好"情绪反映"，个案会觉得受重视及被了解。如此一来，咨询室会被视为安全的地方，而治疗师则是可以信赖的联盟者。"情绪反映"同时也引导个案专注在自己内在的情绪经验，放慢咨询过程中人际互动的步调，突显某个事件或对话的影响力，并在治疗中营造一个专注于过程而非内容的模式。情绪反映就如打开一段经历和感受，将它对着光转动，以便显现新的切面。情绪反映的目的在帮助个案掌握和体会原本是抽象、含糊不清的东西，也是 EFT 治疗师用来聚焦和引导咨询的基本工具。良好的情绪反映是让个案的情绪经验成为生动、可以触摸、具体、独具特性并有活力的第一步（个案原本的经历和感受只是被动的、无法掌控地发生在自己身上）。

例句示范

治疗师：请帮助我了解这个情况，埃伦，你想对彼得说"我不觉得你想要我或想念我。我总是听到你说我永远不够好，我让你失望了，我是被归类为依赖黏人的。我觉得被你踩在脚底，一文不值"。我说得对吗？

埃　伦：嗯，就是这样，我觉得好像被判了刑。

肯定

EFT治疗师会传递一个重要信息给伴侣双方：每个人都有权利拥有他们所有的情绪反应和感受。治疗师要具体地分辨伴侣一方的感受和另一方的行为和意图：妻子可能觉得被丈夫怨恨，而丈夫并没有怨恨她的感觉。EFT治疗师的立场是：没有任何个案的反应是错误、不合理、可耻或奇怪的。同理的情绪反映加上关怀和尊重，能传达上述信息给个案，而不是具体地肯定个人在婚姻关系中的经历和感受。借着治疗师接纳的态度，个案可以从治疗师身上得到稳定感和安全感，从而缓和了其进入治疗时的焦虑，以及伴侣过度自我保护和否定对方的气氛。这种接纳的态度也能鼓励个案去体会和表现真实的自我，降低自我诋毁或受他人批评的可能性。同理的情绪反映和肯定，鼓励伴侣去接触和面对个人内在的情绪经验，因而能进一步探索和透明化这些可能造成两人负向互动循环的历程。

例句示范

治疗师：我想我了解你在说什么，就像当他告诉你他有多沮丧时，你觉得有点害怕和不知所措。你觉得好像有千斤重担压在身上，让你喘不过气来。所以，你自然会想将一些重量推回他身上，好

> 让你可以呼吸。当你推不开这些责任，就会开始生他的气，因为你找不到可以逃开的出口。所以你开始疏远他，或要他自己解决问题，是这样吗？

唤起情绪的反映并提问

这个技术专门用在伴侣个别感受中暂时、不清楚或混淆的部分。"投入"一词的英文"evocative"源于拉丁文的"evocare"（召唤）。治疗师绕过对话表面的内容，对个案的情绪发出召唤。治疗师借着唤起个案的想象力，试着去捕捉这些经验的本质和背后所隐藏的因素，以期能暂时地拓展并重塑这些经验，并鼓励个案探索和投入。

这些情绪反映是希望经由这个短暂的片刻，让个案去品味、尝试、修正、重塑或保留其本身的感受，而不要像个专家去批判自己的情绪经验。情绪反映会特别用在下列五种情况：

- 信息是如何被传递和接收的；
- 情绪或生理反应中有最显著影响力的因素；
- 被某个特定反应勾起的渴望；
- 在某个特定反应中造成冲突的因素；
- 情绪反应所隐含的行为倾向和意图。

EFT治疗师引导个案到他们情绪经验的"管制中心"，并邀请个案更进一步找出这些情绪经验的成因及其所代表的意义。试看下面的例句示范。

🍁 **例句示范**

> 1. 治疗师：你现在从玛丽的语气中，听到或感觉到了什么让你觉得天崩地裂的？
> 2. 治疗师：当你刚刚告诉我这件事时，萨姆，我听到你的语调有些不同，甚至好像说出这件事都让你受到伤害，因为你可能不是玛丽想要的那种丈夫。
> 3. 治疗师：现在我有点糊涂了，我想我听到你刚刚说当你看到她脸上的那种表情时，你有种控制不住想要逃开、躲起来的冲动，是这样吗？
> 4. 治疗师：你想要逃开、躲起来，但某一部分的你又坚持不退让，是这样吗？
> 5. 治疗师：当你听到她这样说，那个"反抗"的你很想站起来大喊"我永远也不会让你再像这样伤害我了"，是这样的吗？

下列四类问句能够帮助个案了解其内在情绪经验或互动过程：

- 当他（她）……什么事发生在你身上？
- 当你听到……你的感觉为何？
- 当你在说……你的感觉如何？
- 对你而言，这像是一种什么感觉？

🍁 **例句示范**

> 1. 治疗师：当你开始有你刚刚告诉我的绝望感时，你身上是否发生了什么事呢？

> **2. 治疗师**：刚刚这里发生了什么呢？玛丽，当吉姆用手捶自己的腿时，你眼中似乎闪过一丝忧伤，然后你保持沉默，不发一言，刚刚在你身上发生了什么呢？

当试着捕捉个案的内在经验时，治疗师可能会引导话题至某个特殊的片刻或事件。治疗师可以通过：（1）重复个案一语带过但十分明显的关键语句；或（2）要求个案重复他自己刚才说过的话，来达到这个目标。

🍁 例句示范

> **治疗师**：玛丽，你可以再说一遍"我不会让你摧毁我的"这句话吗？

唤起反映中的反映技术，是治疗师帮助个案由否认情绪或责备或贬低对方，或用行为发泄（如"你是个混蛋"），变成直接拥有自己的续发情绪（如"我对你非常生气"），再转变为深层原发情绪（如"我感觉非常无助""我揍你，只为了要得到一个回应"）的主要工具。

有一种特别的唤起反映是治疗师唤起个案的某些部分或依恋对象的声音，来扩展和重组个案的经验。然后治疗师可以唤起个案某个对照的部分，来显示他的进退维谷或加深他的体会。治疗师也可能唤起依恋对象的声音，或以依恋对象的角色对个案说话，来支持个案面对恐惧或解除个案的恐惧。

🍁 例句示范

> **1. 治疗师**：所以，埃米，一部分的你在说"不要那样，不要冒这个险。

你以前受过伤"，可是另一部分的你感觉很难过、很孤独，这个部分要你去找他，去找你所渴望的，是吗？

2. **治疗师**：所以现在恐惧告诉你"把心门关起来，躲得远远的，保持麻木"，对吗？你的恐惧说"没希望了"。

这些治疗技术增加了个案在当下的情绪投入程度。这些技术的目的是邀请个案伴侣去探索和重整其情绪经验，当他们开始越来越了解和接触自己的情绪经验，重塑情绪经验的新因素也随之而生。使用这个技术要随机应变。这个技术可用于协助个案伴侣去探索其在关系中对自己和他人的看法，也可协助个案重整某个特别关键的、隐藏在互动模式背后的情绪经验，目的是希望经由重塑情绪经验，使个案伴侣能够对自己和对方都变得可亲和有回应。

加强

当治疗师试着追踪每对伴侣个人的或共同的内在与人际互动过程，他/她会试着加强某些特殊的反应或互动模式。这些反应和互动模式之所以"特殊"，是由于其对于伴侣不良的互动循环有关键性的影响。治疗师可以借着加强这些情绪去帮助个案用新的方式接触其情绪经验，并用新的方式和伴侣对话。"加强"这个技术可以将藏在背景中的特殊反应带到舞台灯光下，然后用这些反应来重塑情绪经验和互动反应。[①] 下列五种方式可以达到"加强"的效果。

- 重复某个"词句"以突显其影响力。
- 经由口语信息来加强某个特殊体验。典型的做法是，EFT 治疗师通常会将身体向前倾、降低并放慢声调。
- 用生动、具体的比喻或形容词，将要加强的经验更加透明化。

[①] 假设丈夫每次一觉得受伤害就用怒火来掩饰并攻击妻子，加强隐藏在怒气之后的受伤体验，并鼓励丈夫实际去感觉他的受伤，他也许会了解在这个过程中没有必要产生怒气，进而找到其他方式保护和照顾自己。——译者注

- 引导个案去演绎其所描述的感受，将个人内在的感受转换成人际互动的信息。
- 维持专注、紧张的状态。EFT 治疗师会堵住"出口"并不让个案改变话题，所以个案无法将这段对话的紧张程度降低。

例句示范

治疗师：吉姆，你可以再说一次"我就是没办法再向她敞开心扉"吗？

吉　姆：是啊，我就是没办法。我没办法强迫自己这样做，我退回自己的世界中，将她隔离在外。

治疗师：当你说这些话时，心里有什么感觉？

吉　姆：我觉得哀伤，但我感觉这样做是对的，这让我比较好过些。

治疗师：你觉得比较安全的做法是将她挡在门外，保持距离。

吉　姆：对啊，生活不就是这样吗？在我们国家……

治疗师：你要将她隔离在外，站在门后面让你变得比较安全。

吉　姆：是的。

治疗师：你可以这样对她说吗？告诉她"我要将你隔离在外，保持安全距离。你做什么都没什么差别，反正我还没准备好将自己交在任何人手中，我不会让你真正靠近我、了解我"。

吉姆用他自己的话重复治疗师的那段话并掉下泪来。在这个时刻，吉姆的内在经验是紧张的，而其"互动立场"也被呈现得很明显。

同理的推测和解析

在此，EFT 治疗师要运用个案非口语、互动的以及有前后关联的意见和经验去帮助个案进一步发展。这个技术的目标并不在于心理遗传性的成因或模式，也不在于帮助个案用"更好的"方式分析其经历，而是澄清和拓展个案的情绪经验，让个案对原有的经历和感受自然而然地赋予新的意义。这类推测和解析并不是要对情绪经验贴上理性的标签，将这些经验归档后束之高阁，也不是提供个案一些跟他们有关的新信息，增加其内省能力，而是营造更为强烈的情绪经验，随之产生新的意义。这里所用的推理是根据治疗师同理地投入个案的情绪经验、伴侣间互动的立场与模式，并以成人依恋理论为其思考架构而产生。

从经验取向的角度来看，必须注意的是，这些推测和解析要避免变成把治疗师的个人意见强加在个案身上，并剥夺个案自我觉察的机会。在伴侣治疗中，上述的危险性十分低，因为所属系统和造成问题的反应都具体呈现在治疗师的眼前，加上一个安全信赖的治疗关系已经形成，如果他们不同意治疗师的推测，个案会主动地对治疗师的推论提出抗议或说明。这些推测和解析是以假设的方式提出的，在整个治疗过程中明确地鼓励个案伴侣引导和纠正治疗师的推论。

这些推测和解析可能会引起一些防卫性的反应、依恋的渴望，以及自我设限的依恋恐惧与依恋幻想。这些推测会从下列三种角度来表达：（1）个案自我保护的需求；（2）依恋反应的形成，如哀悼所失去的或被安慰的渴望；及（3）被拒绝和被遗弃的恐惧。在伴侣的对话中，我们可以清楚地看到个案的自我价值观，包括自我的价值和值得被爱与否的本质。因此，EFT 治疗师的任务是将个案不清楚或不愿面对的部分呈现在个案面前。

🍁 例句示范

1. **治疗师**：所以，我听到的似乎是你被卡在两种极端的想法之间，一部分的你想叫玛丽下地狱，然后你可以松口气，不再被她压迫。可是另一部分的你却很害怕她拒绝你、对你生气，害怕她放弃这份关系，是吗？

   萨　姆：是的，就是你讲的这样！

2. **治疗师**：你现在在想什么，卡丽？

卡　丽：我不知道。

治疗师：在你身上发生了什么呢？

卡　丽：我也不知道，只觉得很安静。

治疗师：好像你远在千里之外？

卡　丽：是啊！在很远很远的地方。

治疗师：在一个没有任何人可以伤害你的地方？（卡丽使劲地点头）那似乎是唯一让你觉得安全的方法，是吗？

卡　丽：是啊！我当时就好像晕过去了。

治疗师：晕过去是种什么样的感觉？

卡　丽：空虚，却比……比……好（卡丽停了下来）。

治疗师：比被羞辱好，是吗？

卡　丽：是啊！我跟他讲我的感觉，他却嘲笑我，就像他刚刚又嘲笑我。

治疗师：就像你无足轻重似的，你的感觉和渴望一点都不重要，你什么也不是，是吗？

卡　丽：他就算等一辈子，我也不会低头哀求他的注意，我不会强求他来听我说话。

治疗师：所以你会跑到他到不了的地方去击败他，是吗？（卡丽点头）虽然感觉空虚、寂寞，你却保全了自己，是吗？

在EFT第二阶段的改变工作中，有一种特别的推测，治疗师调整与帮助个案的互动，促使退缩者重新投入，而指责者开始软化。这种推测的治疗方法称为撒下依恋的种子。它也是一种拉高情绪的形式和支持的方法。治疗师将个案的依恋行为描述为减少依恋恐惧的手段，由此进而突显了个案的依恋恐惧。在成功的软化工作中，这个技术经常被使用到。这个推测支持个案因恐惧而陷入的僵局，但同时让个案看到如果恐惧不那么大的时候可能的情形。这个技术总是从"所以你永远不可能……"开始，让恐惧所阻碍的依恋渴望与行为显现出来。这个干预技术刻画出情感联结背后隐藏的依恋需求，让治疗师在以后的治疗过程中可以尝试来处理。

🍁 例句示范

> 1. **治疗师：**（用低沉、带感情的声音，对正冒险对她的伴侣敞开自己，既期待又害怕他回应的个案说）所以，你永远不可能，永远没有办法转向他，对他说"跟我在一起。来跟我在一起，因为我需要你。我现在需要你把我摆在第一位"。（个案摇头）你没有办法这样做，没办法这样做，这样做太可怕了。你好像根本就不配得到这些，是吗？
>
> **普 吕：** 我做不到，我做不到。
>
> 2. **治疗师：**（对一个尝试跟伴侣重新接触的个案）所以你没办法让她知道你所说的"无止境的测试"是怎样让你感觉挫败和退缩。你永远没有办法请她冒个险，给你一个机会来学习彼此靠近吗？

这个治疗在同理与支持的同时，也让个案看到当他们关系改善、彼此靠近时可能的景象。

当个案特别抗拒去拓展其情绪经验，或上述的各种技术都无效时，EFT治疗师偶尔也会用一种特殊的技术——"说故事时间"。"说故事时间"是同理的猜测的一种形式，只是"说故事时间"的内容比较复杂和详尽而已。"说故事时间"是指治疗师对个案说一个跟他们个人或婚姻有关的故事，而这个治疗师编的故事是和个案伴侣的反应和互动模式有关的详尽叙述，并在故事中掺入治疗师推测的深层情绪。叙述这个故事是希望能用开放、不具威胁性的方法来告诉个案，治疗师对伴侣个人和互动现况的看法。EFT治疗师所编的故事其实只是将个案在治疗过程中分享的内容加以整理，然后用较详尽的方式加入个案的情绪经验，以及这个经验对伴侣关系的影响。一般而言，当个案听了治疗师编的故事，伴侣一方或双方都能够在这个故事中或多或少找到自己的影子。这是一个间接和不具威胁性的技术，帮助个案伴侣接纳和觉察自己的情绪经验。

下面这段故事是治疗师试着呈现在一个不良的互动循环中伴侣一方的经验。

例句示范

> **治疗师**：你们告诉我的这些事让我联想到我曾见过的一些夫妇，我的这个联想可能跟你们的情形一点关系也没有，你们可能也找不到任何相同之处，但我曾见过一些在婚姻关系中，比较主动的一方会因为失望和受伤害到某个程度，然后希望对方也跟她一样受伤，因为主动的这一方希望能看到自己对冷漠的另一方有些影响力，但结果时常是自己努力得半死去向对方证明她是无法被忽略的。另一方面，比较被动的另一方却不时感到被攻击到无法承受的地步，所以他的防卫越筑越高，也将对方隔离在外。被动的这方似乎也在试着对另一方说"你是无法伤害到我的，我不会让你得逞"。但同时，他也对24小时保持警戒状态感到疲惫，这种情况对伴侣双方都悲惨极了。我不知道你们跟这段故事中的双方有没有什么相似或不同之处？

治疗师有时候用说故事来推断个案无法察觉或无法面对的情绪经验。这段故事是有关一个嫉妒的丈夫偷听到妻子跟朋友对话。他拒绝在治疗咨询中谈他偷听的行为。

例句示范

> **治疗师：**（对着妻子说）我听到你说你很难了解特德的这种行为，而且特德似乎也拒绝和你谈这件事。我不太清楚到底发生了什么事，但我可以清楚地看到你的愤怒。我脑海中浮现一个影像，是以前一个拒绝跟他妻子去任何社交场合的个案。他渐渐发现为什么当他听到妻子跟别人谈话并流露出轻松自在的样子时，他会感到无比愤怒和渴望——因为她以前也是用这样的态度跟他说话，让他感到自己是特殊的和被爱着的。和她一起出席任何社交场合，好像不断在提醒他所失去的——她不再用那样的方式跟他说话，他感到被排除在她的世界之外，觉得非常哀伤，所以他变得非常生气，质问她跟别人对话的每个细节，而她最后会觉得被冒犯了。这个故事可能跟你们的情形不太相关，只是不晓得为什么我突然想起这件事。

这个技术使用的目标在这个例子中主要在反映丈夫的经验，只是以对妻子说另一人的故事为表达方式。

自我袒露

与其他人本经验取向学派相较，这个技术不是 EFT 的主要工具。自我袒露通常被有限制地用于特殊的目的上，比如建立治疗联盟，用在强调对个案反应的肯定程度上，或用于加入个案的心路历程以协助个案界定其情绪经验时。

例句示范

> **1. 丈　夫：**我觉得好愚蠢，我猜我不该让自己的焦虑失去控制，以至于

>   我甚至无法聆听妻子的心事。
>
>   治疗师：我有时也会因为太害怕以致无法听进任何人想告诉我的事情。我知道害怕是很消耗心神的。
>
> 2. 丈　夫：我想我现在能应付任何坏消息，反正我已经麻木得没有感觉了。
>
>   治疗师：我想你现在觉得自己十分强韧，（丈夫点头）我想跟你分享一些我的感受。当我看到你们俩在困境中挣扎时，也就是当妻子想亲近你，而你留在所筑的墙之后，我觉得很哀伤，现在当你说你已经没有任何感觉时，我又觉得哀伤了。

这些干预技术是在肯定及将个案的感受一般化，并试着引导出个案较多的情绪反应，即使在个案已经切断所有感觉多年之后也有用。

小结

上述治疗师的处理是基于先接纳伴侣两人的现状，在这个接纳的基础上建立探索与扩展他们情绪经验的环境。个案的反应和位置通常只会加以延伸和扩展，而不会提出挑战或想要用更"有技巧"的方法取代。EFT治疗师会支持并帮助个案探索可能有负面意义的反应，如愤怒或沉默的撤退，而不会建议或教导个案有哪些不同的回应方法。

帮助个案接触、重新整理，以及必要时重新组织他们在亲密关系中有关自己和对方的情绪经验，是一种发现和创造的过程。个案将发现他们情绪经验中过去被否认、置之不理或没有被组织归纳的新因素。

任务三：重组互动以建立正向联结

为了更清楚解释每个细节，我在此将分别说明接触/重塑情绪和重塑互动。

在实务工作中，这两个任务是相辅相成、密不可分的。EFT治疗师不断地运用新的情绪经验去制造新的对话和互动，进而影响了伴侣各自的内在运作模式。我们如何管理、接触与表达情绪，和我们如何跟别人相处如同一枚硬币的两面。就像我们在第2章谈过的系统观点一样，个人内在运作模式会影响两人间的互动循环，而这个互动循环反过来又会改变个人的内在模式。因此，表达脆弱无助的心情是个案用一种新的方式来表达他们对伴侣提供安慰的渴望，表达脆弱心情的这一方冒险让对方看到自己黏人依赖的部分；在得到伴侣的关怀后，这会让冒险的一方更了解自己的渴望，并对关系有了信心。就像是个人与系统、舞者与舞蹈，反映与影响了彼此。

在任务三中，治疗师需要达成以下三个目标：

- 追踪和反映互动循环；
- 从互动循环、过去历史和背景以及周遭情景的角度来重新界定问题；
- 借着制造新的情绪经验来重塑互动模式及修正伴侣各自的互动立场。

追踪和反映

EFT治疗师追踪和反映互动过程的技术，与追踪和反映个人内在经验的技术是一样的。经由叙述互动的过程和结构，EFT治疗师专注在澄清婚姻关系的本质。在治疗过程的初期，治疗师将个案所描述的故事和治疗者本身的观察结果整理出来，让伴侣两人清楚地了解两人之间有问题的互动模式。最常见的互动模式是"指责者－防卫者"或"积极追求者－逃避退缩者"。如同之前章节所讨论的，伴侣双方同时是这个具有破坏性互动循环的受害者与加害者。

"界定及持续探索负向的互动循环"在互动模式过程中起着"解毒剂"的作用。这个技术让伴侣双方共同为目前两人所有的婚姻问题负责，重点是两个人如何共同造成这样有害关系的互动模式，而不是找出个人的错误（White & Epston, 1990）。EFT视破坏性的互动循环好似具有生命力，破坏了伴侣心灵接触和相互关怀的可能性。认清两人间的负向互动循环，为疏远的伴侣筑了一座桥梁，让两个人开始向对方靠近，共同对抗破坏两人关系的敌人——破坏性的互动循环。

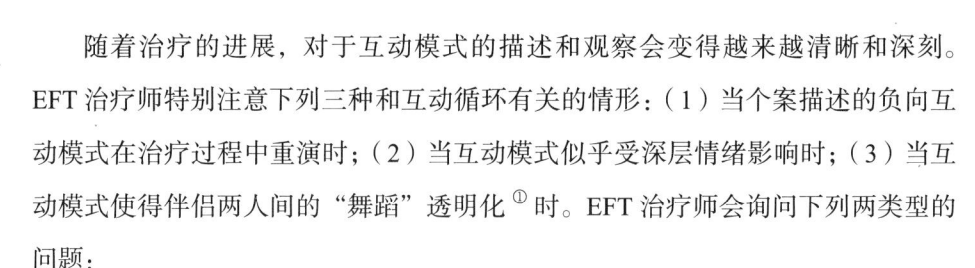

随着治疗的进展，对于互动模式的描述和观察会变得越来越清晰和深刻。EFT治疗师特别注意下列三种和互动循环有关的情形：（1）当个案描述的负向互动模式在治疗过程中重演时；（2）当互动模式似乎受深层情绪影响时；（3）当互动模式使得伴侣两人间的"舞蹈"透明化[①]时。EFT治疗师会询问下列两类型的问题：

- 刚刚这里发生了什么事？你先说……然后你（另一方）接着说……
- 当他用这种态度说这件事时，你做何反应呢？

EFT治疗师接着会重新放映、叙述及摘要两人的互动，以澄清和强调互动行为的因果关系，整理伴侣两人在亲密、权力和控制三方面的立场。

以下谈话是EFT治疗师在第一次咨询中反映了伴侣间的破坏性的循环。

例句示范

治疗师：让我告诉你们，我刚才从你们那儿听到的，看看我对这件事的了解是不是正确。通常争吵发生在简希望能比较亲近沃尔特，并试着告诉他你的感觉和对彼此关系的期望时，沃尔特却想和朋友参加一些活动，没有时间坐下来和简谈话。沃尔特，你甚至不了解简说的"坐下来谈谈"是什么意思。这让简觉得沃尔特像个室友，而不是丈夫，所以简变得越来越生气，时常批评沃尔特。而沃尔特为了避免被简的怒气轰炸，就越来越少留在家里。我说得对吗？

---

① 透明化是指将互动循环直接、具体地呈现出来，个案可以直观理解。——译者注

接下来的谈话在后来的咨询过程反映了相同的互动循环。

例句示范

治疗师：这听起来像另一个让你觉得寂寞的情形，是吗，简？就像你一点也不重要，沃尔特的眼中根本没有你，然后你心中燃起了熊熊怒火（这是简之前用来形容自己的话）。你变得很愤怒，然后与他正面冲突，表示抗议。

简：对啊！然后他就会说"我要走了"。

治疗师：嗯。

沃尔特：没有什么东西值得我留下来啊！

治疗师：对你而言，似乎没有什么事情是你可以做的，你觉得很绝望。

沃尔特：对啊，对啊！所以我才逃走，逃到我朋友那儿。

治疗师：你逃到一个安全的地方，在那里没有人生你的气，没有人告诉你他对你感到多失望，听这些话对你来说非常困难吗？

在最后这段谈话中，治疗师重新呈现一个特别的例子与场景，进一步澄清伴侣各自的互动立场。

例句示范

治疗师：玛丽，刚刚你开始咬嘴唇，变得很安静，然后转头看向窗外。彼得接着就说"你从来不听我说话，也许我应该去找其他会听我说话的人"，接下来玛丽的回应是"对啊！你去找好了"。玛丽，听起来你好像是在对彼得说"我才不要听呢！只要我关上耳朵就不会被批评和指责，我要变得很沉默、疏远来让你自讨没趣"（治疗师将玛丽的互动立场呈现得很清楚、具体）。彼得，你似乎很生气也很咄咄逼人，你想让玛丽知道你是可以离开的。这听起来是个很大的威胁，不是吗？玛丽，这像是你的经验吗？像是你想要说的"我要让你知难而退、自讨没趣"吗？

玛　丽：是啊！这是我想要的，我不要一直被批评、分析和贬低。所以我去看电视和做那些他说我会去做的事，我把他挡在外面。

治疗师：你似乎在保护自己，如果你不这样做，就会被他摧毁了。

玛　丽：如果我听他的话，就会觉得自己一文不值，永远都不够好。如果我像他说的这么一无是处，为什么他会想跟我在一起。

治疗师：如果你让他靠近你，你又会听到一大堆你的不是之处，所以你将他隔离在外。（玛丽点头）

重新界定

追踪和探索上述的互动循环，提供 EFT 治疗师一个机会去重新界定伴侣各自的行为模式和两人之间的互动循环。这里所谓的重新界定并不是一种有倾向性的策略，也不是无中生有地被治疗师编造出来。EFT 所指的"重新界定"是从依恋需求和深层情绪的角度，来看伴侣的个人行为及这些行为对另一方的影响。

举例来说，极度渴望亲密关系的需求，可以被重新界定为一个人对其所处的疏远冷淡关系的反应，而不是被视为个人人格的缺陷（他太黏人）或原生家庭的阴影（她想在丈夫身上得到小时候没得到的父爱）。另一方面，伴侣冷淡的反应可被重新界定为自我保护，而非漠不关心。这种重新界定帮助彼此看到，他们是如何不知不觉地折磨对方并造成负向的互动循环。

在 EFT 中，个人的行为除了受对方行为及两人互动模式的影响，更重要的是受个人的成人依恋需求的影响。互动反应是受深层的无助感和依恋过程所操控的。例如，生气可被界定为对对方遥不可及的抗议，和停止这份煎熬的尝试；而冷酷可被视为一个人想要降低其依恋恐惧，并防止两人间的争执愈演愈烈所做的努力。治疗师可以把生气和退缩的反应，定义成将伴侣看成非常重要的依恋对象而产生的反应，这跟陷入困境的个案所认为的缺乏爱和关怀形成强烈对比。这些新的定义并不是由 EFT 治疗师编造后，硬贴在个案身上的标签。当个案探索其情绪经验和互动循环而能重新界定自己和他人的行为时，这个技术能达到最好的效果。

EFT 中三个最基本、常用的重新界定是：愤怒是一种依恋抗议，退缩是一种害怕的反应，伴侣和自己的缺点不是敌人，互动循环和问题才是他们的敌人。退缩和防御也在依恋对人的重要性的前提下，被定义成一种应付依恋威胁的办法，而不是漠不关心或冷淡。

例句示范

治疗师：所以，当你很确定她不会喜欢你真实的一面，然后会毫不留情地告诉你她有多不喜欢你时，用开放的态度来分享你真实的自我是越来越困难的。

加　里：我变得麻木和手足无措，这样一来我就听不到她的声音，可是她却变得越来越生气。

治疗师：你手足无措是因为你觉得你已经失去她了，你怕你任何进一步的行为会将情况弄得更糟。

加　里：如果我够安静，也许她会冷静下来，而我们的争执会停止。

治疗师：如果你一动也不动，这个危机就会自动消失？（加里点头）对你而言，你是那么害怕她离去，以至于你一动也不敢动，也不敢表露自我。

加　里：是啊！虽然我知道这样反而会让她更加火冒三丈。

苏　：我摸不透你。

上面这段谈话从伴侣的行为、两人的互动循环和依恋的本质三种角度来看个人的行为反应，从一个更高的视角来看关系的结构，引导伴侣进入一个新的历程中。在此可以立即展现两人可做的改变是如何把关系推向正面的方向，以及伴侣两人是如何用自己所知最好的方法来建立安全的情感联结。

重组和编导互动

EFT治疗师会直接为伴侣编导新的互动舞步，希望能借着新经验的产生，让双方从不同的角度看待自己的婚姻关系。这是整个EFT治疗中最具有指导性的一部分，通常效果也最显著。EFT治疗师引导伴侣一方用某个特定的方式去回应对方，鼓励他们向对方表达其情绪经验，支持两方表达自己的需求。尝试这些新行为时，个案犹如走进了一个新的未知境界，他们在此特别需要治疗师的支持与引导。

治疗师希望达成的四个任务是：

- 将目前的互动立场透明、具体化，所以这些立场能被进一步地拓展至不同的方向；
- 将新的情绪经验转换成回应对方的新方式，并挑战两人旧有的互动方式；
- 强化新的、少见的回应方式，希望能由此修正目前的互动立场；
- 编导一个改变的情景。

现场将目前的互动立场在治疗中演练出来，让个案有直接和更深层的体会

在此，EFT治疗师特别重视和强调呈现关系结构的关键互动模式。这是一个用来捕捉关系的全貌、使互动模式变得十分具体，并有被修正可能的即时又有效的方法。

这是一对结婚10年的伴侣，近来丈夫坚持要结束这段关系，已经搬出去住。经过九周颇有进展的伴侣治疗后，丈夫想要终止所有的咨询。

例句示范

若　泽：你知道我目前没办法做任何巨大的改变，我喜欢目前所拥有的宁静，也许对我们两个人而言，终止伴侣治疗几个月会是最好的决定，这也是我目前唯一可做的决定。你在我眼中仍是那么美丽，请不要认为我的决定是因为你不好的缘故。

玛　丽：我知道你不喜欢我们最近变得比较亲近，你不喜欢这样的改变。

治疗师：若泽，请让我了解你的决定是什么。

若　泽：也许当我们分开几个月后，我会感到失落。

治疗师：所以你的决定是有所保留（他点头）并保持距离（他又点头）。可不可以请你对玛丽说："我不会开门让你进来，我会让你靠近到某个程度，到此为止，你不可以再靠近了！"

若　泽：嗯！我不知道，我想我说不出口。

治疗师：你可以告诉玛丽"我不会让你住进我的世界里，我过去从来没有让任何女人深入我的心直到她有力量来伤害我的程度，我也不打算在未来这样做"。

若　泽：（叹气）我必须说这些话吗？这听起来很悲哀。

治疗师：这是你的心声吗？或者我说的不是你的心声？

若　泽：不，我想你是对的。（沉默了很长一段时间）只是我很难说出口。

治疗师：（点头同意）我想这点是重要的，你们两个人绕了许多圈子，每次都停在这个地方。（两人都点头）

若　泽：（看着玛丽）我不会让你进入我的心，我从来没让任何人进来过（他流泪），从来没有。

治疗师：玛丽可以做什么来改变你的心意吗？她已经努力了这么久。

若　泽：不，没有。（对着玛丽说）没有什么事是你可以做的，我得自己决定要不要冒这个险。

治疗师也可以要求伴侣去重演一个特定、关键性的互动，以捕捉两人负向互动的关键。EFT 治疗师从目前的对话中，挑出互动时具体而细微的部分。

🍁 例句示范

1. **治疗师**：现在怎么了？艾利森，你在说"我受到伤害了"，而蒂姆说"我不同意"。这样的对话似乎发生好多次了，不是吗？当艾利森说她受到伤害时，蒂姆马上说"没有，你没有受伤，我没有做任何事"。我们可以回到刚才那里吗？艾利森可以仔细地告诉他你所受到的伤害吗？

2. **治疗师**：刚刚发生的状况跟你们之前提到在家里发生的例子一模一样，不是吗？克里斯，你昨晚冒了一个小小的险，把你的膝盖靠向玛丽，希望她不会移开她的膝盖，让你们两人维持着靠近的姿势，但是玛丽把腿移开了，是吗？就像刚才一样，克里斯冒了另一个小小的险，然后你说"我看到他的举动了，但是如果他以为我会就此屈服，给他机会来靠近我，那他就大错特错了"。就好像你要他先证明自己给你看一样（玛丽点头）。而克里斯你就放弃尝试，陷入沮丧的情绪，然后玛丽，你就更绝望也更小心地保护自己。所以克里斯冒的这些小小的险，对改善关系并没有任何帮助，是这样的吗？

将新的情绪经验转换成对伴侣的新反应方式

当治疗师帮助伴侣拓展个人的情绪经验并重新界定这些经验时，伴侣的一方能够对另一方产生新的回应方式。用直接的方式向对方表达个人的新经验，是建立正向互动模式和修正互动立场的第一步。在 EFT 之中，改变的产生是因为重整个人经验后，伴侣两人能尝试新的对话方式。EFT 治疗师从双方互动的角度将个人的情绪经验透明化，也就是加入对伴侣的影响。EFT 治疗师在这个过程中要尽量借用个案的词汇，鼓励个案直接表达，通常个案能够通过稍微修正治疗师引导的语句而用自己的话表达。如果个案无法直接表达其情绪经验，治疗师会进一步探讨困难所在。

例句示范

1. **治疗师**：你可以转过身去看着她吗？你可以告诉她"我好害怕，我好害怕去试着冒险靠近你，因为我知道你会转身离去"。
2. **治疗师**：这里似乎有一个极大的渴望，可是从未被表达过。（个案点头）你可以试着告诉她有关这个渴望的事吗？有关你多想要她来抱着你、安慰你。
3. **治疗师**：所以我说得对吗？即使当你十分愤怒时，在你心中仍有一个声音说"我想要把自己交在你手中，我想要一直爱着你"。（个案点头）"我用冷漠的态度保护自己，我想要同时亲近你并觉得安全，但不是用你的方法"。你可以告诉他这些话吗？

强调新的反应

在此，治疗师的目标是注意和强调任何新的反应（尤其是不同于负向互动模式的反应），因为这些新反应可能成为新的亲密互动模式中的一部分。有时新的反应会独立出现，但大部分时候，这些新的反应会伴随着伴侣新的对话方式而产生。

例句示范

治疗师：刚刚发生的事似乎和以前的经历不太相同，迈克，你可以说说看当你直接表达你的态度时，你的感觉如何？

迈　克：嗯，我想我是觉得有些不同，我的态度不太一样，像是……嗯……像是从一个紧闭的蚌壳中出来似的。

治疗师：你可以试着再一次告诉琼相同的话吗？我想你刚刚说的是"不要告诉我我是谁，你这样做反而会把我推得远远的"。

编导改变的事件

当新的情绪经验和自我概念在治疗过程中产生，依恋需求浮现到表面时，EFT治疗师会营造一些能够不断地修正关系的互动模式：从自主到控制、亲密到疏远，并且建立一个安全基地，让个案伴侣在其中建立更安全、真挚的情感联结。在此"编导"这个词的意思就如同其字面的解释，EFT治疗师就像个"编舞者"般在脑海里有着整出舞剧的概要，给予个案循序渐进的指导，但治疗师仍然会提供很大的空间让个案去创造自己的舞步，以期个案能更精确地自我表达。

这个任务的终极目标是帮助个案伴侣建立更深刻的情感联结，建立情感联结后，一个新的舞蹈就在这个婚姻关系中展开了。所有在治疗咨询中产生的新情绪经验和新互动模式，都被用于重新定义两人的互动立场和情感联结。

在典型的指责－退缩循环中，互动立场会产生两种转变：退缩的一方会变得比较容易亲近，和自己以及对方都有较多的情绪接触；指责的一方会变得比较不愤怒，并会从较脆弱的立场表达自己的依恋需求。这样的转变鼓励两人间的心灵接触，并使得两人都变得可亲及有反应。在"改变"发生时，伴侣的一方会用新形成的互动立场来回应对方，然后两人新的互动模式也随之形成。

治疗师会专注在两人的互动上，披荆斩棘，引导情绪经验的表达，并温和地带领个案伴侣朝情感联结的方向迈进。下面这个例子说明治疗师如何为一对指责与退缩的伴侣编导了建立情感联结的情景。在这个情景中，退缩的丈夫变得比较积极投入，而他的积极投入也使得指责的妻子变得比较温和柔软。

例句示范

玛　丽：为什么你不告诉我你那么抑郁？我问过你，你却告诉我你很好，然后你躲到一边去伤害自己，吃下了所有安眠药。

特　德：因为我知道你会让我去告诉治疗师，我不认为你会了解。

治疗师：所以对你而言，尤其是当你已经感到十分低落的时候，告诉她是一个太大的冒险，但你真正想要的是可以跟玛丽谈你的困扰，不是你的治疗师（特德点头）。

特　德：当然是这样。如果我可以伸手向她，得到一些安慰，我们两个人的情况会大不相同，但我就是没办法让自己去冒这个险。

治疗师：你不能忍受可能被她拒绝，所以干脆从一开始就放弃了。

特　德：是啊！所以现在我要她……（治疗师要求特德直接对玛丽说。）我要你从你的装甲坦克里爬出来，不要再试着审问我或解决我的问题，我只要你和我在一起就好了。（玛丽转头看向窗外。）

治疗师：你怎么了，玛丽？

玛　丽：我觉得很困惑。我很擅长解决问题，这就是我的风格。我不知道该说什么。

治疗师：当特德说他需要你时，你心里什么感受？

玛　丽：我觉得很高兴，但又不知道该做些什么，我觉得迷失了方向。（对着特德）你真的认为你需要我更胜于你工作上的伙伴？（玛丽回到旧有的行为模式去询问特德。）

治疗师：玛丽，你可以告诉特德"我觉得很困惑"。

玛　丽：嗯……这里好热……如果我不能替你解决问题，那你要什么？

特　德：我要你……不只是一个替我解决问题的救火员。

玛　丽：嗯……可是……如果我不再做个伟大的救火员，我会觉得很无助，我会对自己不太有信心。（玛丽不安地搓着自己的手。）

治疗师：这是一个很陌生的情况，是吗？（玛丽点点头）你觉得既困惑又无助，再加上知道特德会将这一切都看在眼里，你大概变得有点害怕吧！

玛　丽：是啊，就是这样！我不像大家想的那么坚强。

治疗师：你可以告诉他："对我而言，无助地爬出装甲坦克是一件令我害怕的事。"

玛　丽：（对着特德）就是这样，我会对自己没啥信心，这就是你要的吗？我从来没有这样做过。

特　德：我要你做我的伙伴（握住玛丽的手），我不要你做我的上司来管理我。（现在特德在情绪上和玛丽联结，并勇于表达他的需求。）

玛　丽：我愿意试试看。

　　治疗师在此除了协助丈夫对妻子做出新的回应，还借着这个新的回应营造两人间新的对话方式。在上述例子中，整个过程进行得很平顺。有时候，治疗师可能需要帮助个案去聆听、整理并觉察对方新的回应方式。运用这个干预技术之后，治疗师也会清楚具体地将伴侣间刚形成的新互动立场呈现在他们面前，并讨论这些新的互动立场和对话方式对其婚姻关系的影响。

解决特殊治疗困境的技术

　　EFT 治疗师可以用以下两种特殊的技术来处理僵局或难题。

- 呈现这对伴侣的互动与位置，将他们的困境用症状的图画或故事显示出来，让他们看到关系困境的后果。

- 运用个别会谈来探讨治疗过程中某些特定的阻碍。这些阻碍也许是依恋创伤的形式，稍后的章节会另外说明。

诊断性的影像或叙述

在此，EFT治疗师要创作一幅有关个案伴侣的互动立场和循环的图画，以期能更进一步地了解目前治疗过程的进展状况。更具体地说，这个技术就好像治疗师在对个案说："我们现在卡住了，不是吗？我们可以一起做些什么来解决目前的困境？如果我们一直卡在这里无法前进，对你们有什么影响？"

这幅由EFT治疗师创作的图画必须精简又具体。这幅图画的内容包含两部分：一是先前治疗咨询的过程；二是个案对这个过程的看法。用这种"图文并茂"的方式来呈现个案目前所处的情景，可造成三种效果以期打破僵局：（1）突显了个案对这个僵局的看法；（2）提供有限的选择给个案去思考其未来关系的本质；（3）鼓励个案冒险尝试新的回应方式。

在EFT治疗过程中，最常出现的僵局是当原先冷淡疏远的伴侣开始积极地亲近另一方，但伴侣的另一方却不敢冒险去相信这一方的转变。EFT治疗师在这里除了试着完成我们之前讨论的四个任务之外，还可以创作一幅反映目前这个互动模式的图画，并描述他们如何在这个关系中找到平衡点。

🍁 例句示范

> **治疗师：**所以，这听起来似乎是你想要的？我们已经努力了这么久，而且你现在真的想和萨拉更亲近。我看到你主动邀请她和你一起来，也不再躲避她或试着强迫她来陪你，你现在对她伸出邀请的手，并让她决定要不要靠过来，是不是？"（特里点头）你也看到这些改变了吗，萨拉？

> 萨　拉：我想是吧！对，对，他和以前大不相同了！
> 治疗师：但你还是……如同你之前说的……躲在墙后面不敢出来，你不太确定是否想要学着去相信他，是这样的吗？
> 萨　拉：我只希望我们不要再吵架了，而我们也真的很少争执，但不吵架和在情感上变得亲近是两件不同的事。我想我可能比他更想要一个"保持距离，以策安全"的关系吧！

治疗师帮助萨拉澄清她对亲密关系抱持保留态度的原因。萨拉表示她是"一朝被蛇咬，十年怕井绳"，然后这对伴侣开始讨论保持现状对他们的影响。EFT 治疗师的任务是提供个案所有可能的选择。在此最重要的是治疗师对个案的任何决定要保持接纳、不评断的态度，即使治疗师对"良好关系"的定义和他们不同，个案伴侣必须为他们未来的生活做出自己的选择。他们认为的良好关系可能和治疗师的想法非常不同。

有时，戏剧化的故事可以打破停滞不前的僵局。举例来说，一位患有创伤后应激障碍的丈夫最近病况加重，开始蛮横地命令和控制妻子。治疗师告诉他一个故事，试着捕捉他的情绪现况：

很久很久以前，有个小男孩住在一个又冷又黑的地方。有一天，这个小男孩遇到一个小女孩，他要求这个小女孩抱着他，替他驱除寒冷。小女孩答应了，因为她很爱这个小男孩。她抱着他，抱了好久好久，她的手臂又酸又麻，她问小男孩可不可以松开他一会儿，好活动一下她的手臂。小男孩瞬间变得很害怕，认为小女孩只是在找借口离开他。他立刻拒绝了小女孩的要求，坚持她要抱紧他，不准放手。最后，小女孩的手臂痛得抱不住小男孩，所以把他放下来，小男孩大怒，开始对小女孩又踢又打。虽然十分不舍，小女孩最后还是很伤心地离开了小男孩。

这类故事帮助个案从比较宽广的角度来看自己的关系。唯有当故事可以"捕捉"个案的心情时，这些故事才会有助于重整个案的经验。

个别会谈

如果治疗师决定采用个别会谈这个方式，每个家庭成员必须得到相等的个别会谈时间，保持平衡。在这些咨询中，治疗师运用经验取向的技术去处理那些似乎妨碍情感联结的情绪反应。治疗师有时也会专注于某些影响伴侣治疗进展的问题反应。举例来说，EFT治疗师运用个别会谈来处理伴侣的一方要离开婚姻关系的威胁；探索阻止个案在婚姻咨询中冒险的反应，比如很深的羞愧的感觉，或是让个案无法对另一方的依恋需求有所回应的因素。

除了使用经验取向的技术，EFT治疗师也会在个别会谈中加入和依恋对象的对话。对于某些十分自贬或自认为不值得别人爱的个案，治疗师可运用先前咨询中提到的正向依恋经验，挑战个案目前对负向经验的看法。举例来说，EFT治疗师可以要求个案想象，如果母亲看到他现在的婚姻状况可能会说些什么，然后通过治疗师的协助，让个案形成比较正向的态度去接纳自己。在此要再强调一次，这类技术唯有个案有足够的情绪投入时才有效。此外，个别会谈也可用于突然发生危机且影响到伴侣治疗的进行时，如丈夫的母亲死亡等。

总结

EFT治疗师犹如一位导游或过程顾问，帮助个案重新整理和组织其情绪经验，重塑其互动循环，使个案伴侣能够重建安全的情感联结。在这个强有力的改变过程中，个案除了探索、接触自己的情绪经验和依恋需求，他们还有机会更进一步了解自己和亲密他人的互动模式。治疗的目的是整理出关键的情绪和互动经验，并鼓励个案去创造他们想要的关系。

在典型的EFT咨询中，治疗师可能会运用下列技术。

- 审视治疗的联盟。"我知道这个过程对你来说很痛苦，我可以做些什么来提供更多的支持吗？"

- 反映续发情绪。"玛丽，发生类似情况时你变得很生气，因为你觉得无计可施，无路可走。可是我知道对特德而言，你的怒气是突发的，没有预料的。"
- 反映深层情绪。"所以，当他转身背对你时，你感到害怕和惊慌失措。"
- 肯定目前的情绪反应。"我想我渐渐开始了解了。对你而言，关闭所有感觉的通路是你调适的方法。事实上，你一直都用这个方法保护自己，所以当心中的警铃响起，这是你立刻会使用的方法。"
- 肯定新发掘的深层情绪。"对你而言，听到妻子说你有多让她失望实在令你感到痛苦。虽然你看起来面无表情，实际上你觉得好像有把刀插在你的心上。你想办法让自己变得麻木，才不会再感到那么深的痛苦。"
- 唤起情绪的反应并提问。（1）"当你听到妻子说这些话时，什么发生在你身上了？当她说她觉得被逼到角落无法呼吸时，你的感觉如何？"（2）"埃伦，当玛丽说，她从来没有觉得在这段关系中被照顾过；然后你把嘴唇抿得紧紧的，把双臂交叉在胸前？你发生了什么？"（3）"那个在说永远不要打开心门、不要让自己再受伤的部分告诉你什么？"
- 加强。"你可以再说一次你刚刚说的话吗？你可以看着他并对他说：你在哪里？我找不到你！"
- 同理的推测。"我不太确定我完全了解你的意思。你是不是觉得'如果她没有每时每刻都需要我，就表示我已经失去她了'。这是你对自己保证她会留在你身边的方法，是吗？"
- 追踪和反映互动模式。"刚刚这里发生了什么事？你说……然后你接着说……"
- 从循环的角度重新界定个人的行为。"所以，你们现在处于危险地带。你觉得你需要向吉姆抗议他的疏远冷淡，而吉姆，你被她的怒火吓到了，只想找个地方躲起来。"
- 从依恋需求的角度重新界定个人的行为。"当你在做你所谓的火力侦察时，其实是想办法让他产生一些反应，你想知道你对他仍然有些影响力，你们之间仍然有关系存在。"
- 重建新的互动循环。"汤姆，你可以告诉她'我不知道该怎么做才能靠近你，我真的不知道'。"

技术操作的要诀

治疗师的真诚一致，即治疗师的非语言信息和他说的话一致，在 EFT 中至为重要。非语言方面的信息带着"指令"的性质，为沟通增添色彩，要求听者做出反应，因此 EFT 治疗师必须意识到自己的非语言信息。训练时，我们会谈到治疗师可以怎样用他的声音来维护个案，让个案停留在当下。某种姿态、声音与眼神接触不但能增进对治疗师的安全感和接近，强化治疗联盟，还能让 EFT 治疗师借此邀请个案更深入地进入自己的经验中。这种安全和参与的组合创造了工作的氛围，以便发展并改变强烈的情绪经验。特别是当治疗师希望个案接触与投入困难的情绪工作时，下面所说的 RISSSC 就特别有用了。在 EFT 训练中，我们提供以下架构来提高对非语言信息的认知，特别是要冒情绪的风险时（风险刚好与 RISSSC 缩写的发音相同）。

- 重复（repeat）：重复几次个案的关键词和话语是很重要的。
- 想象力（image）：图像画面能捕捉和传达抽象词汇所无法表达的情绪。
- 简单（simple）：治疗师说的话必须简明扼要。
- 缓慢（slow）：情绪经验在咨询中是逐渐展现的；放慢速度有助于情绪的展现。
- 柔和（soft voice）：温柔的声音能舒缓与鼓励更深的体验和冒险。
- 借用个案的话（client's words）：EFT 治疗师以合作和支持的态度，注重和采用个案所用的词语。

这种方式、语调在开展和处理深刻的情绪时非常关键。进行其他 EFT 任务，例如描绘循环模式或讨论争执的时候就相对不需要这样。

帮助个案开展与体会情绪经验的过程中，EFT 治疗师会抓住个案某个抽象或未分化的标签，用 RISSSC 的方式放慢速度，专注在一个词或一个标签上，如黑暗、复杂、不可能或冰冻。

例句示范

丹尼斯：（声音高亢、急促、心烦意乱地）这事没法谈了，其他的事也是，所有关于这间小屋和我们财务状况的事我没什么可说的。我们之间一切都太复杂了。我感觉不到什么，空空的。

治疗师：（缓慢、温柔的声音）所以，像刚才那样，当妻子告诉你"放弃了"，她对于靠近你已经不抱希望了时，你觉得你没有什么可说，你没有什么感觉，只感觉空空的，是吗？（他点头。）那个空虚之处，像什么样子？

丹尼斯：（速度较慢、声音降低）不知道。嗯，只有一片黑暗。

治疗师：完全黑暗，当妻子告诉你她失望了，要放弃你们的关系了，你进入什么？黑暗，陷入虚空？

丹尼斯：是的，反正已经没意义了。我只能僵在那里，还能有什么用？我对于处理关系并不在行。

治疗师：（使用RISSSC）所以你僵住了，陷入黑暗、虚空里。我猜，如果这是在家里发生，你就退缩了，是吗？（他点头。）然后她就认为你是无动于衷、漠不关心的。事实上你很震撼，用你的话说，一切都那么"复杂"，而你陷入一片黑暗，不知道怎么办才好。（他点点头，流泪。）这黑暗的地方一定感觉糟透了，我们会在黑暗中迷失，也有点可怕，是吗？

丹尼斯：当然。（他耸耸肩。）

治疗师：但你什么也不能做，至少看起来是这样，你迷失在黑暗里，完全没有头绪或方向，觉得很可怕和空虚。你能不能跟她说"当你告诉我……我……"。

EFT治疗师把注意力集中在此时此刻，并开展当下正在进行着的过程。然而并不是聚焦和干预的技术帮助个案深入个案的经验以扩大和演绎，最重要的是治疗师通过非语言传递出的态度。

代理个案发声，并提炼在会话中出现的关键情绪经验，强化了个案对他们的情绪的投入程度。比较下面两种说法的差别："当对方把你拒之门外时，你会害怕吗？被拒绝让你感到赤裸和孤独吗？"和"你能告诉他，'你消失了，我赤裸裸地被扔下来（这是你几分钟前才说过的对吗？），只剩下我一个人，我好害怕！'"

伴侣治疗像一出多层次戏剧，随着咨询的不断进展，介入的方法随着治疗的进行、阶段转变、目标和任务不同而有所变化。目前我们也需要聚焦在 EFT 每次咨询都会发生的一些事情上。

会谈中的整理和干预

EFT 是一种过程导向的治疗方法。每次咨询时，治疗师将注意力集中在过程，协助过程的进展，注意伴侣双方如何建构他们的关系经验，特别是他们的依恋情绪，以及他们如何跟伴侣互动。然后治疗师会持续追踪与反映他们内在的反应，以及互动的行动和模式。治疗师允许个案一点点地品味和享受他们在关系里的情绪经验，然后将它放在他们的互动模式中来看，或是从互动模式中去体会他们在关系中的内在感受。治疗师信任个案与生俱来的成长能力、修正情绪经验的能力，以及依恋渴求与努力的力量。总而言之，EFT 治疗师将个案的经验和互动对着光一再翻转。治疗师不断地将情绪比喻为让这对夫妇跳舞的音乐，而舞蹈又带来了音乐。治疗师将它们两个都转到光下，以带出以下的转变：

- 从模糊到生动；
- 从暧昧到明确；
- 从泛泛到聚焦；
- 从过去到现在/当下；
- 从一般到具体的个人；
- 从被动到主动；
- 从抽象到具体。

然后，在每次咨询中，观察者会看到 EFT 治疗师在下列过程循环进行。

- 追踪、反映、支持并拓展情绪：在依恋和互动循环的脉络中引制造现场演练的机会，并继续探索现场演练所展现的点点滴滴。
- 追踪、反映当下的互动：在依恋和整个互动循环的脉络中，听这些互动的时刻的情绪音乐，打开关键的依恋情绪。

EFT 治疗师时刻聚焦于创造真实情感流露的时机、关系互动与模式，以创造依恋的实现。现在是从干预技术转到治疗程序的时候了，这些干预技术将会被综合运用，在特定的时机完成特定的任务。

第 6 章

评估：找出舞步及聆听音乐

> 一个奇妙的悖论是：当我能够接纳自己时，我就拥有改变的能力。如果你让人们自在地做自己，他们就像日落的美景。因为当我看着夕阳时，我不会自言自语地说"天空右方的橙色应该要淡一点"……我敬畏地看着颜色自然地渲染。
>
> 卡尔·罗杰斯
> 《论人的成长》(*A Way of Being*，1961)

本章的重点在于介绍情绪取向治疗（EFT）历程的前两个步骤：（1）描述和冲突有关的议题并找出造成伴侣的关系困境；（2）妨碍安全联结的负向互动循环。

在 EFT 中，评估并不是被独立在整个治疗过程之外的，EFT 治疗师应该一直保持敏感度，随时聆听案主及评估他们的需要。不过，在起初的两次婚姻咨询之后，可以考虑做两次个别会谈（伴侣双方各一次），这都是在进行的评估过程。

治疗师在初步的疗程中应该有的整体目标包括以下几个方面。

- 与伴侣双方建立关系。治疗师必须创造一个让伴侣双方都有信任感的关系，也就是一个具备安全感的联盟，伴侣双方都觉得自己是被治疗师所接纳的，而且对治疗师有信心，知道治疗师能够了解他们双方的需要与目标，并能够帮助他们。

- 评估婚姻关系及问题的本质，包括这对伴侣是否需要进行伴侣治疗，以及EFT是否适合他们。
- 了解伴侣双方对治疗所抱持的目标与关心的议题，而且这些目标是否具体且可以达成。这不应只考虑伴侣双方的个人议题，也应考虑治疗师个人的技术能力及伴侣治疗的本质。
- 建立一个治疗契约，所以治疗师与案主们都对治疗目标及治疗的进行有一致性的了解。

若伴侣双方对于治疗目标或造成冲突的议题有很大的分歧，要建立一个治疗契约几乎是不可能的事。例如，一位丈夫已经决定离婚，但妻子却强迫丈夫来共同进行伴侣治疗，强烈企盼挽回婚姻及改变丈夫的心意，那么这对伴侣可能会被转介去进行个别治疗。不过，伴侣治疗可以帮助这对伴侣的是，以几次疗程澄清他们婚姻的本质，并且协助仍舍不得放手的一方开始接受关系的逝去。

有时伴侣也会带着一些治疗师不应涉入的议题进入治疗中。例如，一位丈夫非常不满意妻子不听从自己的指令，所以丈夫希望治疗师同意自己的观点——妻子不听话是因为她的精神状态有问题，然后想办法要求妻子听话合作。这个时候，最有效的治疗介入方式就是不进行任何伴侣治疗。

讲得更精确些，有些状况是禁止使用EFT的。例如，正持续有暴力与虐待的关系，或是伴侣一方若展露其脆弱的一面就会使自己遭遇危险情景时（如一位在言语上不断虐待妻子的丈夫，会在治疗过程中不停地指责妻子，并在妻子描述自己的自杀意念及抑郁情绪时嘲笑她）。如何评估这对伴侣的关系中是否有其暴力危险因子，是否适合进行伴侣治疗，博格拉德（Bograd）与梅德罗斯（Medreros）于1999年有很好的表述，我们将在第10章中做更详尽的阐述。

过程目标

若上述问题存在，治疗师能够经过下列过程而完成评估。

- 开始进入伴侣双方的情绪经验中，并试着了解他们各自是如何在这个关系中营造个人经验的。
- 开始对隐藏在伴侣两人各自的"互动立场"之下的脆弱无助及依恋议题做一些假设。
- 追踪和描述造成关系困境的那些典型的、重复发生的互动循环，并将伴侣双方的互动立场透明化。
- 开始了解最近这段关系的样貌，以及促使他们寻求治疗的原因。聆听他们的婚姻故事。
- 感应这对伴侣将对治疗有什么回应，以及这个治疗过程对他们而言是轻松还是困难的？他们是否各自都该为这段关系的问题负一部分的责任？他们在治疗中愿意冒多大的险开放自己？他们的互动立场有多僵化，又会有多少的回应？
- 强调这对伴侣的强韧，以及赞扬他们关系中的正向因素。

评估接近尾声时，也就是治疗师将进入 EFT 的步骤三时，治疗师必须对这对伴侣的固有互动模式有很清晰的"路线图"，这能够帮助治疗师更了解伴侣间的依恋联结，并且看清这对伴侣的互动立场与模式。治疗师也开始能够理解伴侣双方是如何经历情绪历程的，治疗师此时对于这对伴侣的互动节奏有初步的认识，逐渐能抓住他们的节拍与舞步。

如果在评估过程中使用书面问卷作为辅助，则近几年的 EFT 临床实践倾向于使用伴侣满意度指数（couples satisfaction index，CSI）（Funk & Rogge, 2007）或伴侣适应量表（dyadic adjustment scale，DAS）的原始问卷（Spanier, 1976），DAS 的原始版本已用于许多 EFT 研究中。EFT 治疗师亦可使用我在《依恋与亲密关系：伴侣沟通的七种EFT对话》一书中所建议的A.R.E.问卷[①]（Johnson，2008），把它当作一个快速、粗略的方法，来了解伴侣如何处理依恋需求和恐惧。R.C.弗雷利（R.C.Fraley）、N.G.沃勒（N.G.Waller）和K.A.布伦南（K.A.Brennan）于2000年发展出的"亲密关系经验"问卷（close relationship scale-revised，ECR-R）可用于找出各个伴侣在关系中所感受到的依恋安全性。然而，根据经验取向原则，治疗师聚焦于评估与伴侣在咨询中的关系状态，通常是通过贴近伴侣的实际互动以及伴侣的同理对话来获得的丰富信息。如果治疗师希望评估伴侣的个人心理健康问题，请参阅《依恋与情绪聚焦治疗》一书（Johnson，2019a），在书中，我建议参考戴维·巴洛（David Barlow）在《情绪障碍跨诊断治疗的统一方案》一书中所提到的UP概念（Barlowetal，2011），这个概念框架与EFT依恋导向框架非常契合。该方案指出，普遍的失控感和对感知到的危险保持警惕是常见的焦虑和抑郁的核心因素。由于无效的情绪调节策略（如回避）以及无法形成与他人的正面联结并从中受益，使得焦虑和抑郁的问题更加严重。

治疗过程

EFT的头几次治疗是什么样的情形？治疗师通常怎么引导这对伴侣开始他们的旅程？首先，治疗师在治疗的初期应该将下列问题铭记在心。

- 他们是什么样的人？他们的日常生活是什么样子？治疗师应该搜集一些基本资料。
- 每个人是如何处理自己的情绪的？他们能承认、接受、有系统地表达并分享这些情绪吗？
- 他们为何在这个时间点决定要寻求伴侣治疗？
- 他们各自是如何看待婚姻问题的？他们认同对方的看法吗？或者他们两人是有

[①] A.R.E.分别是accessible（可访问的）、responsive（响应迅速的）和engaged（参与度高的）三个英文单词首字母的缩写。——译者注

截然不同的想法？
- 他们各自认为这段关系有任何美好或优势吗？是什么让他们维持关系的？他们是如何描述对方的？当他们在讲述婚姻的故事时，呈现了什么样的负向互动循环？他们又采取了什么方式来解决问题呢？
- 他们是如何看待他们的婚姻历史的？他们还记得当初彼此是如何相互吸引的吗？
- 他们是如何向治疗师描述这段关系或自己这个人的呢？他们各自诉说的故事中，是否藏着任何的依恋议题或特定问题？
- 在治疗过程中，他们是如何互动的？若要求他们去讨论一个特定议题，他们是如何进行对话的？这之中传递了哪些非口语信息？

伴侣们在经历这些过程时，通常会表现得很紧张且情绪投入很深，治疗师鼓励他们去讲述自己的婚姻低潮，描述他们的争执与问题以及关系中的美好时刻和讨论困难的议题。治疗师提供一个安全的环境，让案主可以放心描述他们上一次的争吵经过，表明自己的立场，或展现出两个人对于发生在婚姻中的同一个事件有多么不同的解读。他们也会需要回答一些直接的问题，并将焦点放在他们的依恋议题、情绪经验和互动循环上。

在伴侣治疗中，会发生许多事情，每个事件都有其不同等级的重要性，即使是很有经验的治疗师也无法一次掌握所有的信息（如情绪、突发事件、互动等）。通常在前几次的治疗过程中，伴侣双方便会描述一些事件，这些事件能反映他们对自己婚姻的看法，以及他们在婚姻中的角色及立场。他们也会展现两人之间的互动循环，而治疗师在必要时会强调这些影响婚姻质量的互动循环。这些重要的时刻标记出在婚姻中，个人的或互动的重要线索，协助治疗师捕捉出婚姻的真实面貌。这些标记通常会在个案经历了更深层的情绪时出现，此处必须特别说明的是：在搜集和指出这些线索的过程中，伴侣的一方会：（1）对另一方产生新的看法；（2）了解自己在婚姻中的角色或经验；（3）了解伴侣如何看待关系中的他们。接下来，我们通过案例来为读者做更详尽的解读。

个人标记或定义重大事件和伤害

这类的事件通常与依恋需求有关，但还不被对方所理解。这类事件通常会被带入两人的互动中，并且引发争执。这些事件是不能被否认或遗忘的，而且在两人的关系正陷入困境时，这些问题更无法得到解决。以下是三个与"个人事件"有关的例子。

- 妻子回想起她的父母其实想生的是一个儿子，而且说她又丑又蠢。但真正让她伤心的是，她记得丈夫第一次把她介绍给家人时，丈夫说："她虽然长得不是很好看，但她来自一个好家庭。"当她红着眼眶说这件事时，丈夫却面带微笑，而且试着将大事化小，这让妻子勃然大怒，而且觉得自己与丈夫渐行渐远。她突然发现自己在对方心目中的形象，这是从来没有注意到的一点。
- 妻子说她的丈夫拒绝陪她去医院做一个可能会很危险的手术，只是因为那时候他的朋友正好打电话约他出去。
- 一位城府很深、外表看起来很冷静且超然的男士坚持他的婚姻没有问题，然而他的妻子却因为他的有所保留而觉得自己被隔绝在他的世界之外。接着他开始说自己 10 年前曾发生的一次外遇事件，他的情人说他是一个身材很好、很吸引人的男性时，他的眼眶泛红，开始无法控制地啜泣。

上述的这些事件就像是通往个案在婚姻中的经历和感受的大门，提供了很多重要的线索，它告诉治疗师个案的伤痛以及他们对自己在婚姻关系的定位及自我概念。这些事件用依恋理论的名词来说就是遗弃与背叛，也可被看作因伴侣而造成的依恋创伤。EFT 治疗师的任务是陪伴和肯定个案在这些个人事件中的情绪经验，协助案主澄清这些经历和感受以及对他们关系的影响。治疗师也可以在未来的治疗中，利用这些事件作为参考数据，以进一步了解个案在婚姻中的情绪经验。

跟互动有关的标记

在头几次治疗中所发生的互动行为通常指出了个案伴侣的互动立场，以及两人间的负向互动循环。治疗师可以反映这些互动事件让个案知道，并当作评估的一部分。然而因为此时仍是治疗初期，治疗师与个案之间只有一些基础的信任和联盟关系存在，所以治疗师必须尊重案主，且小心地拓展、澄清互动事件。例如，当伴侣中的一方主导了谈话和两人的互动时，治疗师应注意：伴侣的另一方是如何回应的？有较多控制权的一方在何时何地特别容易出现这种行为？以下举出一些例子。

- 一位男士含着泪说即使他妻子一再坚持，他也没办法继续他们的"不孕症治疗"了。他的妻子立即打断他，并用一种平静、克制的语调说他不能生又不是她的错，所以他必须遵从医生的指示，完成所有必需的程序。这位男士看起来很绝望，并明显地放弃了与妻子对话。

- 这位妻子在治疗师面前诉说她的情绪经验：当她丈夫在她家人面前批评她时，她产生极大的羞辱感。此时，她的丈夫说："如果你可以改善你的行为，比如把家事做好一点，那么我就用不着批评你了。"当丈夫开始批评她在治疗中的表达技巧有多逊时，这位妻子开始哭泣并请求丈夫不要这么苛求完美。

- 当妻子开始责骂和威胁她那位冷静又疏远的丈夫时，妻子的声音越来越大，音调越来越高，而丈夫叫她"失控的疯子"。这位妻子开始哭泣，两人都沉默下来。在治疗过程中，类似的互动模式出现了数次。

这些事件对治疗师来说可能只是一个提醒，但也有可能采取其他方式，这依据此时正处于治疗的哪个阶段而定。例如，当一位妻子叫骂的声音越来越大时，她可能只是想要吸引丈夫的注意力。当伴侣双方逐渐完成本阶段任务时，他们可以看见彼此固着的互动循环，或在他们的互动循环中添加一些弹性，并知道他们两人是如何共同造成这个互动模式的。

另一类互动事件的发生是在呈现两人关系的质量，或是在找出阻碍两人去靠近和支持对方的障碍物时。通常此时伴侣中的一方会显得特别脆弱，而治疗师应特别注意另一方对此转变的反应（或缺乏反应）。以下是三个例子。

- 一位妻子正在为他们刚出生婴孩的死亡伤心哭泣，她说她觉得只有她一人在经历这个哀悼的过程。接着她询问丈夫对此有什么感觉时，丈夫抬起头望着天花板，然后说道："你一直哭，小孩也不会活过来，哭有什么用？"妻子开始生气并攻击丈夫："你就是这副漠不关心的模样，所以小孩跟你都不亲！"
- 妻子批评丈夫在情绪方面有障碍，根本一点感觉也没有。稍后，丈夫开始哭泣。治疗师询问妻子看到丈夫哭泣的感觉，此时她正望向窗外，说道："我一点也不相信他的眼泪是真的，他只是想要愚弄你罢了。"
- 一个极度理性却退缩的丈夫在第一次治疗结束时突然崩溃，哭着说他不知道应该如何对妻子表达自己有多爱她，而且她是他快乐的泉源。他的妻子（先前不断抱怨自己没有感受到任何爱意，也不觉得自己被丈夫重视）先是愣了一下，随即开始言语攻击她丈夫："我并不是温室中的花朵，你说这样的话是在侮辱我！"

在这类情况中，个案伴侣不仅呈现了他们在互动立场中的权力关系，同时也呈现了其负向的互动循环。治疗师会注意每对个案伴侣们间互动循环的转速、自动运转的程度，以及其僵化的程度。每对伴侣的循环模式、他们对这个循环的觉察能力、这个循环对其关系的负向影响，以及打破旧有循环的意愿可能都不尽相同。通常伴侣们会等到两人间的负向互动循环越演越烈，直到无法收拾的程度时（就如同一个向下沉沦的漩涡），才会来寻求治疗师的协助。在这里我用"漩涡"来表示这个负向互动循环的速度、自我增强的能力以及其吞噬的天性。这个漩涡接下来将吞没并渲染关系的每个部分。

个别会谈

一般而言，在一两次的联合治疗之后，治疗师会再和伴侣双方各有一次个别会谈，这些都算是评估的一部分。这些个别会谈有以下四个目标。

- 和伴侣双方各自形成更稳固的治疗联盟。
- 在伴侣一方不在场的情景下，和另一方有单独互动的机会，并且借机观察案主在联合与个别会谈中有何不同。
- 搜集一些特别的资料或验证假设（有些在伴侣在场时会不容易讨论的话题），如个人对婚姻的承诺、婚外情、对现在关系造成影响的个人依恋创伤或对另一方的看法，这些数据在将来的治疗中可能会有所帮助。治疗师也可以确认两人的关系是否有其不能谈的禁忌（如暴力问题）。
- 治疗师可以探索更多案主的深层情绪及依恋创伤，因为这些都影响了他们现在的亲密关系及互动方式。

个别会谈通常引发的讨论议题是：治疗师会知道太多不能让另一半知道的秘密，而卡在伴侣之间则影响治疗的效果。但是在一个合作度和信任感皆高的治疗联盟中，搜集探索信息的目的是为了达成个案改善婚姻关系的目标。治疗师会要求个案与一方分享他们在个别会谈中释放出来的信息。治疗师的工作是去探索个案不愿自我坦露的恐惧，并协助他们在下一次咨询中分享这些原本被保留隐藏的信息。EFT从实践和研究中学到的最重要的临床经验是：即使分享这些信息可能会导致痛苦，但这仍是最有效的策略，因为时间久了，秘密和欺骗很难维持下去；而且如果选择不在伴侣会谈中分享个人信息，岂不是与建立安全情感联结的开放原则相冲突，并会破坏改变的稳定性。在这种情况下保守一个重大的秘密就像花费了巨大的精力来重建和装饰一栋房子，希望作为未来的安全庇护所，但却同时在房子的地下室里放置一颗滴答作响的定时炸弹。另一个类似的比喻是，当两个人紧紧拥抱着共舞的同时，为了保守秘密而隐藏个人自我或经历及感受的一部分几乎是不可能的任务。

如同之前提过的，评估和治疗在前几次的咨询中是相辅相成的。如果这几次的咨询被视为治疗的话，治疗中发生改变的过程和治疗中所使用的技术是什么呢？接下来，我们将讨论以下问题：

- 干预要点；
- 使用 EFT 探戈干预的顺序；
- 治疗微观干预和伴侣改变的历程，这个历程在 EFT 中是如何被理解的；
- 这个历程结束时的状态。

疗愈的过程

产生疗效的标记

处在伴侣治疗的第一次咨询中，就犹如突然发现自己站在舞台中央，却不知道自己的角色是什么、下一句台词该讲什么、这出戏的结局又会是什么。任何治疗理论的第一步都是有系统地列举出治疗师在咨询中需要注意和反映的部分。所谓的"标记"是指治疗中的一个重要关头，在这个决定性的时刻，一个特别的表达或互动事件会传递给治疗师一些与整理情绪经验或互动问题有关的信号。这个特定的"标记"是在暗示治疗师他们应达成的任务和应使用的技术，并进而引发个案在治疗中的改变。对 EFT 而言，治疗过程中的"标记"是治疗过程中最原始的反应（包括对自己、对伴侣和对互动事件的反应），这些反应影响了个案亲密关系的结构和他们在关系中的经验。这些反应同时也提醒治疗师应该注意和处理的部分。

这些"标记"通常会出现在治疗初期，他们又可以分为"个人内在经验的标记"与"人际互动的标记"两种。

个人内在经验的标记

- 当伴侣的一方在叙述其婚姻的故事和问题时，他们所产生的情绪反应会影响这个故事的进展。在这个时刻，个案通常会出现非口语的行为来表达这些强烈的情绪反应（如哭泣、脸红、转过头去、咬嘴唇、握紧拳头等），而这些非口语的行为会阻碍故事的流畅性。治疗师在此的任务是专注和辨认这些情绪，然后提供一个重要的安全基地，让个案实际体会这些情绪经验。

- 当伴侣的一方在叙述其婚姻的故事和问题时，缺乏情绪反应是另一个重要的"标记"。通常人们会选择用疏远冷淡的方式来表达其惊心动魄又伤痛的经验，就像是发生在别人身上的事一样。表达内容和表达方式间的不协调是另一个治疗师应特别注意之处。治疗师此时的任务是要去探索这种缺乏情绪反应的状况，以及这个状况对两人亲密关系的影响。

- 在强烈的情绪经验中，个案以僵化或具破坏性的方式描述自己、伴侣以及彼此的亲密关系的狭隘信念。这些信念通常影响了个案对自己、对他人以及对亲密关系的定义。这些信念同时阻挠个案从新的角度去思考，也制约了他们发展和改变的空间。治疗师此时的任务是反映和澄清这些信念，并视这些信念为破坏性互动循环的一部分。

- 最后一个"标记"是某些已经被指出却不被个案接受与承认的依恋课题。举例来说，妻子指责她的丈夫是个工作狂，但是她却始终不愿意去谈论自己担心被遗弃的恐惧。治疗师在此的任务是专注在这些议题上，并视此为婚姻问题的核心。

人际互动的标记

- 在前几次的咨询中，治疗师会特别注意决定伴侣间权力分配及亲密程度的"互动立场"。这个立场的标记出现在个案和治疗师以及伴侣双方之间的对话之中，也出现在个案所叙述的亲密关系故事中。治疗师在此的任务是澄清个案在亲密关系中的互动立场，以及他们对自己所处立场的看法和情绪反应。

- 治疗师会注意到的另一个标记是负向的互动循环。通常在关系困境中的伴侣常出现的是"追逐者－逃避退缩者"的模式。当伴侣二人进入治疗中时，他们通常已经对两人之间的互动模式十分厌烦和疲倦了，他们很可能转变成"攻击者－反击者"之类的循环。治疗师在此的任务是追踪和澄清互动循环，并且找出个案互动模式背后的意义和对关系的影响，协助伴侣二人更贴近他们的情绪经验，进而思考彼此的关系，此时个人的回应也应被看作这个循环的延伸。
- 最后一个互动的"标记"是伴侣双方对于互动的反应，以及他们用来阻止自己有正向互动的方法。换句话说，就是去找出依恋的安全与不安全感对伴侣互动方式的影响。治疗师在此处的任务是注意伴侣有没有任何正向的接触，他们是如何开始正向互动的，以及他们是如何从正向互动中逃开的。若伴侣在治疗中有了正向的互动，治疗师的任务则是将焦点放在其上，并让伴侣们知道这是他们改善关系的重要力量。

干预技术

治疗中降低恶性循环中冲突的阶段可通过 EFT 的前四个步骤来说明：

- 评估和建立治疗联盟；
- 追踪并反映互动模式；
- 将情绪转化到更深的层次以改变伴侣共舞的音乐；
- 整合编排新的互动。

在这里，伴侣可以分享新的情绪经验，而通过这些新的互动所学到的东西则成为关系中特定的改变事件。例如，帮助一对夫妇在咨询中，重新审视一个很激烈的冲突，并根据他们理解两人依恋舞蹈的新角度，和他们表达不同情绪信息的新能力，开始创造更多的安全感和情感联结。这个过程，是本书的前几版中提到的 EFT 步骤，在描述治疗变化的过程方面仍然是重要的，但 EFT 训练的重点已经变为 EFT 探戈，以此作为上述过程中一套经常使用的干预工具。

治疗初期 EFT 探戈的应用

EFT 探戈的干预可应用在所有疗程中，但在治疗初期自然是以情绪强度较低的方式来使用。

舞步 1：反映当下的过程

在疗程的初期，治疗师将不断反映伴侣内在的情绪以及伴侣之间的互动模式。这种反映自然而然地从伴侣互动的基本和明显的方式及表层情绪开始，但根据伴侣的承受力和开放性，逐渐进入更细致的核心情绪，并对伴侣所陷入的痛苦疏离的恶性循环有更清晰的描述。他们负面互动下所隐藏的依恋意义和这种共同创造又不断重复的互动之舞也慢慢被勾勒出来，并在伴侣眼中变得更清晰。治疗师在舞蹈中反映每个人的主要动作，然后将这些动作组合在一起，对互动循环做出简单具体的描述。

治疗师：（看着玛丽）你越是封闭自己，（转向吉姆）你就越觉得被拒之门外，并自动地采取行动，试图逼迫玛丽做出不一样的反应，要求她来跟你谈论关系中的问题。但玛丽，就像你之前说的，你只觉得自己"在被告席上被法官教训"，并再次转身。这个你称之为"激烈的狐步舞"已经接管了你们的关系，让你们两个都变得孤单。你们两人都无法打破这个模式。你们都是善意的，但你们陷入了这个愈演愈烈的死胡同中。

这种描述将以简明的形式呈现，并重复多次，直到伴侣可以开始从这个更广的视野来看他们的关系。在第一阶段的前几次会谈中，治疗师通常会专注在探戈舞步（而不是其他的探戈舞步），并且可能需要处理个案对聚焦在恶性循环的阻抗。吉姆可能更喜欢他习惯的观点，并宣布"不，我没有'逼迫'她，我只是告诉她事实，她的抑郁症是我们关系的问题所在，她必须想办法解决"。因此，探戈舞步 1 应用在吉姆和玛丽的情况可能听起来像下面的表述。

*治疗师：*所以吉姆，现在你在给玛丽建议，试图让她了解她的"抑郁症"如何影响你。（他点了点头。）你认为这是有帮助的。我理解你的立场，但此时此刻，玛丽，你听到的却是他把关系问题都归结于你和你抑郁的心情。（她也点了点头。）如果我不在这里，我想你就会"从左边的出口离开"，然后你会对吉姆更不满。你

们之间似乎经常发生这样的情况。

吉姆：她一直逃开，我想我真的觉得是她的抑郁造成的，我确实想跟她讨论这个问题，但我完全失败了。

舞步 2：情绪组合与加深

治疗初期的会谈会使用较简短和较不激烈的方式来摊开情绪。治疗师会如何应用在玛丽和吉姆这对夫妇身上呢？

治疗师：那么吉姆，当玛丽像你所说的"毫无反应"，你看到的是"更低潮的玛丽"时，你的感觉是什么呢？

吉姆：嗯，正如我告诉她的，如果她增加药的剂量……

治疗师：是的，当她"逃离"时，那对你来说一定很难受，对吗？好像你突然意识到她离你远远的？

吉姆：没错。我们曾经过得这么好，你知道。（他双手盖住眼睛，看着地毯。）我不知道到底哪里出错了。

治疗师：嗯，所以可以请你帮帮我——玛丽常常提心吊胆的，怕你对她个人或她的抑郁症提出建议，但我同时也听到别的东西。当你看到她离开的那一刻（刺激源），有一些不舒服的经验发生在你身上（最初的感觉）。你眼睛往下看，把手放在脸上（身体反应），听起来好像是一种丧失的感觉，她不见了。让你想到过去的情况没有这么糟的时候，听起来你好像开始感到……你会怎么形容这个感觉？

吉姆：也许很伤心。也许吧。

治疗师：是的。伤心。你已经失去了你曾经有（创造意义）的重要联结。因此，你开始尝试修复它，试图改变玛丽的反应（行动倾向）。因为这太难了，她没有看到你的悲伤，她只是听到她需要被改造。（玛丽点头赞成。）因此，她保持"谨慎"，并随时准备逃离你。

这个情绪合成的任务将探戈舞步 1 所开始的旅程往前再推进，帮助伴侣了解影响他们互动的核心情绪。

治疗师以谨慎的方式决定是否进入探戈舞步3，要求吉姆开始与玛丽分享他的悲伤，这个临床决定取决于个案的开放性和与治疗师的联盟的安全程度。当治疗师第一次提出这个建议时，吉姆可能会抵触。

吉姆：告诉她我的悲伤？感觉这是一件很傻的事。她已经听到了我所说的一切，为什么我还需要再告诉她一次？

治疗师：（EFT治疗师与个案合作分享他们对过程的看法）嗯，对玛丽而言，直接从你那里听到的，感受是不一样的。现在在这里，你可以试着告诉她那个悲伤的感觉吗？

吉姆：我觉得很蠢。

治疗师：（将风险切薄，我们尝试留在这个要与对方分享的危险中）所以，你能告诉她"你可以在我跟苏的谈话中听到我对我们的关系感到悲伤，但要我转身直接告诉你对我而言很困难"吗？（治疗师从吉姆的角度替他发声。）

吉姆按照治疗师的引导做了，治疗师就此打住。在治疗的初期，这样的冒险的程度已经足够，而且治疗师成功地调整个案的期待，也就是伴侣间的直接对话将是治疗的常规部分。

当然，对于非常开放和高合作性的个案来说，治疗师可能会完成探戈的所有舞步。尽管与后来的会谈相比，探戈的舞步会停留在较浅的层面，因为随着治疗的进展，治疗联盟更稳固，个案也能更投入治疗的历程。

治疗初期使用的微观干预技术

EFT治疗师在治疗初期最常用到的微观干预技术有以下几种。

情绪反应

在治疗的初期，情绪反应通常是指治疗师同理地反映案主对这种关系、正向互动循环及负向互动循环的经验。

例句示范

> **治疗师**：丹，帮我弄清楚这件事，你刚刚的意思是说，你以前觉得伊冯娜的冷淡十分有神秘感且吸引你，但是现在她的冷淡却让你觉得很挫败且愤怒，结果使得你不时追问她的行踪，而她觉得自己是受到迫害了，是这样子吗？

肯定

在治疗的初期，"肯定"是一个特别重要的技术。经由"肯定"，治疗师让个案知道他们的情绪反应是合理的且情有可原的，并且伴侣的反应是在其关系经验中所能找到的最好的解决方案。这种对每个人的主动接纳，对一个强有力的治疗联盟和 EFT 治疗历程至关重要。

例句示范

> **治疗师**：我想我了解你的感觉，玛丽。你是那么急切地想知道罗布对你的感受，你绝望到伤害自己，吞下安眠药，只希望这份绝望可以停止；你有许多的怀疑与不安，甚至怀疑罗布是否想要就此摆脱你。罗布，我知道你觉得自己被困住和被她摆布，你也很生气她用这种方式对待你。

唤起情绪的反映并提问

采用"唤起情绪的反映并提问"的干预技术是指在治疗的初期，治疗师必须用尊重关怀的态度来了解这个亲密关系，以及这个亲密关系中其他未知的部分。尤其是在治疗这个阶段，个案和治疗师之间的联盟尚未稳固，治疗师尊重与关怀的态度就更为重要。个案在治疗过程中投入的程度、保留的程度，以及他们的害怕与怀疑都会是治疗师反映与关注的要点。这里的重点并不是去重塑个案的感受或经历，而是去评估个案在亲密关系中的情绪经验。

例句示范

1. **治疗师**：当玛丽用这样温柔关怀的语调和态度跟你说话的时候，你有什么样的感觉？
2. **治疗师**：对你们而言，告诉我这些痛苦不堪的事情是什么样的感觉？

"加强"和"同理的推测"这两个技术在这个阶段很少使用，可是治疗师有时会用一些戏剧性的方式来记录个案在亲密关系中的情绪经验。治疗师会直接鼓励伴侣们去纠正治疗师说错之处，以协助治疗师更加地了解他们的状况。

追踪和反映互动行为

在这个阶段，治疗师会特别注意某些反映亲密关系现状和依恋需求的行为模式。"追踪和反映互动行为"是探索互动循环的必要步骤。通过对亲密关系叙事性的描述、对特殊事件的描述，以及治疗师在治疗中对伴侣两人间互动行为的观察，互动循环开始成形。

> 🍁 **例句示范**
>
> **治疗师**：你们两人之间发生的事情，例如当埃里森觉得被排斥和遗忘时，他会变得很挑剔和刻薄，然后你拒绝他这样的攻击，所以你走得远远的，是吗，萨拉？就像刚才在这里的情形一样，他靠过来用手指碰你，你甩开他的手，而且把椅子移开。

重新界定

"重新界定"这个技术可以用在治疗的初期，但只能达到很表面的层次。举例来说，EFT 治疗师可以在一开始就重新界定伴侣的一方为"贫乏和渴求的"；界定另一方的行为和动机为"保持距离以保护自己"。这样的界定是根据案主所提供的信息，如果他们没有提供类似的信息，治疗师可能就没有机会使用这个技术。一般而言，从个案和治疗师见面的那一瞬间开始，所有治疗师问的问题和专注的部分都是在"重新界定"个案带进伴侣治疗的问题。通常亲密关系的问题会被视为双方各自增强了负向的互动循环，并且对依恋关系造成冲击；而不良的回应通常被界定为缺乏安全感以及恐惧。无论如何，这里的重点是和个案双方建立关系，并了解其在婚姻中的个人内在及两人互动中的挣扎。

> 🍁 **例句示范**
>
> **治疗师**：离他远一点是你替自己抗争的方法，保护你自己不再被他伤害，不再被他在你身上戳更多的洞。可是对你而言，用手指戳她是在试着告诉她"喂！我在这里，看看我啊"，是这样的吗？

伴侣的改变和治疗初期任务完成的状态

在 EFT 前几次的咨询中，我们期望让伴侣双方都觉得自己是被治疗师了解且被肯定的。他们在疗程中会逐渐有安全感，并且对治疗师有信心，认为治疗师是可以帮助他们的人。经由治疗师的倾听、肯定个案的经验，让个案觉得自己有解决问题的希望，他们是有可能从困境之中脱离的。并且治疗师会记录在治疗初期所发现的痛苦与挣扎，指出两人的问题症结所在。最后，治疗师营造了一个安全的气氛，并让个案知道他是在全力支持他们朝着充满关心与爱的亲密关系方向努力迈进的。

若治疗师在评估之后判定 EFT 并不适合这一对伴侣，治疗师会告诉个案他的看法及评估结果，包括这对伴侣的互动循环，并帮他们的关系状况做记录，然后解释为何 EFT 不适合他们。接下来，治疗师会与个案讨论其他类型的治疗（如个人心理治疗、团体治疗、戒瘾治疗、学习控制自己的愤怒情绪问题等）。

在这几次的疗程中，个案通常经历了"对治疗充满不确定感"到"对治疗更有信心且自在"的过程，从充满焦虑感到信服治疗师并觉得治疗师可靠；从对亲密关系的绝望与困惑，到变成对它存有希望和认为它是有可能改变的；从一个被困住的恶性循环中找到新的信息与新的可能性；从原本对自己和亲密关系抱有狭隘的看法，变成能够用比较有弹性的眼光看待两人的互动模式。

治疗初期结束时，治疗师应记录这几次咨询中的改变与发展，以肯定伴侣双方的努力并给予他们希望。若能够给予个案一些时间，让他们可以表达自己的看法或是询问治疗师一些问题，也是重要的一部分，这能够更鼓励个案参与治疗。有时个案的问题很普通，有时他们则会问到关键性的问题，例如为何治疗师这么关注他们的情绪？为何治疗师会要求他们直接对另一半表达出自己最不想展露的一面？EFT 治疗师回应这类问题时，应保持开放与接纳的态度，并用浅显易懂的方式解释给个案听。

EFT 许多的训练 DVD（通常附有逐字稿）清楚地说明了上述治疗各个阶段的宏观和微观干预。

第 7 章

改变音乐：降低恶性循环的冲突以稳定情况

> 在不幸福的婚姻中，四名骑士（批评、蔑视、防御和冷战）和尝试修复的失败之间形成了一个反馈循环。伴侣对彼此的蔑视和防御越强，负面情绪越多，修复就越困难。
>
> 约翰·戈特曼（John Gottman）
> 《幸福的婚姻》(*The Seven Principles for Making Marriage Work*，1999）

当一对伴侣在第一阶段的恶性循环中的冲突开始降低时，接下来我将陈述两人互动时情绪音乐的特征与改变。这个过程在本书的前几个版本中被描述为 EFT 的步骤三和步骤四，即接触互动位置背后的未被承认的情绪，并概括负向循环、深层情绪和未满足的依恋需求来重构问题。在第一阶段结束时，伴侣对他们的负向循环有了新观点；他们看到这个循环是如何定义和影响他们的关系的，以及每个伴侣如何在不知不觉中参与塑造了这种舞蹈。他们也开始接纳并分享他们的脆弱无助。

妻子：当我对他提出要求时，我觉得好渺小，好像赤裸裸地呈现在他面前，所以我想办法让自己看起来强大些,更有威胁性。

丈夫:那真的很有效,你把我吓得半死,只好跑去躲起来。

妻子:我觉得很挫败,甚至比单身时还孤单,所以我一次比一次用力地摔上门,这样他就会听到我了。我真的很孤单,快枯竭了。

丈夫:我想我正在筑起一道高墙,因为我无法忍受任何负面的话,尤其是批评,那会杀了我。

在治疗的这个阶段,治疗师的首要任务是接近"伴侣之舞"的主题曲——个人没有觉察到但影响伴侣互动的原发情绪。治疗师的第二个任务是利用这些情绪经验,以及这些情绪所反映的依恋需求来拓展个案伴侣所经历的关系问题,并从深层情绪和互动循环的角度来重新界定这些关系问题。关系的问题被界定为伴侣互动的方式,以及造成这种互动的情绪反应。一旦这种界定框架被接受,伴侣就可以积极地应用在生活中,有助于缓和习惯性的冲突,并在他们的关系中形成一个安全基地。他们可以了解他们僵化的共舞方式,并且有时能够一起遏制它。

深层情绪在这里可以开始被触及,它们与每个伴侣在关系中的互动位置有关。例如,指责攻击的伴侣方通常会开始谈论孤独感和被遗弃感,或者觉得自己对伴侣是不重要的;而逃避退缩的伴侣方通常会对被拒绝的可能性感到恐惧,以及有一种自己很失败和无能的感觉,这会破坏他们在关系中的功能。虽然每个伴侣都以不同的步调进步,但通常在第一阶段,治疗师会以平衡的方式与双方合作,并帮助逃避退缩的伴侣开始找到自己的声音,并帮助指责攻击者用不带敌意的方式来表达。

进入情绪的旅程涉及真正专注在探戈舞步 2:情绪组合与加深,而不涉及:

- 重申过去对这段关系的情绪经验,责怪对方或为自己辩护;
- 发泄负面情绪,希望通过不受约束的表达来减少负面感受;
- 给一方的情绪反应贴上标签,教导另一方以不同的方式行事;
- 用理性疏离的态度、用分析术语来描述或从远处观察自我的角度来讨论情绪。

在评估和摊开情绪时需要遵循下列几个原则。

- 主动投入和专注在此时此刻所发生的情绪经验。
- 使用探戈舞步 2 中概述的组成过程来扩展该情绪经验，以便可以优化此经验并添加新因素。
- 情绪经验的再处理，包含了探索和创造的过程，以便参与和吸收新的情绪经验。这种深化过程没有达到第 2 阶段的情绪强度，但仍然开始扩展每个来访者对关系、对自己、对伴侣的看法。
- 参考伴侣对另一方的反应方式，找出相关因素，并用清晰的方式来描述该情绪经验。"批评"常被视为冲突的引爆点，但在此被重新界定为不择手段地想与对方联结，而不只是因为简单的敌意所引起，这有助于帮助伴侣的另一方从不同的角度来理解该行为。

治疗的标志

下列四个标志为治疗师提供继续往第一阶段推进的线索。

- 当伴侣的一方表达出和对方有关的续发情绪，而且这个续发情绪造成一部分婚姻困境时，这个续发情绪通常是在治疗中所表达出为指责对方，或为自己找回公道的愤怒和挫折感。这时，治疗师的任务是先肯定这个续发情绪，然后再和个案一起探索这个情绪以及其他个案尚未察觉或一直试着逃避的情绪。这种情况很可能发生在当个案对治疗师描述其婚姻中的故事和困境时，或是当个案讲到某个对他们目前婚姻困境有关键性影响的事件时。这种情况也可能发生在个案伴侣在治疗师面前直接互动时。
- 当伴侣的一方用非口语的方式去回应对方，因其和互动循环的关联，或此回应方式的矛盾和强烈程度而使得 EFT 治疗师认为这个方式很值得一探究竟时。举例来说，当一位妻子抱怨和唠叨时，她的丈夫不断地抖脚和皱眉头。妻子看了他一眼，突然沉默下来时。举另一个例子，当一位妻子开始谈论她想要离开丈夫的心情时，她的丈夫忽然开始大笑，然后开始谈论他们的暑期度假计划。治疗师此时的任务是放慢两人的互动过程，然后专注在非口语的行为中所展露的情绪。

- 当伴侣的一方开始在咨询中探索自己的情绪反应，并开始对自己在这个关系的经验有新的领悟时；或是当伴侣的一方能够赋予其情绪经验新的意义，但却很快地转回到旧有的负向互动模式时，伴侣的另一方很可能忽略对方的进展，并用他们习惯的争执方式来回应。治疗师的任务是重新将这个过程引导至"拓展情绪"的方向，并协助个案充分地体验这个过程。

- 当个案伴侣出现了在步骤二所指认的互动循环时，此时个案伴侣可能可以自行觉察到自己的行为，治疗师也可以指出这点以帮助个案了解。治疗师此时的任务是专注在伴侣一方的互动位置、跟对方一起生活的经验，以及和这个互动循环有关的情绪反应。

在某一个层面，每对伴侣都有他们自己对这个婚姻关系的经验及互动方式。最重要的是让治疗成为一个探索的过程，每对伴侣都有独特的方式去探索其内在的情绪经验以及他们造成目前婚姻困境的历程。对 EFT 治疗师而言，某些关系中的互动位置是可以毫不例外地和某些特定的情绪做联结的，即使这些情绪的体会、表达和意义可能因人而异。依恋理论可以使上述联结的正确程度变高。当伴侣的一方表现出愤怒、咄咄逼人和尖锐的姿态，经由治疗师协助他们探索其深层情绪之后，他们通常会发现自己缺乏安全感且惊慌失措。换句话说，害怕被遗弃或被拒绝的依恋恐惧会浮上表面。另一方面，看起来冷淡退缩的一方通常会发现其因无法取悦或满足伴侣而产生挫折感、自卑感和无助感。他们看起来咄咄逼人或冷淡退缩，是因为不知道该如何用正向的依恋反应来回应对方。

EFT 探戈在治疗阶段的应用

治疗师可能会在这里使用所有的探戈舞步，但探戈舞步 2：情绪组合与加深在这里会是重点。尽管情绪的强度比第二阶段低，但开始循序渐进地帮助伴侣开始分享更多的核心情绪（探戈舞步 3）。

安东尼奥和莉莉陷入了他们的逃避退缩－逃避退缩的互动中。安东尼奥开始他长篇大论的说教，强调两人是不可能回到情侣关系的，而成为"朋友"才是现在的重点。莉莉默默地坐着，用手指一个个挑起裤子上的毛球。治疗师反映了此时此刻的模式，每当这对伴侣碰触到任何关于相互依赖或在性生活方面排他性的讨论时，就会发生这种情况。治疗师决定用探戈舞步2来帮助莉莉深化情绪。

例句示范

治疗师：莉莉，刚刚发生了什么事？当安东尼奥在这次谈话中提出你们两个人应该维持朋友关系的理由时，你好像就变成安东尼奥所说的"一摊死水"的样子。

莉　莉：的确没什么好说的，他是对的。这段时间以来，我很幸运能有他作为我的朋友，还要忍受我的抑郁情绪和我的黑暗面。所以，我同意他所说的。我们多年来已经有过很多次类似的谈话了。

治疗师：所以，你可以帮帮我吗？（治疗师试着反映之前在EFT探戈舞步1中收集到与他们互动有关的信息。）你们在某个时刻都意识到两人之间的距离，安东尼奥开始更频繁地去夜店玩，你们俩收到的信息是，就像你之前所说的"要小心"，谈论相互依赖是不好的，但他接下来开始与其他人联结。你知道这个情况，但你听从他的看法，因为他是一名心理健康专家，你相信他在这方面懂得比较多，然后你开始服用更多的抗抑郁症药物，是这样的吗？（莉莉毫无反应，闭上了眼睛）当安东尼奥说，你们不应该依赖彼此，你们维持朋友关系就足够了。只是在最近，他觉得你突然会大发雷霆，还把他赶出了家门。你会不会突然觉得有一块大石头落到你身上了？你告诉自己"他是对的，我没什么可说的"，但你的脸色变了。（治疗师重复触发情绪转变的刺激源。）

莉　莉：哦，我很好。我猜应该是没事的。这种情况经常发生，以至于……（她低下头，抿紧嘴唇。）

治疗师：你现在是不是感觉很不舒服？但你把感觉藏在心里，这反而让你更依赖药物。你是不是感觉到一点点痛苦？（唤起现在的感觉，然后试着开始觉察身体反应。）我们谈到这里，你感觉到身体现在发生了什么反应吗？

莉　莉：我只是想放弃，不要再惹麻烦。（她提供了情绪的五个因素中的行动倾向。）

治疗师：莉莉，如果我在这里说错了，请纠正我，但是你整个人缩成一团，你看起来好像快要哭出来了，是吗？

莉　莉：我确实感到很不舒服。整个人变得闷闷的，甚至可以说有点悲伤。我们已经是这么多年的朋友了，我不知道为什么要难过，感觉自己很蠢。这种时候我一般会吃药来让自己好过些。

治疗师：悲伤。你感到闷闷的。陷入抑郁中。（她点点头。）

安东尼奥：然后这时候我真的会很想逃去酒吧，因为她又躲到黑暗的洞里。

治疗师：（对安东尼奥）是的。她似乎离你很远，所以你去酒吧寻找可以与你联结的人。（安东尼奥点点头，治疗师转回莉莉，唤起她的情绪中的"意义"因素，以了解情绪的组成）你保持沉默或同意安东尼奥的观点，告诉自己你已经很幸运能有他作为你朋友待在你身边，所以最好保持沉默。你从不与他分享这种悲伤。

莉　莉：（泪流满面）我很难过，我很难过。（治疗师用柔和的声音喃喃自语，柔和缓慢地重复莉莉说的话——很难过，你很难过，很难过。身体前倾，碰触莉莉的膝盖外侧以安抚她。）这就是我。所以药丸是最好的。我怎么能告诉他呢？反正谁愿意接近像我这样抑郁的人。我不敢有期待。所以当他厌倦我时，我只能忍受。

> **治疗师：**（以内外一致的方式总结莉莉的情绪，肯定并安抚她的情绪经验。）所以，当你们有一段时间变得疏离时，安东尼奥解释说这也没问题，维持朋友的关系也很好，你们最好不要依赖彼此，你的心就沉下去了，沉下去了，对吗？这让你好难过。你哭了。你很痛苦。但你保持沉默，表面上附和他，不要找他麻烦，你告诉自己，你没资格期待更多，你只能是"朋友"，因为你是一个与抑郁症做斗争的"讨厌鬼"。所以你保持距离，只能靠药片让自己好过些？
>
> **莉　莉：** 是的。我最好接受这一点，但是……也许要接受这点真是太难了。（哭泣）
>
> **治疗师：** 面对这种沮丧，知道安东尼奥正在转向其他人，并觉得这就是现实，对你一定很难，对吗？
>
> **莉　莉：** 很寂寞——确实如此。
>
> **治疗师：**（用同理的声音开始探戈舞步3）所以你能不能转向安东尼奥，你能不能试着告诉他"当我们有这些对话时，虽然我同意你的观点，但我的内心是受伤和悲伤的。我感到好孤单。但我不会告诉你这些心情。我不觉得我做得到，因为我非常清楚我是有问题的——我有抑郁症。所以我关机了，带着我的悲伤独自离开，自我放逐"。你能试着用你自己的话直接告诉他吗？

这表明莉莉开始与安东尼奥建立联结，指出并承认她的情绪经验。这使她在治疗后期能够感受到自己的恐惧，恐惧她不值得拥有安东尼奥的爱。但实际上，她憎恨安东尼奥的其他关系，其实是希望与他建立更安全、更开放的关系。当她可以转向安东尼奥寻求安慰时，她的抑郁症状开始减轻，而安东尼奥发现莉莉变得更可亲，就可以开始冒险并承认自己的依恋需求。

EFT 微观干预

在介绍治疗技术之前，必须了解治疗师的非口语行为是协助个案评估深层情绪的必要因素。治疗师的非口语行为显示其尊重、接纳的态度，并营造一个安全的环境让个案放心地探索其情绪经验。治疗师的非口语行为也能鼓励个案专注于整理自己的情绪经验。非口语行为的影响力是非常重要的，可以使治疗从无效变得有效，也能帮助个案从逃避变成了解和接纳其情绪经验。当 EFT 治疗师试着引导出个案的深层情绪，通常会有下列的非口语行为：

- 身体前倾，以开放的姿态面对个案；
- 说话的速度比平常慢，每句话之间有较长的停顿；
- 声音比平常低、温柔；
- 词汇简单、具体，通常会借用个案所用的词语。

为了达到最佳效果，治疗师会向个案示范他们专注于某个特定、强烈的情绪经验，并邀请个案停留在这个感受中，以便有更深刻的体会。接下来，我们介绍这个步骤常使用的治疗技术。

肯定

"肯定"对这个阶段的治疗非常重要。情绪反映被用于整个治疗过程，但是在步骤三时，情绪反映是被用于"肯定"与唤起反映并提问的前奏。在个案认为自己的情绪反应是不正确、不恰当又对关系有害时，治疗师的肯定尤其重要。如果个案认为自己的情绪反应和表达不会被对方接受，伴侣间通往情感联结的道路也因此被堵塞住了。EFT 治疗师在此要传递的重要信息是：在治疗师的眼中，每个人都有权拥有他们所有的情绪反应和感受。任何情绪反应都没有对、错和应该、不应该。这样的信念可以帮助自责的个案接纳自己的情绪经验，并提高个案去探索这些感觉的意愿。治疗师重视和了解个案的情绪经验，使得治疗变成个案眼中的安全基地，伴侣双方都觉得自己可以开放地表达情绪经验，并愿意冒着被另一方责备的风险这样做。治疗师会首先反映和肯定一种感觉，作为鼓励个案进入其情绪之旅的第一步。

🍁 例句示范

1. **治疗师**：我从你那里听到的是,对你而言,埃伦刚刚所描述的"秘密警察般的质询",其实是你在紧急搜寻为什么你没有办法亲近她的原因。身为科学家,这是你很自然的反应,你在试着找寻证据和答案,找寻让这个问题不再折磨你的方法,以使你在关系中不再感到孤单。

2. **治疗师**：要求马克来安慰你似乎让你感到尴尬和不自在,你觉得你应该不需要告诉他这些事才对,甚至我们现在谈论这件事都让你感到不舒服。在我们成长过程中,如果始终相信所谓的"坚强"是指不需要任何人时,去承认我们需要别人实在是很困难的事。

唤起情绪的反映并提问

这些治疗技术是用来开启和拓展个案在关系中的情绪经验。治疗师追踪个案描述的情绪经验,然后聚焦于显著、可能促进改变的部分。这个治疗方式一开始是邀请个案停留在特殊的经验中,第二步才是去处理它。当治疗师这么做,个案会发现一些帮助他们重整这些经验的新信息。在这个过程中,治疗师如同个案的探险伙伴,陪伴个案一起走过这个旅程。治疗师使用这个技术时可能注意到某些线索(如肢体语言、在互动中的自然反应等),然后重复某段对话,提供某个隐喻或影像,或追问一些探索性的问题。

> **例句示范**

> 1. **治疗师**：吉姆，当你的妻子刚刚告诉你她眼中所看到的你，还有她对你感到多么失望时，什么事发生在你身上了呢？
> 2. **治疗师**：保罗，对你而言，这样一直小心翼翼、战战兢兢地走在易碎的蛋壳上是什么感觉？
> 3. **治疗师**：当你叙述你所谓的"大屠杀"时，什么事发生在你身上了呢？
> 4. **治疗师**：当你两手一摊，说"我没办法安抚一只暴怒的公牛"时，你有什么感觉呢？

加强

一方面，治疗师协助个案伴侣将影响其互动位置的情绪经验透明化、具体化；另一方面，将注意力持续专注在某个话题上，这也是一种有效"加强"情绪反应和互动模式的方法。

> **例句示范**

> 1. **治疗师**：特德，你刚刚试着告诉我很多事情，其中特别吸引我注意的一句话是"我被灼伤了"。这是当你描述珍妮对你不满时，你用来形容你的感觉的句子。对你而言，知道自己不能满足她这个事实带给你的痛苦像是被烈火灼伤般痛苦。你痛苦到几乎无法忍受。（特德开始哭泣。）

同理的推测

在此，EFT 治疗师运用对个案的了解和经验，再加上以成人依恋理论为其思考架构，鼓励个案更进一步澄清和拓展他的情绪经验。EFT 治疗师运用个案的经历和感受为基础，或加入一个新因素，或将个案原有的经历和感受重新排列组合，希望能为这些情绪经验找到新的意义或将其透明化。如果治疗师能更深入接触个案，能更同理地融入个案的经验中，这些同理的推测会更接近个案的真实情绪经验，对个案更有意义，个案也会有更多的动力去参考和使用这些推测。

由于治疗师和个案已经形成安全、信赖的治疗关系，如果个案不同意治疗师的看法，个案会自在地反对治疗师的推论或拒绝使用这些同理的推测。个案会持续地在整个治疗过程中挑战和纠正治疗师不正确的推测。这里需要特别注意的是：如果治疗师的推理和个案的感受相差太远，个案不会使用这些推测。如果治疗师持续强迫推进自己的推理，个案可能会觉得治疗师不了解他们，或治疗师以其价值观来评断他们的行为，原本的治疗联盟很可能破坏殆尽。理想上，最好能鼓励个案修正治疗师的推测，而治疗师只比个案对自己的了解稍微更前进一点。

这些推测通常被用来澄清因伴侣的行为所引起的依恋恐惧与缺乏安全感。EFT 治疗师最好用简单、具体的字句，加上之前提过治疗师应具备的非口语反应来表达。

例句示范

治疗师：当你说"我觉得我像个无助的小孩，我恨自己必须开口要求，可是又不想这样做"时，你低头看着地上，我猜你可能觉得有点丢脸，而且还有点伤心，是吗？

蒂　姆：是啊！我希望我可以不必一问再问。

治疗师：你希望她可以走过来亲近你。

蒂　姆：是啊！我真的很想要这样，可是……

> 治疗师：你真的很不愿意开口要求，当你必须这样做时，你感到愤愤不平。
>
> 蒂　姆：是的，当我开口提要求的时候可能会有点咄咄逼人。我会说"马上过来亲我"。
>
> 治疗师：当你提要求的时候，你会觉得自己很渺小，所以你让自己变得更强大、更咄咄逼人？

追踪和反映互动的模式及循环

当伴侣间恶性循环的冲突慢慢降低时，EFT 治疗师从伴侣的互动模式来看个人内在的情绪经验。如此一来，除了肯定个案的个人反应，治疗师也能够从"过程"的角度来看关系中的问题。然后，将互动循环整合到对深层情绪的觉察中，伴侣开始看到他们如何共同创造痛苦的恶性循环，这个互动循环又反过来使他们的焦虑和处理这些焦虑的方式维持不变。通过会谈，伴侣了解他们互动模式是他们关系中的关键障碍，而这是两人需要共同负责的。他们明白他们都是情感联结被破坏的受害者，他们开始认识到他们可以团结起来，一起改变这种破坏性的舞蹈。

伴侣间恶性循环的冲突慢慢降低，也就是 EFT 中的步骤四，伴侣会准备好去运用所发现的互动循环和不安全感，更进一步了解这个循环造成的关系问题。

例句示范

> 治疗师：当他开始退缩到自己的世界，就像他刚才这样，好像在你身上引爆了一颗炸弹。（她点头）你没办法亲近他，你通常会怎么做？

> 海　伦：我会用一大堆话去烦他，让他没办法忽略我。
> 格　伦：然后，我就更缩进自己的世界。这是我们一直在讲的循环，可是我们就是没办法跳出来。

重新界定问题

这既是在整个治疗过程中常用的 EFT 干预技术（从恶性循环的角度来看伴侣的问题），也是治疗到这个阶段的具体过程。在这里，治疗师将伴侣带到咨询中的问题做了概括的描述（如"沟通问题"），或像是让婚姻痛苦一直持续的具体表述（如"我们关系的问题是她认为我们之间有问题"），转换为一个新的框架，整合了 EFT 所聚焦的恶性循环与个人内在与依恋有关的脆弱、恐惧和未满足的依恋需求，而未满足的依恋需求形成并继续推动了恶性循环。重新界定是以赋能伴侣的方式完成的。持续使用的探戈舞步的宏观干预都在第五个舞步收尾，治疗师建立一个框架，提高个案对理解自己内心生活的能力以及他们管理和扩展关系互动的能力之信心。建立个案的信心在治疗的这个时刻上尤为重要。

🍁 例句示范

> 1. 治疗师：这种追和逃的模式主导了你们的关系，但是我想你们正一点一滴地改变这个模式。
> 2. 治疗师：所以这种模式接管了你们的婚姻？它阻止了你们所有亲近的可能？
>   琼：是啊！我现在了解这一模式让我总是一肚子火，不断找出他的缺点，希望能借此把他推得远远的。所以他跑得更远，（转向吉姆）因为你也生气了。
>   吉　姆：我最生气的时候也是我最害怕你离开我的时候。我想我们两

> 人都太害怕了，以至于手足无措。
>
> **治疗师**：但是你现在可以退后一步，看到这个互动模式，这真的令人佩服。每个人都有卡在消极的心态、把对方吓坏的时候，但现在你可以清楚地看到你们是如何相互影响的。这是你们慢慢靠近、对爱情关系有所掌控的开始。

第一阶段结束时伴侣的历程和状态

当伴侣无法开放沟通与依恋需求、深层情绪有关的话题，除了两人的互动会陷入恶性循环，他们也无法接触和整理自己的情绪。婚姻困境的伴侣不只向另一方隐藏自己脆弱无助的一面，他们对自己的这个部分也很陌生。因此，大部分个案会觉得在步骤三接触自己的深层情绪是件危险又可怕的事。个案在此至少面对以下几种恐惧。

- 自我批判，如"我讨厌我的这一面，它好病态"。
- 陌生的经验和未知的未来，如"我从来没有这种感觉，也许我是疯了"。
- 对方可能有的负向反应，如"她可能会笑我，更糟的是她可能会瞧不起我。她以后再也不会让我碰她了"。
- 无法预知的改变，如"我觉得我好像迷路了，我好像不再认识你了，我到底是跟谁生活在一起那么久？我现在应该怎么做才好"。

另一方面，个案会因为终于能够了解和整理自己的情绪经验、互动模式而觉得松了口气，也会因为知道自己是造成这个困境的原因而松了一口气，因为这代表着可以借着改变自己来改变现状（如"如果是我造成这个恶性循环，也许我能够打破这个循环"）。同时，个案也因为能够从互动角度来看自己应负责的部分而松了口气，因为他们不再觉得羞耻或残缺。伴侣中的一方会说："我从没有对任何人说过这些话，甚至从没有允许自己这样感受过，但这正是我一直以来的感觉。"伴侣另一方则觉得迷惑和惶恐："我不相信，我从没有听你说过这些话，我甚至觉得我不再认识你了。"

在这个过程中，治疗师的支持和引导提供了一个安全的环境，让个案能更深入探索自己的经验。举例来说，当伴侣中的一方出现上述不信任的反应，治疗师会表示肯定和支持。这个不信任的一方不会被视为神经过敏，不信任会被视为对于新改变的自然反应。

为了维持这个安全基地，治疗师要能够快速地将话题从探索伴侣一方的情绪经验转移到这些情绪经验对另一方的影响，或将话题从更深入探索伴侣一方的情绪转移到伴侣另一方对这些情绪的负向反应。举例来说，当妻子讽刺丈夫正在进行的情绪改善尝试时，治疗师可以说："我知道这些信息对你很陌生，和你过去认识的他大不相同，所以你很难接受他刚刚所说的。也许你太生气，以至于无法听进去他所说的，但是我觉得让他有机会表达真实的感受很重要。所以，我现在要花点时间帮助他做这件事，然后我们会回过头来谈你的感觉，好吗？"

在治疗的这个阶段，对很多伴侣而言，是第一次呈现出依恋需求，并开始更深入地讨论和澄清，伴侣之间开始有直接、具体的对话。也是伴侣首次成功地从更高的视角来全面了解关系。这些妨碍情感联结的依恋课题及互动模式被界定为问题的根源。个案会接受并真正相信这个看法，因为这个看法清楚呈现出他们的情绪经验。他们的敌人并不是彼此，而是这个负向的互动循环。

一般来说，男女双方对于深层情绪有截然不同的感受和解读。女性较常认定缺乏亲密和情感联结是困扰她们的原因，男性则视无能和手足无措为困扰他们的原因。费雪等人（Fisher, Nakell, Terry Howard & Ransom, 1992）的研究发现了类似的结果：关系中情感的疏远影响了女性的健康状态，而争执和冲突则是影响男性健康的主因。

过去的依恋创伤和影响关系的重要事件也在此被探索和澄清。举例来说，最近发生一件让妻子感到有点失望的小事，却在咨询中引起轩然大波，因为这件小事提醒这位妻子过去被重要依恋对象遗弃、拒绝和背叛的情形。当隐藏在互动位置中的深层情绪被整理与澄清时，这些事件的影响生动地在咨询中展现，并以比较建设性的角度来处理。第 13 章将更仔细讨论"依恋创伤"这个话题。

当个案重整其情绪经验时，他们重要的认知基模和内在运作模式开始浮上表面，这个过程在第二阶段会有更深入的了解。这是一个探索发掘的阶段，不是替旧有、熟悉的想法画上句点。举例来说，担心自己不值得别人爱的恐惧开始在此阶段被探索。

在第一阶段结束时，个案会找到一个能定义其伴侣关系又有意义的影像或故事，并清楚地知道自己是如何创造出这个影像或故事的。故事经由治疗师的协助而建构出来，但这是个案的故事，他们是故事版权的所有人，因为这个影像或故事吻合他们的情绪经验。个案对自己的看法已经被拓展和澄清，而且他们也找到符合这个看法的自我表达方式。"逃避退缩者"能够在咨询中谈论因被伴侣批评所引起的无法动弹的经验，而不只是沉默和麻木感。"追逐者"仍然感到生气，但不像以前那么充满敌意，也能够开始谈到所受到的伤害。

这是一个"降低恶性循环中的冲突"的过程——EFT 中促成改变的转折点，也是第一阶段的改变（Watzlawick et al., 1974），因为个案伴侣的互动位置和过去有所不同，但两人间的互动循环尚未改变。EFT 中另一个促成改变的转折点是，当"逃避退缩者"能够在咨询时转移到一个"重新接触"的位置，而"追逐者"变得比较软化的时候。我们将在第 8 章中详细介绍。一般而言，伴侣中有一方会比另一方的进展快一些。这些将在后面的章节中介绍。当双方都能够成为 A.R.E. 时——情感上容易亲近、对彼此有所回应、情感上有投入——这通常被称为"深情相拥®：情感联结的对话"。

在治疗的这个阶段，个案伴侣对对方的看法也会随着对方越来越多的自我坦露而有所转变。举例来说，"逃避退缩者"可能不再被视为漠不关心，而是以退缩作为保护自己的方法。治疗师重新界定两人间的互动循环为彼此受对方的影响，以及他们试着处理这个影响力的结果。个案通常很容易接受这个新定义，因为这个新定义与他们的经验吻合，也协助他们视其婚姻关系为一个依恋的情感联结，并发现自己对对方具有情绪上的影响力———一个他们想借着婚姻治疗达到的目标。

"逃避退缩者"通常也能了解其伴侣的敌意并非由于对方的攻击性格，而是对其退缩行为绝望的回应。"退缩"在伴侣关系中的重大影响力，对很多个案是个新奇的看法。依恋理论提供正向的架构来看伴侣间追与逃的互动模式，"追逐者"被视为不择手段地想引起对方的注意和关心。简言之，对伴侣双方而言，对方不再像治疗刚开始时么危险和疏远了。"追逐者"的行为不会被视为"她试着要毁灭我"，而是"她想要引起我的注意和关心"。

这个转变会因为治疗师引导个案有效地在互动中运用新发现的深层情绪而加速产生。如此一来，妻子不只是旁观丈夫叙述其情绪经验的证人，同时也亲身体会到丈夫转向她，与她分享他的世界的感受。例如，丈夫在对妻子说："我是那么害怕会让你失望，所以我大部分的时间都躲着你。"这不仅是个具有强大影响力的新信息，还对婚姻关系下了一个新定义，就如一个新场景改变了整出戏剧。

在第一阶段结束时，个案伴侣完全投入和情绪、依恋需求、互动循环有关的对话，并在咨询中开始建立其情感联结。完成"反扩张"的过程，疗程已经建立了安全基地，让个案能更自在地表达情绪，更进一步接近自己与对方的情绪。

第一阶段结束：缩影和练习

恶性循环的冲突降低看起来是什么样子？

这并不意味着冲突已经完全停止，或者冲突总是可以得到很好的控制，但伴侣通常能够进行如下所述的对话。

斯坦：那天晚上类似的事情又发生了。她不想和我一起看电视，突然间我发现自己又是……（他在空中挥舞着双手，摇了摇头。）你知道，就是那种"海啸又来了"，然后我就生气了。我告诉自己她有多冷漠，等等。她拒绝跟我说话，而我已经准备开战，想让她知道她是一个多糟糕的妻子。然后她停下来，帮助我"改邪归正"。

泽娜：（笑）我没有帮你"改邪归正"。我说的是"等一下，这是我们平常会做的事情。我们在相互践踏！你觉得我没有重视你，所以你试着攻击我。我对你用冷处理的方式，转身离开，希望你的恐惧就会消失。我们俩都像生活在地狱里一样悲惨。我们不要再继续这样做了"。这对我来说是一个飞跃式的进步。

斯坦：对。甚至在几周前，我也会不顾你的反应，继续攻击，但是……我们在这里做了一些与过去很不同的事情。你可以直接告诉我，你感受到我激动的反应和言论，而我明白你的"冷漠"是为了把我和我的激动挡在外面，因为你是敏感的。所以我能够听进去你讲的话。这真是了不起！也许我们不必继续用这样的方式共舞。五年这样的生活已经够了。

治疗师：然后发生了什么？

斯坦：我说了"你的意思是我们不必玩这个游戏，我不用去那个让我感到孤独的地方，你的反应灼伤了我，而你觉得我恨你"这样的话，你靠过来，把手放在我的胳膊上。突然，一扇新的门打开了。我们一起去煮咖啡喝，谈论下周的派对。我们不再坚持对方是敌人。

泽娜：是的。事情感觉……我们之间更安全。我现在敢燃起一些希望。也许我们是可以改变关系的。

用这里提供的材料，看看你是否能整理摊开斯坦的情绪，就像以前当他的妻子谈到她在晚上如何需要自己的空间时，在之前的会谈中斯坦分享过的一样。找到情绪的五个因素：刺激源、初始感知、身体反应、意义建构和行动倾向。试着写下你如何以一种安全的同理方式将这些因素总结成一个完整的情绪经验，然后想象出一个简单的对话内容，是当斯坦接受你的情绪反映时，他可以转身对他的妻子分享的。

第 8 章

第二阶段初期：加强情感的投入

当时机成熟时，维持含苞待放的状态比冒险绽放更加痛苦。

伊丽莎白·阿佩尔（Elizabeth Appell）
《约翰·肯尼迪大学课程选课手册》
(*John F. Kennedy University Class Schedule*，1979)

第二阶段的开始（重建依恋），治疗师的任务重点是重新建构一个新的正向互动模式，这个新的互动模式会形成安全的情感联结。这个阶段的特点是对伴侣个人的依恋恐惧和脆弱无助做越来越深入的探索，从而增大了在互动中更深层次和更核心问题上的风险。这些风险可以是向另一方揭示自己的脆弱无助，或对伴侣另一方而言，风险是去信任这些新信息并修正另一方的内在运作模式。这里承担的风险具有越来越大的存在意义。正如伴侣一方对另一方所说："我是山洞里的少女。你对于信任别人的恐惧，就像一条恶龙阻碍了你靠近我的道路。你必须决定，我值得你为此去挑战恶龙吗？你怎么能转身离开，把胜利拱手送给恶龙了呢？"

在步骤五中，治疗师让个案认识自己过去未曾察觉的依恋恐惧与需求，并认识与这些恐惧与需求有关的自我的部分。步骤六利用这个新发现来促进个案对自己和对方情绪经验的接纳程度，并更进一步用新的方式互动，新的正向依赖的循环因而形成。

在第二阶段的开始，步骤五是 EFT 中最强调伴侣"个人内在经验"的步骤，这是进入我们都面临的存在恐惧的入口（Yalom，1980），与重要他人的联结是自然的解药。这些恐惧包括害怕孤独、害怕被抛弃和拒绝、害怕我们在关系中被认为无足轻重（当我需要你时，你不会在那里，因为我无关紧要或对你来说我不够好），以及对不确定的恐惧。这些恐惧与选择和丧失有关（人们如何冒险？我想让你靠近，但是如果我这样做，就像我脱下了所有的盔甲，然后……），与失去意义和在有限生命中创造意义的希望有关（如果我不能成为一名丈夫，那么我到底是谁？这波抑郁症吞没了我又怎么样呢？），与对死亡的恐惧和我们都必须面对的脆弱有关（你怎么可以不陪我一起去做第一次化疗？后来我就不再问你了，不是吗？我应该坚强，但是……我不知道该怎么开口。人们都会直接要求吗？）。在治疗过程中，经验性改变的重点放在个案的原貌，而不是更努力地把自己改造成一个不同的人。随着对核心情绪和自我有不同的感受，对自我的知觉和呈现方式也会发生变化，所以曾经畏缩和讨好的人现在开始变得自信。这种情绪体验的加深（探戈舞步 2）是随着探戈舞步的推进在治疗历程中自然形成的，但在治疗的这个阶段，它具有特殊的意义和强度。随着核心的脆弱无助情绪被调节、处理和分享，它们也自然而然地唤起了对情感联结的依恋渴望，从而激发了接触伴侣的新方式。这些新的接触方式是在第二阶段发生的重要改变事件，我们称之为态度软化，或"深情相拥®：情感联结的对话"（Johnson，2008，2013）。

步骤六涉及治疗师帮助伴侣另一方开始接受对方新展露出的脆弱无助的一面，形成其对伴侣的看法，并在精心设计的互动中对伴侣的新行为做出反应（探戈舞步 3）。伴侣另一方通常需要相当多的支持才能做到这一点。如前所述，在关系困境中的伴侣可能不会把对方从熟悉的敌人到不认识的陌生人这个转变一开始就视为正面的经验。人类可能选择确定性和可预测性，因为这两者能带来明显的掌控感，而不是满足基本需求的可能性。如同前面所提到的，因自我局限性，保护可以变成监狱。第二阶段涉及改变自我和他人根深蒂固的内在运作模式，这个改变是通过强大的新矫正过的情绪经验形成的，这些经验的重要性在于能与人类大脑对话并可以被编码为大脑所认识到的生存意义。最近在渥太华 EFT 实验室完成的依恋研究发现，EFT 过程确实影响了内在运作模式，将这些模式变得更安全了（Burgess-Moser et al., 2015）。

我们认为，在第二阶段开始时所形成的新情绪经验是治疗过程中的分水岭。整个第一阶段是有关塑造一个安全的基础，即让情绪稳定下来，为强而有力的新互动循环搭建一个平台，让伴侣可以在这里建立更安全的联结。但是，这个新的循环需要通过内在探索而产生的新觉察，并在接下来第二阶段的咨询中帮助伴侣以改变自我和改变系统的方式分享脆弱无助。从这个角度来说，EFT 治疗师总是在个人和关系的交叉点上工作，使用干预技术来帮助个人改变（这些针对个人内在的干预技术现在已在 EFIT 模式中有了清晰的描述），以及帮助关系改变（Johnson，2019a）。在对 EFT 改变历程的研究中（Greenman & Johnson, 2013），允许自己真情投入情绪经验的伴侣是在治疗中变化最大的人，并且在之后的追踪访谈时仍然保持正面的改变。强调情绪、全心投入重建自我与他人的关系，是双方进入第二阶段的本质。随着自己接触核心情绪的方式发生变化，治疗师能够开始促进与另一方的新情感接触。

在治疗的这一点上，当治疗师设置探戈舞步 2：情绪组合与加深和探戈舞步 3：编排新舞步时，个案开始碰触到以前未被理解或总被逃避的情绪经验，或像约翰·鲍尔比所提出的"陌生的"情绪。承认自己的情绪并内外一致地对伴侣表达，这个动作本身就扩展了每个人的自我意识和对关系的体验。逃避退缩的丈夫原本为了避免被妻子批评所引发的焦虑，因此大部分时间都在逃避与妻子接触，现在丈夫充分体会并能够表达他对于被她批评的恐惧。在这样做的过程中，他开始掌握处理这种恐惧的策略（我躲起来，愿意尝试任何方法让我听不到她批评我是如何失败的声音。我一直是个失败者，所以我麻木了，把她和那个无能渺小的我隔绝开来。我是空虚的）。他对妻子和他自己的领悟，引发了他对于自己在这段关系中的依恋位置的新感觉（我不想那么害怕，我不想躲起来，我想被接纳），并向他的妻子呈现一个新的自我形象。然后当他冒险分享这一点时，这种矫正过的形象有可能唤起她的新反应。治疗师的关键任务是帮助伴侣以建设性的方式整理这种新行为（例如，揭示自我的恐惧）和新的形象。具体来说，治疗师需要处理倾听方在接收到表达方所分享的新信息时所出现的拒绝反应，肯定倾听方在遇到这个"新"伴侣时的困惑。实际上，治疗师挡住了任何子弹，并全心投入个案的改变历程中。下面将对此过程做更详细的讨论。

在深化情绪的过程中，要先澄清一个重要的概念——否认。个案在关系里的情绪经验是他们的个人财产，而这个个人财产赋能他们去改变。这个改变是如何发生的呢？首先，个案被引导去接触其情绪经验，然后这个对情绪经验的新体会会形成新的行为模式。以一个逃避的伴侣为例，当他了解和接触他的恐惧和被恐惧引起的抑郁时，他开始可以进一步探索他没有被满足的依恋需求，以及他希望被接纳的渴望。由于这些新发现，他原本退缩的行为不再适合用来处理他的需求和渴望，他很可能会想要站在他妻子的面前，大声述说他的渴望、哀伤以及随之而来的被安慰和被保证的需要。当我们试着评估隐藏在互动位置之下的深层情绪时，其实在探索造成这些深层情绪的依恋需求与渴望，让依恋的需求和渴望开始浮上台面并被清晰地表达。

如同稍早前略微提到的，核心情绪与伴侣的自我定义，尤其与自己的价值（重要性）以及自己是否值得被爱密切相关。在治疗阶段，治疗师会帮助个案将其不太了解或不太接受的"真实自我"整合到他们的个人经验或婚姻关系中。举例来说，允许自己去接触、表达脆弱的一面，有助于拓展自我概念和改变个人在婚姻关系中的互动位置。当越来越多的情绪被探索和讨论之后，个案对自己和他人的看法也会越来越清晰，因此增加了修正这些看法的机会。随着个案和治疗师、伴侣产生新的互动经验，个案会开始修正内在运作模式，也就是他们对于自己和重要他人的看法。正如约翰·鲍尔比所强调的，"情绪的沟通提供了建构及再建构个人内在运作模式的必要信息"（1988）。

如果读者不太熟悉依恋理论，也可以从建构主义的角度来看个人对自己及关系的看法以及两者间的联结，这个观点也是系统治疗的重要组成部分。从建构主义的角度来看，个人是借着与重要他人的关系来维持主观的现实感并确认自己的定位（Berger & Luckmann，1967）。个人开始对伴侣描述与呈现原本否认的"真实自我"，并将这个新发现的"真实自我"在互动中展现，然后这个新的互动又回过头来拓展与重新定义个人的本质。如果一个人能够接纳自己与伴侣的新的一面，并且从现场演练中产生正面的效果，上述的正向循环产生的可能性会更大。

标志

当治疗师和伴侣注意到恶性循环的冲突开始缓解，而且伴侣对对方的反应的激烈程度降低、情绪也比较平衡时，就可以进入 EFT 的第二阶段。下列情形是特别值得注意的标志。

- 当个案自己提出或正好感受到在步骤三所探索、接触到的情绪时，个案比较容易捕捉和找到这些重要深层情绪背后的意义，个案也开始能够将自己在关系中的互动位置和这些情绪做联结。举例来说，当治疗师问丈夫的感觉时，不需要治疗师的协助他也可以自己回答："我放弃了，我永远也没办法达到她的期望，我觉得害怕和渺小，所以我就撤退、离开了。"治疗师此时的任务是肯定这个情绪及其所引发的撤退行为（为了自我保护），并帮助个案更清楚自己的感觉，而能进一步表达它们。这些情绪通常是恐惧、无助、绝望的另一个表象。随着这个分化过程的进展，个案会更清楚地了解：自己表达和体会这些情绪的方式；自己对拥有这些情绪反应的看法；在这些情绪经验中，自己对伴侣的看法；在个人内在世界及婚姻关系中处理这些情绪的方法。要特别注意的是，步骤五的目的不是用认知方法来分析或讨论这些元素，个人和其情绪经验本身是密不可分的。
- 当个案开始用新方法探索深层情绪，却被另一方打断；或是个案在探索深层情绪的过程中，中途退缩回到认知疏离的态度时。此时治疗师的任务是引导个案回去接触和接纳自己真实强烈的情绪。如果有必要，治疗师的另一个任务是不要让伴侣的另一方打断这个过程。

在进行探戈舞步3（也就是第二阶段中编导情感联结的互动）时，治疗师应特别注意下列情形：伴侣的一方了解和接纳自己的深层情绪到有"结业式"的感觉，能清楚看到自己的深层情绪和惯性反应之间的联系时，治疗师会要求个案以积极、投入的方式和另一方分享。分享的重点在这里是放在分享者身上，而不是聆听的一方。治疗师同时支持聆听的一方去倾听、整理和回应这些分享的信息，将这个新经验变成重塑互动循环的一部分。意料中的是，在经过多年的不信任和互相伤害之后，聆听的伴侣可能会对分享的信息抱有不信任和怀疑的态度，这种态度会让一方不愿意给对方任何正向的回应。如果治疗师不在场，聆听者的不信任和缺乏反应很可能让分享者感到挫折和受伤，而分享者可能会缩回自己的蚌壳中，不再对聆听者开放自己的心声。如此一来，两人又会回到旧有的负向互动模式中。从系统的观点来看，治疗师应鼓励聆听者去回应这份信息，或进一步地接受分享者所表现出的新形象，聆听者在回应方式或态度上的转变是重塑互动模式的重要部分。

一般而言，伴侣一方冒险做出的回应可能会让另一方感到困惑，通常惯于指责的一方会在对方展现脆弱时继续追击并贬低对方。此时，治疗师需要出来替脆弱的个案"挡住子弹"，治疗师必须找出指责者负面回应下的潜在想法，反映给脆弱的一方知道。所以，当指责者说："这太愚蠢了，我想你根本只是要试着让自己看起来像是受害者。如果你只是想要做戏的话，你就应该离开这里！"伴侣的这类对话有可能在第一阶段发生，尤其是当他们还不熟悉新的互动方式时，但也有可能在第二阶段出现。治疗师必须谨慎处理这个情况，因为分享的一方正在为建立联结冒一个极重要的险。

这些年来，"挡住子弹"这个干预技术变得越来越成熟，其关键元素主要包括以下内容：

- 反映刚刚发生的事情；
- 重述伴侣提供的关键信息，即对方多次挣扎着要如何回应（我称之为杏仁核耳语，即你以一种舒缓和平静的方式慢慢地重复这个困难的信息，允许新的信息产生）；

- 将此信息正常化，视其为新的、难以接受的；
- 使用唤起情绪的问句，将矛盾或敷衍的回答背后所隐藏的情绪浮现出来；
- 请伴侣与对方分享，这有助于伴侣承担对方在听到新信息所造成的压力，重视并保护冒险分享此信息的伴侣所感到的脆弱无助。

这类对话可能是这样的：

所以，迈克，当听到罗妮卡说她非常害怕你的愤怒，也不想面对她又让你失望了的事，所以她把耳朵关起来，拒绝接受你的信息时，你很难接受，是吗？这真的让你很难受，她害怕听到你又在念她"重大失误的清单"。你从来不知道她害怕，害怕到在你的批评中变得越来越渺小。但你却觉得自己被她拒之门外，对你来说，她似乎才是关系中有权力的一方，你因此而感到沮丧。所以，刚刚听到的这些话对你而言全是新的信息——真是太奇怪了。当你听到她害怕时，你的感觉是什么？……是的，一部分的你不信任这个新信息……这对你来说感觉不公平。我明白。你能告诉她"我的某些部分听到了你的恐惧，但这对我来说似乎很陌生。我从未见过你的恐惧。我内心的某些部分希望你能向我敞开心扉，但我不知道如何让自己接受这个信息"，你能告诉她吗？"

治疗师使用同理的猜测，并将任何不屑一顾的反应都重新界定为互动之舞中新的或令人困惑的角度。所以治疗师可能会说："这对你来说很难接受。当他说这些话时，你真的不知道该怎么接受。这完全不符合你对他的印象。所以你以负面的角度来解释他的行为。你跳进坦克直接对他开火，以免被他影响——是这样吗？你很难很难相信，当他说'……'时，他正在冒险伸出手邀请你靠近。"（治疗师总是抓住机会，重述分享伴侣的关键心情，并肯定这个尝试。）治疗师呈现冒险伴侣为了寻求情感联结的努力，并肯定他们正在承担的风险，并用上述的方式来协助倾听伴侣构建一个真实但非批判性的反应。接纳的第一步是能够承认某些东西是陌生的，自己很难接受。

一般来说，探戈舞步4几乎总是以治疗师问倾听的伴侣方开始，"当你的伴侣说'……'时，你的感觉是什么？"

第二阶段 EFT 探戈的应用

在第二阶段，用探戈舞步 2 来帮助一个被诊断出患有创伤后应激障碍的退役军人詹姆斯，以及他抑郁的妻子马戈的例子可能如以下描述。在第二阶段的过程中，马戈在与詹姆斯相处时变得更可亲，因为她能够接触并分享她对被拒绝的恐惧，并坚持她需要在关系中被看到、她的感受要被重视。她不会容忍詹姆斯对她进行污蔑，这会让她不知所措，使她无法对他保持开放。

治疗师：（探戈舞步 1：反映当下的过程）所以詹姆斯，你现在的意思是说，当事情对你来说变得"黑暗"时，你可以发现自己在加速，在脑海的某个地方，你记得马戈想要帮你。她不是你的敌人，但你会变得麻木，不知道该怎么办。（他点头同意。）

詹姆斯：我告诉自己没关系。你不必这么警惕，如果把她放在榨汁机中，试着挤出她的每个想法，那只会把她推得远远的。但是……（他盯着地面，耸耸肩，看起来很沮丧。）

治疗师：（探戈舞步 2：情绪组合与加深）我很惊讶你现在可以做到这一点，改变一个人处理疼痛和压力的既有模式是很不容易的。当你刚刚说到这里时，你的感觉是什么？你不再用逼迫来测试她不是你的敌人，但随后……你不动了，沉默不语，盯着地板。你似乎在这里遇到困难了——是痛苦吗？你现在感觉到身体有什么反应吗？

詹姆斯：我感到有点空虚。真的没什么大事。我有点说不出话来。

治疗师：你能帮帮我吗？当我看着你的脸时，我看到的是某种悲伤，对吗？

詹姆斯：（流泪……）我一直害怕需要任何人。这么多年来我一直把她推开。我现在不知道该怎么做。我猜这真的很悲哀——也许比悲哀还严重。

治疗师：是的，除了悲哀。这些年来你不得不独自面对你的痛苦，因为你很难相信她能支持你，和你在一起。（他哭泣……）完全独自一人面对，带着所有的痛苦。而保持战斗状态似乎是唯一的选择。现在你正在哀悼自己的失落。你已经孤独了这么久，想到可以做出另一种选择是很奇怪的。

马戈：我知道他很伤心。我一直都知道，在所有的咆哮之下，他是悲伤和孤独的，但是……

治疗师：是的，你知道并想要——想在他身边，但这很难。（她点点头。）詹姆斯，如果你现在倾听内在的声音，并允许自己感受到那种孤独和悲伤，会发生什么事？

詹姆斯：我不知道该怎么办。感觉自己像个小孩子。我习惯了孤独，习惯了咆哮、喝酒或出走，但现在……

治疗师：（探戈舞步3：编排新舞步）你能试着告诉她"我很伤心——这么久以来一直很伤心，这么孤独。真的一辈子都一直害怕相信任何人，害怕相信你"。（詹姆斯转向马戈并僵住不动。）

治疗师：你从她的脸上看到了什么，詹姆斯？

詹姆斯：她看起来很和善，好像她真的想在我身边、真的在乎我一样。（他哭了好几分钟。）

治疗师：是的。也许这就是你一直渴望的。（他点头同意。）但对你而言，这似乎是一个不可能的任务，试着去相信并冒着信任她的危险。这是值得哭泣的，不是吗？（他又点了点头。）马戈，你能分享一下当詹姆斯谈到这种悲伤时你的感受吗？他的悲伤、孤独的生活在恐惧中，又渴望安慰，但是……（探戈舞步4：整理新经验）

马戈：（身体靠向詹姆斯，用柔和的声音说话。）詹姆斯，我一直都是爱你的，虽然咆哮的詹姆斯很难相处，但我从来不希望让你一个人独处。当你难过的时候，我也感到难过。（她伸出手，他握住了她的手。）

治疗师：（探戈舞步5：整合与肯定）詹姆斯，这真的不容易，需要很大的勇气。让自己为所有孤独的时刻、所有害怕相信任何人甚至害怕相信马戈的时候感到深深的悲伤。我们大多数人都会做任何事情让自己不要感到悲伤，没有人能真正独自面对这种痛苦。马戈，你的力量是惊人的。你总是挣扎着坚持要和他在一起，即使他处于战斗模式，现在我看到了你对他深深的爱。詹姆斯，你能再告诉她"这么长时间以来，我一直很伤心，很孤独。可是我不知道要怎么告诉你"

吗？（他专注地看着她的脸说话。）你现在能感受到她的关心吗？

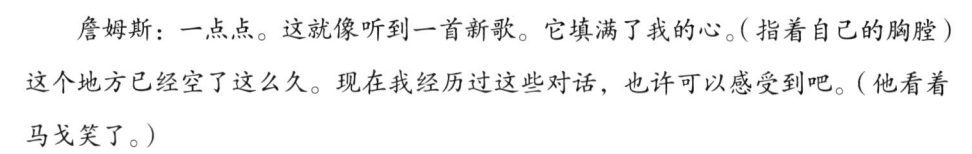

詹姆斯：一点点。这就像听到一首新歌。它填满了我的心。（指着自己的胸膛）这个地方已经空了这么久。现在我经历过这些对话，也许可以感受到吧。（他看着马戈笑了。）

随着这个过程的继续进行，很明显地，詹姆斯正在以不同的方式面对他内心的恐惧和饥渴，改变了他对他人的看法，并扩充了他的行为模式。为了完成第二阶段，他需要更多地释放他的悲伤和对信任的恐惧，进入这些情绪中并通过这些情绪来直接告诉马戈他的需求。这种矫正性情绪经验具有重大的个人意义，显著改变了他的创伤后应激障碍症状，也改变了他与马戈的关系，马戈的抑郁症状也随之改善。

第二阶段常用的微观干预技术

"情绪反映"和"肯定情绪经验"是两个一直在 EFT 中使用的干预技术，因为在之前的章节已有详细的说明，在此介绍几个在步骤五和步骤六中特别重要的技术。

唤起情绪的反映并提问

治疗师专注在个案已经有所觉察但仍不十分清楚的情绪经验上，并通过抽丝剥茧和拓展此时此刻在咨询中出现的情绪，将这些情绪明确地捕捉出来。治疗师用具体、简洁的语言，加上一些影像和比喻，帮助个案清楚确实地掌握这些情绪经验。

利用问句与情绪反映来扩展个案伴侣情绪经验及感受，是步骤五常用的重点技术。

🍁 例句示范

> 1. **治疗师**：当你低下头来说"我很害怕让她知道真正的我"的时候，吉姆，你的感觉如何？
> 2. **治疗师**：玛丽，你刚刚是在说这件事让你感到失望，是吗？（她点头。）对你而言，期望他陪在你身边是个很伤痛的过程，特别在你最需要他的时候，你却找不到他，是吗？你觉得自己的心整个都沉了下去，然后你……那对你是一种什么样的感觉？

情绪反映和提问在此一起使用，在个案的经验中加入新的元素，使用个案自己的话并邀请个案更进一步体验其情绪经验。

加强

治疗师"加强"情绪反应，使其更鲜活、更有临场感，所以个案更能融入其中。治疗师同时也"加强"反映这些情绪反应的互动位置。"加强"是协助个案充分体验自己情绪的技术，因为在咨询中的震撼体验，个案在咨询之外的行为会有所改变。

第二阶段的加强情绪

🍁 例句示范

> **妻　子**：我觉得自己不属于这个家。
> **治疗师**：你好像不是这个家的一分子，不是他人生的一部分？
> **妻　子**：对啊，我只是独自一人。

> 治疗师：完全孤独，没有人站在你这边，没有人握着你的手、支持你。
>
> 妻　子：（开始流泪……）我一点也不重要，我们出去散步，他只顾着跟狗玩，一点也没有注意到我停下来，然后我转身朝另一个方向走开。
>
> 治疗师：他没有注意到你离开了，你不在那里。（她点头。）当你走开、你不重要、他根本不当你是一回事的时候，那是种什么样的感觉？
>
> 妻　子：就像我不存在。
>
> 治疗师：好像你是个隐形人？
>
> 妻　子：是啊，一个隐形的妻子。（对丈夫说）你根本看不见我的存在。
>
> 治疗师：所以，你想要告诉他的是"我觉得我根本不存在，我对你根本没有任何意义"。

因为 EFT 的重点始终放在探索和肯定情绪反应上，所有 EFT 中使用的技术或多或少都有强调情绪的成分在内。但是，"加强"这个技术的特色在于帮助个案身临其境地感受那些对自己及对关系影响重大的情绪经验；而且，这种身临其境的效果同时影响了这幕戏的主角和在一旁目睹整个过程的伴侣。因为他们不只是说出了从未说出口的话语，并且行为表现也大不相同，这会引起更强烈的情感反应，带出更富于同情和关怀的回应。

加强目前和正在改变中的互动位置

这个技术鼓励个案了解和接纳"互动位置"——个案用来反映和调节自己深层情绪的方法。这里的重点不在于改变个案的互动位置，而是将原本无意识、自然反射出的行为转换为有意识、有掌控权的行动。但是不可否认地，这个从无意识到有意识的过程其实已经改变了伴侣间的互动位置。

如前所述，步骤五是 EFT 治疗过程中的"分界点"。这里的任务在于协助个案承认和接纳自身的情绪经验，以及反映这些有害关系的互动位置。同时，这些任务的完成也为接下来的步骤七打下了稳固基础。

在现场演练中加强造成问题的互动位置：试图调节阻碍情感联结建立的情绪

🍁 例句示范

> **治疗师**：彼特，你可以再说一次刚刚说过的"我不想再信任你，我宁可死也不要你的帮助！我早就对自己发誓，再也不要给任何人机会来伤害我"这句话吗？

在现场演练中加强新互动位置（探戈舞步4：整理新经验）

🍁 例句示范

> **治疗师**：彼特，你对于自己刚刚做的事情有什么感想？
> **彼　特**：你是指我冒险让她看到我脆弱的一面这件事？（治疗师点头。）还好。
> **治疗师**：你觉得自己现在坚强到可以冒这个险，采取一些行动，试着去亲近她。（彼特点头。）你可以告诉她去忽略你脑海中叫你保护自己、不要靠近她的那个声音是一种什么样的感受吗？

同理的猜测

在第二阶段中，同理的猜测用来拓展与澄清个案内在的情绪经验，这个技术是用来找出咨询中出现的强烈情绪及其代表的意义的。如果这个推测和个案的感受不合，个案会自在地反馈给治疗师，然后治疗师可以加以修正。通常 EFT 治疗师只需要在已经澄清的感受中多加入一个成分，或是从依恋需求和依恋恐惧的角度来看待这个情绪经验。如前所述，依恋科学提供了了解内在情绪经验的地图，从而实现了准确的同理的猜测。

同理的猜测产生的基础是：

- 治疗师同理融入个案"此时此刻"的情绪经验中；
- 治疗师对于造成互动位置和模式有关因素的假设，这些因素包括婚姻关系本身、个人内在经验和两人的互动方式；
- 依恋理论提供了一个适当的架构来看成人的亲密关系；
- 治疗师本身处理情绪的经验可以提供一些线索去更加深入了解个案的心路历程。

一个理想的"同理的猜测"是尊重、具体和假设性的。治疗师的推测仅领先个案一步。这个推测通常专注在依恋恐惧上——不只是对对方反应的恐惧，也包含了和自我价值感有关的恐惧。当这份恐惧限制了个人处理内在情绪的能力，或阻碍了伴侣建立情感联结的通道，这类与依恋恐惧有关的推测可以帮助个案缩小互动反应的范围。

第二阶段的同理的猜测（探戈舞步 2：情绪组合与加深）

例句示范

> **治疗师：**所以你在乘车回家的路上，脑海中不断浮现沃尔特在家里和别的女人亲热的景象？（诺尔玛点头。）

诺尔玛：我会当场抓到他的！（很生气的样子）

治疗师：他背叛了你。

沃尔特：我这辈子连想都没想过要做这种事，你为什么以为我会背叛你呢？

诺尔玛：因为你现在都不跟我做爱了！

沃尔特：你根本不让我靠近你，我一碰你，你就赶快逃开。否则我当然会跟你做爱，我是爱你的！（诺尔玛开始流泪。）

治疗师：诺尔玛，你怎么了？（诺尔玛凝视地面。）是什么打动了你的心吗？你从愤怒变成哭泣。

沃尔特：每当我说我要她、爱她的时候，她就哭，这时在她武装的背后似乎露出一线曙光，然后她就变得沉默了。

治疗师：是这样吗？诺尔玛？当沃尔特说他爱你时，你被他感动了吗？

诺尔玛：（尖锐地说）我不相信他会要我。（沃尔特叹气。）

治疗师：但是就在那短短的一瞬间，他说的话感动了你？

诺尔玛：（反抗的姿态）我想是吧。

治疗师：你因为听到他说他爱你而被打动了，然后你开始流泪，一部分的你是爱他的，可是另一部分的你又充满怀疑。（诺尔玛点头。）你想要相信他吗？

诺尔玛：当然，但从来没有人真的爱我，从来没有！

治疗师：从来没有人真的爱你、重视你、以你为荣，而你也为此感到哀伤，很想大哭一场。（她点头。）一部分的你想要相信他，但另一部分的你又想要放弃希望，叫自己不要傻傻地相信他。你已经受够伤害了，如果他再背叛你的话，你真的不知该怎么办才好。

诺尔玛：我不想去相信他……不想去想这件事……也许……然后……

治疗师：如果你又燃起希望，让自己相信他可能是爱你的，可能只会让你再受一次伤害罢了。你浇熄心中的希望之火，表现得很强硬，是吗？

诺尔玛： 我感觉不到那份渴望，我只感觉到心中的怒气，我甚至根本不在乎我对他而言是否重要。

治疗师： 是这样吗？这件事根本不值得你为他哭泣，你没有重要或特别到他会争取你。

诺尔玛： 对！我从来不觉得自己对任何人而言是特殊的。我已经放弃了，每个人都只是让我失望而已。

治疗师： 你不相信任何人。（她点头。）你不会再给任何人机会去伤害你，你是十分小心的。

诺尔玛： 嗯，我心里总是有个声音在说"这种事还会再发生，甚至即使是沃尔特，他也会伤害我。"（诺尔玛紧握着拳头。）

治疗师： 那个声音还告诉你"不要再有任何妄想，不要想着去信任他，只有傻瓜才会相信他"，不是吗？保持警戒心，时不时早一点回家，说不定你会发现什么事呢！你早回家去看是不是会发现你最害怕的事，不是吗？

诺尔玛： （闭上眼睛）那股恐惧感太强烈了。

同理的猜测（探戈舞步4：整理新经验）

例句示范

治疗师： 当你听到诺尔玛说这些事时，你有什么反应？

沃尔特： 我有好多想法，我觉得受到不公平的谴责，对我太不公平了，我没办法向她说明我并不是她所想象的那种人，我不应该受到这种考验和怀疑。

> **治疗师**：你觉得很愤怒，也很受伤。（他点头。）你听到诺尔玛说信任你对她而言有多困难，放下她的防卫有多困难了吗？
>
> **沃尔特**：我听到了。
>
> **治疗师**：当你听到她说这些话时，你的感觉如何？
>
> **沃尔特**：我觉得很悲哀，她是如此遍体鳞伤及害怕，就像我一样。
>
> **治疗师**：你可以告诉她吗？
>
> **沃尔特**：我看到你的恐惧，我要怎么样才能让你知道，我不会背叛你呢？
>
> **治疗师**：你想知道怎么样才能帮助她变得比较不害怕？（他点头。）你可以直接问她吗？

如同之前提过，步骤五是 EFT 中最注重个人内在情绪经验的阶段，步骤六也聚焦于个人对另一方的反应，所以比较鼓励互动的技术在这两个步骤没有那么重要，虽然从依恋理论的角度重新界定互动反应是"同理的猜测"的一部分，但在步骤五和步骤六中，同理的猜测的主要目标是放在整理个人的内在经验。在治疗的这个阶段，伴侣之间也可能因新的个人情绪经验产生而有不同的互动方式。找出新的互动方式是步骤七的重点。有趣的是，即使在 EFT 中使用最集中处理个人内在经验的技术，往往也会同时产生改变两人互动的效果。EFT 治疗师总是站在个人内在和人际互动间，随时注意这两者如何彼此影响。

重组互动

在治疗的第二阶段，治疗师在此鼓励个案有意识、主动地表达新的情绪经验及其背后的意义，并反映出目前的互动位置。治疗师会注意"观察聆听的一方"

对"体验探索的一方"①的新经验和新立场的反应。必要的话，治疗师也会试着引导"观察聆听的一方"用比较接纳和弹性的方式来回应"体验探索的一方"。

对于大多数伴侣来说，在这些互动中冒险分享两人相似的主要的脆弱无助带来的挑战，与第一阶段的风险有质的不同。并且，治疗师必须使用一种称为"切薄"的干预措施。当治疗师要求个案转身与伴侣分享脆弱无助，而个案又不敢冒这么大的险时，治疗师可以通过肯定他们的困难并简单地要求个案转为分享"对分享的恐惧"来降低冒险的困难度。

第二阶段：逐渐增加个人的冒险程度——切薄

🍁 例句示范

沃尔特：我不想告诉她。我知道这听起来很奇怪，因为她就坐在这里听到我刚刚跟你讲的每一句话，我们之前在这些会谈中分享了很多，但是……我从来没有直接告诉过任何人我的心情——我有多害怕。

治疗师：所以沃尔特，我明白这对你而言确实是新的情绪经验，而且确实感觉非常危险，好像要从宇宙飞船踏入太空——一个未知的领域。所以你能不能告诉她"这实在太难了，直接告诉你，告诉你我现在有多害怕。感觉太冒险了。"

沃尔特这样做了，而且当他的妻子给他保证时，他一鼓作气地分享了他不愿敞开心扉的顾虑，并继续冒险与他的伴侣靠近。

---

① experiencing partner 和 witnessing partner 在此分别翻译成"体验探索的一方"和"观察聆听的一方"。因为不管他们本来是逃避退缩者还是指责攻击者，在治疗的第二个阶段，双方都会轮流经历体验探索和观察聆听的过程。所以，这里所谓的体验探索的一方或观察聆听的一方是以个案正在进行的任务来区分的，与依恋类型或位置无关。换句话说，当指责攻击的一方在体验探索自己的内在经验时，逃避退缩的另一方就在观察聆听；而当逃避退缩的伴侣在体验探索时，指责攻击的伴侣就会扮演观察聆听的角色。——译者注

第二阶段的重构互动（探戈舞步3：编排新舞步）

> 🍁 **例句示范**
>
> **治疗师**：诺尔玛，你可以告诉沃尔特"我是那么害怕，以至于我连希望都不敢有，也不敢奢望你的爱，我把自己武装得像刺猬（诺尔玛先前形容自己的话），等待、搜寻着你背叛我的证据"。

重建互动（探戈舞步4：整理新经验）

> 🍁 **例句示范**
>
> **治疗师**：你可以告诉她"我实在太生气了，我现在没办法承认你为这个关系所做的努力"。

伴侣的改变和本阶段任务完成的状态

从伴侣的角度来看，在第二阶段发生了什么事？如果治疗按照计划进行，在不同层面的互动会包含不同的元素。虽然伴侣中的一方通常比另一方先进入步骤五，但两个人其实经历了类似的心路历程。这个阶段的治疗过程应遵循的原则如下。

- 强调和亲身体验在第一阶段讨论的情绪经验，包括澄清这个情绪经验并找出所象征的意义。伴随这个过程而来的是，了解这个情绪经验对自己和关系的影响力。"我必须保护自己，谁会照顾我呢？我好久以前就放弃希望了。我们刚认识的时候，我希望你……但……"

- 接受这个情绪经验是属于自己的事（并非对方造成）。当个案了解和接受自己的情绪经验时，他同时也掌握了自己行为的动机和倾向，这个行为倾向是不自觉地随着情绪而产生的，影响了个人的互动行为和伴侣关系的负向循环。"我是那么害怕，我猜如果我冒险接近你，所用的方法一定很不直接，如果感觉到丝毫危险的气息，我拔腿就跑。我想大部分时间我都躲在墙后面，难怪你找不到我。"

- 探索和情绪经验有关的自我概念。这些概念似乎能够在治疗师提供的安全环境下，在充满紧张情绪的互动中自然出现。亲身体验依恋关系中对自己负向看法所带来的伤痛，是探索自我概念的第一步，有了这个体验，个案才能进一步探索和重塑自我概念。"所以我对自己说'你有什么好失望的？你根本不擅长这种爱和婚姻的事情。我觉得渺小又低下，我是无可救药了，甚至没办法再要求她什么了。我在感情上像个智商不足的白痴，当她告诉我她对我多失望时，那对我也不是新闻了，我早就知道自己的缺陷，但没办法忍受她再告诉我一次，所以才对她吼叫'"。

上述三个原则都是在帮助个案重整其在依恋关系中的自我概念，以及和自我概念有关的深层情绪。在这个自我探索的过程中，伴侣间新的情感联结也开始渐渐改变。更重要的是，这些与深层情绪有关的需求和渴望开始浮出水面（在步骤七会进一步处理），在此之前，个案伴侣通常不太清楚他们的需求和渴望，也许因为他们不觉得自己可以有需求，也许他们的需求带来了太多伤痛，以至于不愿意碰触这个话题。他们也不愿意开口询问对方对自己真正的感觉，因为这会暴露太多自己脆弱的心情。

从依恋理论的观点来看，依恋行为随着对深层情绪的体会和表达而开始在治疗的这个阶段产生改变。一个原本退缩沉默的伴侣变得更可亲、更积极，开始可以对自己与关系有更多的掌控，而在治疗过程中开始重新设定对自己和他人的看法。个案可以更主动地掌握自己的互动位置，让其变得更可亲、有弹性。最后，当重新整理与依恋关系有关的恐惧和缺乏安全感，这些依恋恐惧和缺乏安全感也被视为影响互动关系的一部分，而不再是在背后操纵互动循环的那只黑手。

在此促成改变最关键的一环是，对个人内在经验的探索和表达为将来的改变奠定重要基础，这些改变的细节会在第 9 章中详细介绍。

对"观察聆听的一方"来说，实地参与"体验探索的一方"探索内在经验的过程又如何呢？

第一，"观察聆听的一方"亲眼看到"体验探索的一方"的改变。这里的"改变"是指"体验探索的一方"投入一个强烈情绪经验的"探索之旅"中，而不只是在言语或行为上的不同。[①]一些接受 EFT 治疗的伴侣回想其治疗历程时，异口同声地认为改变对伴侣的看法是整个治疗过程造成自己改变的最关键的一环。"观察聆听的一方"对"体验探索的一方"旧有的看法受到这个目击过程的挑战（例如目睹强悍妻子哭泣或冷淡丈夫的怒气）。这个目睹过程不仅提供了一些和"体验探索的一方"有关的新信息，还营造了分享或心灵交流的感觉，而这种情感联结的感觉是他们已失去多年的情绪经验。当"观察聆听的一方"能够了解"体验探索的一方"的情绪经验时，他们会觉得莫名感动，这份感动即使还无法在两人之间制造一些亲密感，至少也会带来些许的好奇和松动。

第二，"观察聆听的一方"被"体验探索的一方"带进一种新的对话方式中，也许这个新的对话方式不见得让彼此感到自在，甚至还因为陌生和不可预期而觉得危险，但至少两人之间不再是过去那种负向、破坏性的互动循环。这个新的对话方式除了影响"观察聆听的一方"的个人内在情绪经验，也改变了"观察聆听的一方"的互动位置。更精确地说，此时"体验探索的一方"会显得比较不具有威胁性，因此"观察聆听的一方"并不需要再采取防卫或攻击的姿态。这个新的对话方式提供了制造亲密接触的机会，也将"观察聆听的一方"放到了一个必须回应的位置。即使"体验探索的一方"的改变是其多年来一直想要的，"观察聆听

[①] 对"观察聆听的一方"而言，他不只看到了改变的"结果"，还参与了整个改变的"过程"。——译者注

的一方"通常在一开始不会有矛盾的反应。

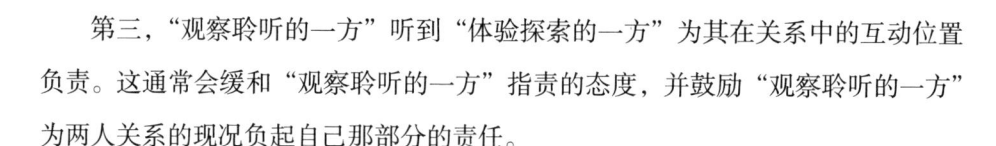

第三,"观察聆听的一方"听到"体验探索的一方"为其在关系中的互动位置负责。这通常会缓和"观察聆听的一方"指责的态度,并鼓励"观察聆听的一方"为两人关系的现况负起自己那部分的责任。

心理治疗师总是问:"伴侣的哪一方在治疗过程中应该先行进入更深层次的情绪探索?"治疗师总是在每次会谈中兼顾与双方的合作,但确实在第二阶段日益深化情绪的过程中,其中一方会被邀请走在另一方之前。在典型的"指责-退缩"的互动模式中,治疗师将首先与逃避退缩的伴侣进行探戈舞步2:情绪组织与加深。在"退缩-退缩"的互动模式中,为了塑造新的舞蹈,退缩得更严重的伴侣一方将先被邀请。作为这个治疗阶段的关键情感联结事件,双方都必须参与投入并走进舞池。此外,还有一种可能的风险是,当指责攻击的伴侣要求对方来满足自己的需求,而逃避退缩的伴侣没有变得可亲、投入也无法回应时,那么就很可能导致个案关系退步与症状复发。

不过,我们在此不应夸大这个邀请伴侣冒险的顺序问题。影响逃避退缩的伴侣增加回应能力的关键因素,通常是对方的开放性增加的程度,这两者是相互影响和相互决定的。减少指责攻击者的敌意,有助于另一方的靠近。逃避退缩者变得亲近也会鼓励另一方冒险提出需要。这个过程发生在整个治疗历程中。因此,对一些痛苦或问题相对较小且历时不长的伴侣而言,他们几乎可以同时进入第二阶段的步骤中。

重要的是,进行探戈舞步4:整理新经验时,治疗师要能同理和体会个案的情绪经验,不要陷入自己的挫败感中。当经过大量努力帮助逃避退缩者从他们的壳中走出来之后,伴侣另一方可能拒绝回应逃避退缩者正在冒险的尝试,并回到不信任对方甚至敌意的状态。治疗师可以使用"挡住子弹"这个干预技术,但这可能需要治疗师相当大的耐心和坚持。特别是对于创伤幸存者来说,他们在依恋关系中受到严重伤害,要求他们对伴侣的新反应持开放态度,比如要求他们飞跃性地改变其信念。治疗师与他们在一起,追踪贴近他们的经验,并支持他们,肯定他们的困难。

"观察聆听的一方"在步骤六的心声像是:"这是真的吗?他真的可能这样觉得吗?为什么我以前没见过他这样,也许他只是在假装、想要玩弄我,我不太确定我想不想或能不能信任他,我才不会这么轻易放下武装。知道他并没有改变会让我比较好过些,但他真的害怕吗?也许他终于对我开放他的心事了,我要不要冒险去相信他呢?我有没有准备好再燃起我的希望之火呢?"尤其当两人的关系已经交恶很长一段时间,"观察聆听的一方"的第一个反应很可能是:"去告诉那些在乎的人,我才不会相信这些谎话呢!"

需要提醒的是,进入爱情关系所需分享的脆弱是一把双刃剑:每个爱情关系都有受伤和失去的风险,某些人比其他人更有理由防备这种风险。一个现在可亲并有回应的伴侣挑战观察的另一方对亲密关系的保留态度,促使这个人面对他,在这一点上,某种程度的测试可能是治疗过程的一部分,并且在这个伴侣开始对一直在改变的另一方做出反应之前,测试可能确实是必要的。这种测试被反映、肯定,并被放到伴侣的互动中。治疗师可能会反映这类测试的必要性及其背后的焦虑。最终,如果这种情况继续下去,治疗师可能会直接面质,例如:"你躲在后面,一次又一次地考验他,要求他证明他爱你——他已经改变了。我知道你受到的伤害有多大,你这样的反应是非常自然的。但实际上,他不能帮你决定你应不应该冒险——在没有足够证据的时候,先别下定论。他可能还会犯错,他也在学习。这问题的症结在于你是否愿意冒险,并在他敲门时让他进来。"然后,治疗师鼓励伴侣双方保持情感的投入,并承受容忍新的互动方式产生的焦虑。

当指责攻击的伴侣对变得可亲的逃避退缩者开始探索和表达关键的脆弱无助(探戈舞步2)时,帮助这个过去逃避退缩的伴侣去接受对方的脆弱无助是相对简单的过程,除非触发了严重的依恋创伤。伴侣关系中的依恋创伤将在后面的章节中讨论。正如蒂姆这位现在可亲但以前疏远的丈夫对他的妻子说:"我喜欢看到你的柔软的一面。我喜欢你可以和我分享这些心情,我想在你身边,我想我现在能做到这点。"

如果"观察聆听的一方"因"体验探索的一方"的转变而变得十分沮丧，使得两人的负向互动循环越演越烈，而之前介绍的技术都没有用时，治疗师可以建议"个别咨询"。个别咨询可以提供一个机会去探索"观察聆听的一方"个人深刻的伤痛。在本书讨论临床挑战的章节对这一点有更详细的说明。偶尔，当关系历史上的关键事件（如上述的依恋创伤）再次出现时，可能会打消伴侣冒险吐露心声的愿望，或者阻碍观察方愿意相信和回应对方新行为的可能性。第 13 章也会对此进行讨论。

第二阶段过程的最后一部分被称为重建依恋。首先是逃避退缩的伴侣先跨出一步，接着是指责攻击的伴侣随之靠近，两人互相联结并满足了他们的依恋需求，创造情感联结的时刻，与我们本性中最深的、生物本能的渴望相呼应。这个过程的高潮是，双方都可以冒险从一个开放和脆弱的地方出发，并且能够以一种启动安全避风港和安全基地的方式一起建立安全联结。这是重大变革的时刻。它们在 EFT 中被称为"深情相拥®：情感联结的对话"。他们创造了建设性的依赖——更安全、更平衡的自我意识、更安全的联结以及对每个伴侣而言更安全的世界。我们将在第 9 章中讨论这些改变事件。

第 9 章

建立情感联结

爱可以破解一切难题。爱值得为之奋斗、为之勇敢、为之冒一切风险……因为如果你不愿为爱冒险,你反而会面临更大的风险。

埃丽卡·容(Erica Jong)

《怕飞》(*Fear of Flying*,1973)

EFT 第二阶段的改变事件:重新联结与态度软化

吉姆:(逃避退缩者对伴侣玛丽说)我希望你给我一个机会,我要你停止责备我,然后教我如何爱你。我可以学得更好,因为我希望自己可以更懂得爱你。过去的我只会躲藏,现在我不想再这样了。你听到我的话了吗?

玛丽:啊,这真的很难,吉姆,我不确定我该不该相信你,但是,你真的想要多爱我一些吗?

简:(指责攻击者对伴侣保罗说)我不认为……我真的看到你就在这里,真的，但是我不认为自己可以突破重围来跟你相遇。一部分的我觉得这样实在太冒险了，我曾经受过伤。我不确定我能不能相信你，也许我是太害怕去尝试吧。

保罗：我知道过去我的确伤害了你，但我希望你能试试看，让我靠近你。

本章讨论 EFT 的步骤七：鼓励个案表达其需要和渴望，进而建立伴侣的情感联结。这是在第二阶段运用新情绪经验来改变互动循环这个过程的最后一部分。治疗中的这个阶段会发生影响治疗成效的重要改变事件。"逃避退缩者"完成步骤七会让他变得投入，而伴侣中的"指责攻击者"会决定放下武器，愿意表现出脆弱的一面去要求对方的安慰和亲密。如前面讨论过的，退缩者先行开始投入到关系中，有助于指责者用柔软的邀请方式进行接触。若指责的一方在这个阶段结束时态度软化，伴侣双方变得可亲近并有回应，伴侣之间的情感联结慢慢被重建。这些改变促进了伴侣之间不断发展的情感联结，并建立一个新的互动循环。这个新的互动循环会自我强化，促使夫妻间的安全依恋越来越深厚、坚固。我们从实验室的研究发现，焦虑和回避的伴侣在 EFT 治疗期间与伴侣的关系变得更加安全（Burgess-Moser et al., 2015）。变化的模式指出，逃避退缩者的依恋安全感的改变是循序渐进的——随着每次的会谈都会逐渐变得更安全，而焦虑的伴侣虽然提高了他们的关系满意度，但他们的依附类型是经历了第二阶段的主要改变事件才产生改变。

究竟是什么逐渐侵蚀了伴侣的婚姻满意度？负向的互动循环会逐渐消磨正向的联结，影响伴侣亲密的互动及依恋需求，然后引爆出越来越多的负向冲突的火花（Roberts & Greenberg, 2002）。两人之间特定的安全感联结与爱意的回应，能帮助伴侣双方妥善处理冲突。EFT 多年来的研究皆指出：伴侣双方应保持开放、接纳的互动回应方式，了解自己的情绪如何产生，便能经历到婚姻关系中深层次的安全感，并给予对方更多的爱与关怀，这甚至能够修复之前的冲突所产生的伤害。

伴侣双方在此深化的情绪经验会带来新的、更确定的互动事件，这个可亲、负责的对话方式改变了个案的互动位置，然后又自然而然地使伴侣觉察到自己和对方的依恋需求，并鼓励伴侣另一方一起朝更亲密的方向前进。对依恋恐惧的处理让人们对渴望、对什么构成了恐惧有所觉察，就像对饥饿的恐惧会导致我们对食物的明确渴望和食欲的表达一样。在清楚地感受、了解、接受并且可以内外一致地表达这些恐惧之后，EFT治疗师经常会问，究竟伴侣的一方该如何帮助有强烈依恋恐惧的另一方呢？答案其实就是接纳、保证、亲密、支持，以及表达对另一个人的重视、希望被需要、希望在对方眼中是有价值的。

这个需求的表达必须在互动的情景下发生，随着对情绪经验的探索和了解，个人在关系中的互动位置也随之改变。举例来说，个案在探戈舞步2发现："和你在一起时，我觉得自己微不足道，我很害怕你会发现我的渺小，然后离我而去，所以我让自己变得麻木并取悦你。"而个案在第二阶段步骤七的需求表达会是："我对于自己的麻木状态感到厌倦，我需要感觉到我对你是有特殊意义的，希望你不要再批评我或威胁要离开我，我不想在这个婚姻中再觉得自己渺小了。"个案现在可以用比较有效的方式来定义他所想要的婚姻，而不再只是对对方的定义做出被动的反应。他变得能够贴近自己的情绪经验，并且用一个较能够接近的位置说话，而不是居高临下或无法靠近。当双方都完成这个步骤时，两人之间开始产生新的情感联结，也开始视这个婚姻关系为一个"安全基地"。这个对婚姻关系的新定义为个案进入第三阶段的步骤八和步骤九——整合巩固改变，做好了充分准备。

为了在爱情关系中觉得亲密和安全，当伴侣能够充分体会和接纳自己的痛苦和依恋渴望，治疗师聚焦在肯定他们的渴望并协助他们心口一致的表达自己的需求（探戈舞步3），并在关系中感到安全与联结。

这种"需求表达"使得这一"冒险方"站在比较平等、合作的立场，这个表达是一个和对方建立情感联结的、崭新而真挚的尝试。表达的内容是有关依恋需求，而不是以协商或交换的方式来讨论关系中和情绪无关的部分。"需求表达"的另一个重点是"询问请求"的态度，在这里要切记，不要用命令和指责的语气来表达。大卫来接受治疗的目的是希望治疗师说服他的妻子顺从他的指示，尤其是希望她满足他在性方面的相当强烈的要求，在15次会谈后，他能够转向她并告诉她："我非常害怕我对你来说是不够的，永远也不会足够。我把所有的恐惧都变成了咄咄逼人。我需要很多证明来确定你想要我——我需要你的触摸，让我知道我是你选择的那个人。我需要你的亲近。我能对你做这样的要求吗？"

情感联结的建立，对于之前的逃避退缩者和更积极想要拉近关系的指责攻击者来说是不同的。当指责攻击者不得不放下武器，面对被抛弃的恐惧并冒着信任他人的风险时，逃避退缩者却找到了自己在关系中的权力。他们以平衡和自信的方式来处理对被拒绝的恐惧。他们在治疗初期认为自己是无能的、不被别人接受的，而到了第二阶段，他们开始能够视自己的缺点为人性正常的一部分，并接受自己有被爱的价值。在这个阶段，个案愿意向重要他人表达自己的需求，他们可以对伴侣说："我很胆小，但也可以很刚强。你也不是每分每秒都很刚强，当你对我吼叫并指责我懦弱时，我没办法找到自己的优点，也没办法处理我的恐惧。我希望你能停止吼叫，我需要一些尊重，一只小猪是很难跟女超人亲近的。"双方对自己的看法都扩展到能够更清晰地感受到与依恋有关的脆弱和需求。

在治疗的这个阶段，伴侣能够用拉近两人距离的方式来表达其需求，这使得对方回应的可能性提到最高。因为"冒险方"是那么清楚地表达了其依恋需求，让伴侣另一方能够了解自己的重要性和对对方的影响力（Kobak, Ruckdeschel & Hazan, 1994）。这时，伴侣的另一方可能会说："我从不知道自己对你那么重要，你那么需要我。"事实上，这些问题显示了伴侣另一方的依恋需求，并有助于其对"冒险方"产生正向的回应。

标志

EFT 治疗师会特别注意下列三种情形。

- 伴侣的一方重申或进一步拓展在第二阶段处理的深层情绪，但并未了解这个情绪背后所代表的意义和需求。EFT 治疗师会协助个案整理这个情绪所反映的需求和渴望，并鼓励他们向对方表达这些需求和渴望。
- 伴侣的一方开始向治疗师表达其需求和渴望，却无法直接向对方说。或是伴侣从分享的过程转移到其他话题。治疗师的任务是将这个过程重新引回到与对方分享的方向，并提供支持。

- "聆听者"对"冒险方"有回应时（可能是开放、正向或否认、攻击的回应），不论其以何种方式回应，治疗师的任务是鼓励"冒险方"继续以情绪投入的方式做回应，并开始试着表达自己的需求和渴望。治疗师同时也需要同理和肯定"聆听者"所感受的矛盾和困难，如果"聆听者"以正向方式来回应，治疗师则反映、强调和运用这些回应。

在治疗的这个阶段需要注意的是，治疗师通常能够通过上述三个因素来掌握改变的推动力：通过许多会谈所形成的稳固安全的治疗联盟；能够触发冒险和亲近行为的人类与生俱来的依恋渴望；以及我们所爱的人所表达的脆弱无助的影响，使我们能够感受到关怀和同理。这部人类关系新的一幕是数百万年的进化，以及我们生物本能的学习结果。

EFT探戈在改变事件中的应用：第二阶段的重新联结与态度软化

治疗师：安迪，你一直展现出极大的勇气来跟杰克对话，与他分享你有多害怕，你被他的聪明才智吓倒了，他有多会讲话，他处理事情的速度有多快，以及你是如何被抛在后面的，你跟不上他。所以，你变得精神恍惚，陷入不切实际的幻想中。（总结安迪在探戈舞步2中多次碰触的核心情绪，并重复安迪在这些会谈中使用的情绪处理方式。）这让你想起了过去的痛苦，在原生家庭里你没有归属感。你用了充满痛苦的词汇来描述这些经验——你说你是怪胎、局外人、外星人。（安迪点点头，泪流满面。）你非常害怕这段关系会像过去一样，自己没有一个安全的容身之处？（她又点了点头。）杰克听到你说的话——我想你也觉得自己被了解了，所以我想知道，当这种痛苦出现时，杰克能怎么帮助你？

安迪：我不知道。嗯，我也不确定。我不想再逃避到虚幻的世界里，独自一人。我想我需要的是，如果我告诉他我落后了，杰克可以听懂我的痛苦，然后放慢脚步停下来等我。

治疗师：你能不能告诉他"你能为我放慢脚步吗"？

安迪：（转向杰克）嗯，我想请你不要再把我抛下。我想知道你能听到我的请求吗？我不想再逃到不切实际的幻想中，然后离你远远的。我希望我们保持联结。（她看着治疗师笑了。）说这些心情很可怕。这真的不是我平常会做的事情。（她离题开始说她的家庭是不看好他们的。）

治疗师：我们可以回到刚刚你分享的心情吗？是的，正如你所说，与杰克说这些话是很可怕的。但你做得很好，说出你的心声。告诉他你想要的是那种关系。这是新的尝试，是吗？（安迪微笑着点头。）所以你能直接告诉他你需要什么吗？你想让他做些什么来帮助你在这段关系中感到安全，不要再陷入那种像个走错地方的局外人的感觉吗？

安迪：（沉默了很长一段时间，然后非常平静地对杰克说）我需要你告诉我，你想要我，你需要我，像我一样慢半拍而不是像你这样聪明的人。我在你眼中不是个怪胎。我需要你的保证，让我觉得我对你是宝贵的。我是值得你放慢脚步来等待的。这样会让我感到跟你亲近。这是我想要的。（杰克伸手过去，握住她的双手。安迪开始哭泣。）

在治疗的后期，治疗师带领杰克经历了同样的过程，邀请他在关系中慢慢软化。杰克也可以用一个脆弱的方式靠近安迪，让她的依恋需要得到满足。

治疗师：杰克，你近来可以一直用如此感人的方式与安迪分享，当他"消失"时你的感觉，让你"抓狂"好几天。你一直试着让她看到你所有愤怒和不耐烦背后的脆弱无助。就像你之前说过的，当她突然不见的时候，你会感到"失落"，因为她不在你身边。你现在能感觉到那种失落的心情吗？

杰克：是的。我可以感觉到。有点反胃的感觉。我几乎恐慌发作。这真的很夸张。

治疗师：完全不夸张，这正是我们正在失去所爱的人的感觉，会给我们所有人带来恐慌。在这个时候，你会告诉自己"没有人会留在我身边。从来没有。我是无法改变现状的。"

杰克：这真是一个有趣的感受。我说出这句话的感觉很好。我们之前讨论过，能够清楚知道困扰我的原因而让我平静下来。我知道自己没有发疯。而且这样的表达让我们的关系更好……

治疗师：当这种感觉，这种恐慌出现，就像现在这样出现时，你需要安迪帮你什么吗？

杰克：（转向安迪）我希望能够得到你的注意，告诉你我的恐慌又出现了，就像我脑海中的杂音一样。我想知道如果我受伤了，你是会担心的，你会转身回到我身边来安慰我、抱着我。你能做到吗？为我做到这一点？

安迪：可以的。我能做到，我也想为你那样做。我们可以让彼此感到安全。我们可以联结在一起。我想让你感到安全。我们可以做到这一点。（他们站起来互相拥抱。）

干预技术

当个案开始对治疗过程有更多主导权，而治疗师开始将咨询的方向交到个案手中，治疗师变得比较不活跃，但仍会在必要时重新引导或鼓励治疗的进展方向。这个阶段的主要任务是通过：（1）追踪和强调互动方式；（2）重新界定互动模式所代表的意义；（3）鼓励个案将新整理的深层情绪运用到新的互动循环中，来重塑正向的互动模式。某些新的互动会促进新的情感联结。一些比较偏重于处理个人内在经验的技术（如唤起反映和同理的推测）会被用在移除阻碍个案有所进展的障碍物上。举例来说，当"冒险方"突然无法向对方表达其需求时，治疗师可以协助个案进一步探索这个难题。

唤起情绪的反映并提问

治疗师用这个技术澄清个案的需求和渴望，以及伴侣一方无法与对方分享这些需求的困难所在。

例句示范

1. **治疗师**：如果我没有听错的话，你似乎在说你对于她会离开你或威胁要离开你感到恐惧。这让你感到不确定、永远都不踏实，使你无法真正融入关系中，是这样吗？

   蒂 姆：是的，我将自己的心紧紧关闭起来，但这不是我想要的。

   治疗师：你想要什么？（蒂姆低头看着他的手，没有回答）你把手握得好紧，你现在感觉如何？

   蒂 姆：我从没有机会握紧她的手，她的精力完全放在自己父母那一边。

   治疗师：那么你想要的是什么呢？

   蒂 姆：我想要有抱紧她的机会。

   治疗师：保护她的安全？

   蒂 姆：我要她停止脚踏两条船，要她只坐在一条船上，我们两个人的船上，不要老是回娘家。

   治疗师：你希望她愿意冒险依靠你，你能直接告诉她吗？

2. **治疗师**：告诉他这件事对你实在太难了。

   简：我想我做不到。一点意义也没有，他反正听不进去的。（简涌出眼泪。）

   治疗师：当你说这些话时，你的感觉是什么？

   简：我知道可能发生什么情况，他会发脾气或找借口。

   治疗师：所以你不想冒险去表达你的想法。

同理的推测

这个技术协助个案找出渴望背后所代表的意义，为了维持婚姻稳定和减轻自己情感被剥夺的感受，这些意义通常被个案推到一旁，不被加以注意。

🍁 例句示范

> 玛丽昂：婚姻让我这么痛苦，我想我已经彻底放弃希望了。
>
> 治疗师：你不确定是不是还要再燃起希望？
>
> 玛丽昂：对，有时你也就习惯了。人生不就是这样吗？
>
> 治疗师：你好像把刚认识他时你所有的梦想和渴望都锁在箱子里，不再去想了。
>
> 玛丽昂：我想是吧。（玛丽昂哭泣了一下子，然后停止哭泣，用手把头发拨到肩膀后面，脸绷得很紧。）
>
> 治疗师：你可以帮助我了解吗？你是不是觉得"我不会再燃起希望后又让自己失望"？
>
> 玛丽昂：就是这样。（玛丽昂又开始哭泣。）
>
> 治疗师：你的眼泪……你为了什么而流泪呢？是什么让你那么想要却又被迫放弃？
>
> 玛丽昂：我想要被一个人抱在怀里，被珍惜，被照顾，只要一下子就好。（她痛哭失声。）
>
> 治疗师：我猜一部分的你仍然想要这些，是吗？（她点头。）

追踪和反映互动循环

在治疗的这个阶段，追踪和反映的重点是反映个案互动方式的改变，以及崭新、正向的互动循环，而不再是个案伴侣带进咨询室的负向互动循环。更具体地说，治疗师会追踪和反映个案对另一半微小的、不同于以往的回应方式，不论是内在感觉或外在行为。举例来说，治疗师可能会反映和描述妻子尝试表达需求，但因心里仍然觉得忐忑不安，使得她的需求表达显得不真实、有点矛盾。至于丈夫这方面，治疗师可能会反映他小心翼翼的态度，以及他对妻子敷衍的回应方式。通过反映这种互动，治疗师真实呈现整个过程：妻子的恐惧影响她表达自己需求的方式，而她的表达方式则影响丈夫的回应。治疗师也可以"重新放映"这个过程的某些片段，并对这些片段做进一步的澄清。

EFT 治疗师也会追踪和记录在步骤七出现的新互动，强调体验探索的一方冒险的勇气、观察聆听的一方的回应方式，以及这些新互动促成的依恋关系。

例句示范

治疗师：特里，你刚刚做得棒极了！你一定鼓起很大勇气才对琼说"请不要再分分秒秒告诉我下个舞步该怎么跳，也许我们可以变成很好的舞伴，我喜欢和你一起跳探戈。如果你能多信任我一些，或许我可以自己想到下一个舞步"吧。琼，你刚刚笑着回答"是啊！也许你可以"，和你之前的回应很不一样，你以前觉得信任特里是……（治疗师停顿了一下。）

琼：不可能接受的。（治疗师点头。）我猜我现在终于相信他想要跟我一起跳舞。

治疗师：啊哈！那就是造成改变的原因。你们找到新的相处方式，共同经营婚姻关系，对吗？

重新界定

治疗师从两个角度解释伴侣表达需求的困难：一是他们在负向循环中的经验；二是因负向循环所造成的期望破灭和关系脆弱。

> 🍁 **例句示范**
>
> **治疗师**：我知道对你而言，开口要求格雷厄姆就好像要你冒险似的，多年来你觉得自己对他而言并不重要。（她点头。）你一定很害怕吧？（她点头。）格雷厄姆可能……
>
> **埃莉萨**：他可能会给我一千个理由，告诉我我的要求不合理，然后转身不理我，让我既感到寂寞又觉得自己渺小，这实在太冒险了。
>
> **治疗师**：在你这种受伤、害怕的情形下，敢于当面向他要求你想要的东西、希望他有所回应，是这样吗？（她点头。）

重建互动模式

重建互动模式是在这个治疗阶段（探戈舞步3）最常用的技术，也是在某些情景中强调正向反应所必须使用的技术。治疗师会重述伴侣的要求，强调正向的回应，察觉到伴侣可能正以非口语方式编排某个特定的舞步。

> 🍁 **例句示范**
>
> **治疗师**：所以你能不能问她"我想让你爬出你的'武装坦克'。我想要靠近你"。
>
> **马　丁**：（对治疗师）是的，这的确是我想要的。因为如果这一切都会变好，而她原生家庭所造成的问题就会……
>
> **治疗师**：马丁，我能打断你吗？你能看看你的妻子，告诉她——你想让她从她的坦克里出来，让你靠近吗？
>
> **马　丁**：（转向他的妻子，看着她）是的，我想要——让你允许我靠近，我不会去任何地方。我想在你身边，而不是在隔壁邻居的院子

> 里。我想要感受到你的温柔，也想要温柔地对待你。
>
> **治疗师**：这么说感觉如何，马丁？
>
> **马　丁**：感觉很好，就像它是真实的场景一样，我觉得自己说出来更好。（治疗师点头微笑。）
>
> **治疗师**：苏珊，你听到这些是什么感觉？
>
> **苏　珊**：有点可怕，可是我很高兴。而且（转头看马丁），我很高兴你愿意冒险表达你的感觉。这和之前的你很不一样，就像回到我们刚认识的时候。

治疗师接下来强调这个新的正向互动，并指出这种互动是如何在伴侣之间建立安全的情感联结的。

因为个案各自的改变在步骤五到步骤七之间非常重要，不但要讨论伴侣关系的改变和步骤完成的状态，还要讨论个案伴侣各自的改变。

EFT 的改变事件

一系列现场演练的高潮发生在：一个逃避退缩的伴侣充分体验脆弱无助的心情，并能够心口一致地向另一方表达他的核心恐惧和需求，这被称为逃避退缩者重新投入。以前拒人于千里之外的伴侣现在变得可亲又有回应，投入到关系中；过去逃避退缩者相对被动地对更积极的伴侣做出回应，而现在可以转变为直接陈述他所希望的关系，稳定地与伴侣分享其脆弱无助。另一系列现场演练的高潮，即一个更积极的指责攻击者进入一个平行的过程，被称为态度软化。在这里，指责攻击者承认接触并能够表达更柔软、更脆弱的情绪，像是恐惧、悲伤和羞耻，即以一种能够唤起伴侣另一方的同理和关怀的方式来表达。然后，指责攻击者能够识别他们的依恋渴望，并伸手去靠近伴侣。在这个时刻，双方都更加贴近彼此的心，也更有回应，他们能够直接就他们的依恋问题进行沟通，因此这种软化事件成为双方矫正性的情感联结经验。在这里，关系成为一个安全的避风港和安全基地。如前所述，这些情感联结经验是双方修正不安全的内在运作模式的关键动力。用新的方式来整合内在心理和人际关系、自我和系统。这些改变事件的存在意义极度重要。对于许多伴侣来说，这可能是他们第一次真正向他人展示自己脆弱无助的一面，甚至向自己承认自己的需求。当他们能够面对并积极解决他们过去被剥夺的需求时，心理健康问题（如抑郁、焦虑和创伤的后遗症等）自然成为这个改变过程的一部分。最自然的疗愈场所是在爱人的怀抱里，一个让我们感到安全的地方。

此处介绍了伴侣通过这些事件所取得的治疗进展的典型版本，以更清楚地了解此过程的推进演变。

"逃避退缩者"重新投入

这种改变始于第一阶段，当个案能够承认并深化自己脆弱无助的情绪，这些情绪是伴侣之间共同形成的恶性循环的基础，对被拒绝的恐惧和个人不足感往往是这里的前沿和中心。

在第二阶段，当治疗师开始探戈舞步2：情绪组合与加深时，当一位经常逃避退缩的伴侣充分体会到他害怕亲密接触的恐惧时，可能会说："她终于知道我有多病态和愚蠢了。"通常（但不是百分之百），在婚姻关系中的"逃避退缩者"是男性。

"逃避退缩者"借由治疗师的协助来处理这份恐惧，治疗师会引导他向伴侣分享这份恐惧。他在表达时传递的口语和非口语信息是一致的，可能会说："我不能让你看到我的这一面，我觉得你一定很讨厌我。"

接下来，"逃避退缩者"更深入接触自己受到的伤害，并能对伴侣说："我永远没办法像你的第一个男朋友那么棒、那么有趣，我就是我，我永远无法满足你的期望，我内心觉得很空虚。"（步骤五）

"逃避退缩者"的伴侣一开始会表现出不信任和疏远、冷淡。当治疗师肯定她的反应，她开始挣扎是否要相信"逃避退缩者"分享的新信息："你希望我相信你……你从来没跟我说过这件事……我从不敢期望会发生这种情形……我觉得很悲哀……我不知道我曾经伤害你……"（步骤六）

借着治疗师的支持，"逃避退缩者"保持这个新的互动方式，并专注于自己的反应。他对情绪经验的接纳和了解开始反映到行动上。这些情绪清楚告诉他自己所在的位置和需求。他对自己的情绪开始拥有"主体权"并通过言语表达出来，像是："我没办法持续向你证明，我值得你关心。我不要一辈子过这样的生活，挣扎着爬上珠穆朗玛峰。面对你的指责和批评，太害怕以致不敢靠近你，到最后宁愿独自一人。"

治疗师支持"逃避退缩者"的伴侣聆听他表达了什么，协助伴侣处理可能产生的焦虑。

治疗师鼓励"逃避退缩者"向伴侣表达他的需求和渴望，包括能不能、愿不愿意在婚姻中做些什么。现在，"逃避退缩者"可以主动为自己、他的角色和婚姻下定义，而非被动地被别人拉着走。他可能说："我希望感受到你需要我，我要成为你愿意共处的人，我不想再逃避了，我要你帮助我来靠近你。"（步骤七）

"逃避退缩者"现在表现得比较有力量，能够投入他的情绪而非直接否定它们。他变得愿意与对方接触，而不是逃避任何联结。

这个过程在此被简化了。实际上，个案可能在不同的地方"被卡住"，无法向前迈进。当"逃避退缩者"积极投入婚姻关系，会对自己有比较正向的看法，以不同的方式与伴侣互动，试着改变与家中其他人的关系（如用不同的态度和子女相处），并朝步骤八和步骤九的方向移动舞步。每对伴侣在这里的进度都不同，他们可能需要五到六次咨询（或更多）来完成这个过程，若伴侣间曾有暴力或创伤则需要更久的时间，治疗师要调整步调以配合个案的进度（Johnson, 2002; Greenman & Johnson, 2012）。

"指责攻击者"的软化

这种改变是通过治疗师的帮助,个案能够循序渐进地启动其在第一阶段被加强的情绪。然而,一旦逃避退缩的伴侣能够变得更可亲、更有回应时,治疗师就会更加专注地与指责攻击者合作,以一种唤起对方回应的方式,精心设计治疗任务来帮助个案分享脆弱无助和依恋需求。

在这里,"指责攻击者"不再看重另一方所犯的过错;相反地,他们会专注于自身的情绪经验,探索与依恋需求有关的恐惧和经验。"指责攻击者"会亲身体会和整理这些恐惧及情绪经验,以及它们对目前互动关系的影响。他们可能会说:"我对自己发过誓,不再相信任何人,男人终究会背叛你的。你不能变得脆弱无助,你也许会被占便宜,所以我先攻击别人并将柔软的一面藏起来。"

当进入这个过程的"指责攻击者"能够看到伴侣的改变,并告诉伴侣这个新发现时,"指责攻击者"通常能够开始整理其内在情绪经验,治疗师可专注在她拒绝建立情感联结的矛盾和恐惧上。这时候,治疗师会协助"指责攻击者"探索和重整一些特别的经验或造成伤害的重要事件。"指责攻击者"可能会说:"我用充满尖刺的铁丝网围住自己,所以他没办法靠近我。我的脑海中不时浮现出一个画面,他对别的女人微笑然后离开我,所以我变得冷淡。"(步骤五)治疗师接下来协助"指责攻击者"对伴侣分享感觉:"我不能让你靠近。"然后协助"指责攻击者"的伴侣用正向关怀的方式回应。(步骤六)

"指责攻击者"对自己和他人的看法在此变得很清楚,治疗师除了继续探索这些看法,也鼓励她尽可能地和伴侣建立更深的情感联结,像是:"我再也不能忍受他拒绝我时所感受到的害怕,就像他用一个柔软的枕头盖在我脸上,慢慢把我闷死。我觉得自己赤裸裸的,无助地站在他面前,我会试着用各种方式来保护自己。"治疗师会鼓励"指责攻击者"和伴侣分享上述恐惧,像是:"我不会再给你机会来伤害我。"(步骤五)

"指责攻击者"的需求和渴望在此变得清晰,治疗师会要求"指责攻击者"和伴侣分享,像是:"我要你抱紧我,让我觉得安全,我需要你在我坠入黑暗时将我

拉回来。"（步骤七）

当"指责攻击者"能够用柔软、脆弱无助的方式对伴侣表达其依恋需求时，两人之间的关系会变得真挚又紧张。在这个阶段，治疗师要尽可能不涉入太多，让个案在支持、安全的情景下，有足够的空间创造他们的舞步。如前所述，"指责攻击者"放下武装的过程在另一本书和 EFT 有关的章节有详细说明。

伴侣个案能否快速地在治疗室之外自行以新方式互动，或将新方式运用到婚姻关系中，因人而异。这也是我将在第 10 章介绍的 EFT 最后两个步骤。

最后，我要提醒大家注意的是，研究发现 EFT 治疗师耐心地聚焦于"指责攻击者"想接近对方时的恐惧，要求个案采取冒险行动来满足自己的依恋需求，这些技术非常重要。治疗师在这里特别运用 RISSSC（重复、想象力、简单、缓慢、柔和、借用个案的话）以及撒下依恋种子的干预技术。治疗师协助个案说出自己对需求的恐惧，例如"所以你永远不会……"，更清晰呈现个案的依恋渴望及恐惧。

研究人员（Bradley & Furrow，2004）提出了在此过程发生的六项治疗性转变：

- 关注"指责攻击者"的冒险与靠近；
- 强调"指责攻击者"想接近对方的恐惧；
- 支持"指责攻击者"去接近对方的行动，以便更明确地表达出他的依恋需求与恐惧；
- 支持并肯定逐渐放下武装的"指责攻击者"；
- 重新与"退缩逃避者"一起来整理这个让"指责攻击者"态度软化的事件；
- 支持"退缩逃避者"对逐渐软化的"指责攻击者"伸出邀请的手，并做出正向回应。

研究发现，若有必要，治疗师可以回头讨论个案的恐惧及靠近对方的努力。例如，当对方有"只是转身离开"的回应，或是个案对自身产生恐惧时，"他会发现我一点也不特别，我很痛苦！"

在 EFT 第二阶段结束时，这些联结事件的力量是非常强大的。当然，伴侣不能总是需要靠着治疗师帮助才能进入和完成这个过程，可亲性和回应性如同一枚硬币的两面。然而，这些事件将始终如一地预测着 EFT 的稳定持久改变效果。改变事件与婴儿父母的安全依恋的互动模式相似，在几十年的发展心理学研究中不断地有研究证据，发现拥有安全依恋的儿童的优势包括：适应性的情绪调节策略；认知的开放性和灵活性；正面的自我概念以及对他人的反应。成人的爱情关系是大自然为我们找回安全感所提供的第二次机会。

第 10 章

第三阶段：巩固安全基地

"她比以前容易亲近多了，甚至会在睡觉时握着我的手。"

"我们仍然会吵架，但对我而言，她不再是陌生人或敌人了。"

"我可以在觉得缺乏安全感时说出自己的感觉，然后一切都由此变好。"

本章介绍 EFT 的结束阶段——步骤八，运用新发展的互动方式来解决原有问题；步骤九，巩固伴侣双方在关系中形成的新互动立场。个案伴侣的关系现在成为提供庇护和保护的安全基地，可以在其中安全地探索并处理问题。

第三阶段初期

在先前步骤中所发生的改变，直接影响着个案伴侣解决问题和共同生活的能力。

这种影响是如何发生的？

第一，伴侣之间的事务性问题不再成为双方情绪争执的战场。当生活事件与依恋需求、权力分配、对自己及他人的定义无关时，问题就简单多了。举例来说，家里的财务问题仍然存在，但不再引发伴侣的负向互动循环——妻子指责丈夫无能和不负责任，丈夫则拒绝说话。这个过程现在变成伴侣共同面对财务困境，而不再是和可恶敌人之间的战争。

第二，安全和信任的气氛协助伴侣更深入地探索关键议题，提供他们保持投入的动力。

第三，伴侣不再花很多时间和精力去调节他们的负向情绪、保护自己不受对方伤害，而是用比较有效率的方法解决问题。

第四，最重要的是，当个案伴侣的关系变得比较亲密和信任，他们对于问题的定义也随之改变。例如，当丈夫待在办公室的时间很长，不再被妻子认为是个工作狂，而是被定义为他的工作量很重。伴侣现在不再孤军奋斗，而有如一个合作无间的小组，可以并肩面对难关。

EFT的成效研究发现：在EFT治疗中加入数次教导沟通技巧和问题解决策略的咨询，并没有使EFT的效果变好（James，1991）。事实上，伴侣接受EFT之后，不需要再学习额外的问题解决策略。但不可否认的是，即使他们没有直接被教导某些技巧，个案伴侣在治疗过程仍可学到新的行为。在EFT中，治疗师的全心投入对个案伴侣是很好的示范。治疗师示范几种新方式，让个案知道如何与对方接触并有效交谈。治疗过程也以情景化和生动的方式向个案展现：当他们觉得安全、情绪经验获得肯定时，他们能够做什么、能够成为什么样的人。治疗师也会回应某一方缺乏安全感与未满足的依恋需求，这同时也是示范给另一方看。

通常比较有效的问题解决过程，发生在"逃避退缩者"重新投入时。举例来说，一个原本在妻子眼里"不管事"的丈夫清楚地告诉妻子，他不会自行清理储藏室，但是由于他了解杂乱的地下室长期困扰着妻子，所以他会付钱请人来打扫。在此要强调，伴侣双方必须都完成了步骤七的任务，他们之间的关键问题才会真正得以解决。有些生命的难题（比如家中有长期重病的儿童需要照顾，或因事业而经常性搬家）找不到绝佳的解决之道，但伴侣通常会在经过婚姻治疗后，能彼此支持而找到较有效的方法共渡难关。

标志：巩固改变的开始

治疗师在以下情况会介入。

- 在重建情感联结的过程中，伴侣一方对婚姻问题开始有自己的看法，并愿意为自己的行为负责。此时提出的观点比较可行，开启了解决问题的新机会。例如，有赌博恶习的丈夫表示了解妻子担心他们的财务状况，愿意另外开一个银行账户，每月固定存一笔钱进去做生活开支时，治疗师的任务是支持丈夫的努力，协助妻子回应丈夫的行动，并澄清这个问题解决方式对婚姻关系的影响和伴侣互动的不同。

- 当伴侣两人都完成步骤七的任务，开始讨论人生的重要决定和以前无法做出的决定时（如如何投资、要不要生孩子）。以前无法解决问题的原因一是关系不好，两个人没办法坐下来谈或无法想象和对方共度一辈子的情形；二是这些问题通常与伴侣的深层情绪和依恋需求有关，当他们不清楚这些背后隐藏的因素，通常会以争执收场，无法讨论如何满足双方的需求和期望。举例来说，也许到了治疗末期，决定要用多少钱投资股票就变成微不足道的问题，即使这件事多年来已经不知道点燃了多少次战火。这个转变是因为投资股票已经不再是妻子心中唯一安全的保障，也不再是丈夫心中唯一的权力来源。另一个常见的重大决定的例子是是否要生孩子，有位妻子表示自己真的很想要一个孩子，这样她才能战胜自己的恐惧——恐惧丈夫不再让自己依赖、恐惧当自己生病脆弱时，丈夫不会回应她的需求。治疗师在此的任务是营造一个讨论和探索的情景，让伴侣可以在其中自由地找出解决之道。治疗师专注的重点是如何运用这个新的对话方式协助伴侣更亲密地接触，帮助他们用正向的方式（而不是挑衅的质问）回应对方。

巩固新的互动位置、关系模式与对未来的期待

步骤九的重点是巩固伴侣在治疗中形成的互动方式，协助他们将这个新的互动方式运用到咨询室之外的日常生活和个人的自我概念中。在治疗初期，治疗师试着了解伴侣的负向互动循环并加以强调，所以现在治疗师能协助双方创造新的互动循环并脱离旧的负向互动循环。要捕捉这个瞬间的力量是很奇妙的，类似突然中止一个复杂的舞步，暂停一段时间，看看两人如何重新组合一套新的舞步。

一般而言，治疗师在此的任务是：确认和鼓励健康、建设性的互动模式；整理回顾整个治疗过程并为个案的努力及改变喝彩；协助伴侣建立前后一致和令人满意的行为模式，这个行为模式融合了他们在治疗过程中的经验和对于婚姻关系的新理解。玛丽·梅因（Mary Main）与埃里克·赫西（Eric Hesse）的依恋理论研究（Hesse，1999）指出，若伴侣能共同创造一个关于两人依恋关系的模式，表示两人是处于安全的依恋关系中并有正向的回应，这说明两人能够相互协调。《依恋与亲密关系：伴侣沟通的七种 EFT 对话》（Johnson，2008）一书中的第七个对话提供了伴侣经历这一过程的真实例子，可以推荐伴侣阅读，对他们理解这个过程有所帮助。

这个模式能够肯定并鼓励伴侣双方，推动双方产生对于未来的正向看法，这循序渐进地包括四个部分：个案旧有的情绪经验互动模式；个案新的互动模式及伴侣从疏远变成亲密的旅程；他们摆脱负向互动循环，然后创造正向循环的方式；他们未来与关系有关的梦想和目标。治疗师在这个过程中的任务是强调个案愿意冒险的勇气，以及这个新关系在未来可以保护和滋润彼此的潜能。治疗师在这个阶段比较像"跟随者"，而不是"领路者"，更多的是在"点评"而不是"引导"个案伴侣的心路历程。

当伴侣双方都完成步骤九的任务，最后要讨论跟结案有关的话题。这些话题通常包括：

- 个案所表达的担心、害怕，即结案后对婚姻关系会有什么影响的担心；

- 个案又回到旧有负向循环的可能性及建议的解决之道；
- 重新整理原有的旧创伤，并在此有一个画下句号的仪式。

治疗师会鼓励伴侣对另一方（而不是对治疗师）提出这些害怕和疑问，支持彼此并讨论共同的应对之道。这个阶段的目标不只是让伴侣离开咨询室时不再感到痛苦和折磨，还要帮助他们能维持已有的情感联结，不断强化两人的亲密接触，进而创造让双方持续发展自我价值感的安全基地。

最后几次咨询

治疗师在下列状况出现时会介入。

- 个案伴侣在咨询中能以新形成的互动立场互动，并将这个新经验运用到咨询室之外的日常生活，伴侣关系和治疗开始时明显不同。治疗师在此的任务是强调这些改变，并指出这些改变对于关系中的安全感、个人健康状况和自我价值的影响。
- 当个案伴侣自己提出结案的建议，并能具体指出关系的改变及这些改变对关系的影响时。治疗师在此的任务是肯定伴侣重构其关系以满足个人情感需求的能力，并给予个案空间去讨论"旧疾复发"的可能性及应对之道。治疗师同时也肯定他们维持和加强两人情感联结的心意和努力。

最后治疗师会提到，所有个案的进展和改变是由于他们自己的努力，而不是依靠治疗师的知识与技巧。治疗师会开放个案复诊的可能性，但同时表示复诊可能是不必要的。当有必要复诊时，通常在某个特殊危机后有两到三次咨询，例如孩子死亡或伴侣一方的疾病严重影响他们的关系。

在治疗最后阶段的干预技术

治疗师反映伴侣互动的过程并肯定他们表现新的情绪反应。治疗师在此阶段无须主动引导说话的方向，此时呈现的情绪也不如先前强烈。只有在伴侣一方开始因另一方的反应而岔开主题时，治疗师才会主动介入。治疗师用唤起反映来整理伴侣的情绪经验，并移除妨碍两人正向互动的绊脚石。同理的推测在这里几乎是用不到的。强调则用于突显伴侣此时的特殊改变。治疗师通过几种方式来更清楚地呈现伴侣间新的互动方式：直接、清楚地呈现目前个案的互动立场和互动循环；比较过去和现在互动立场、循环的异同，强调某些特别的新反应。在最后几次咨询中，治疗师会从依恋需求的立场回顾与整理整个治疗过程。

反映和肯定新模式及彼此间的新回应

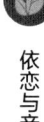

例句示范

治疗师：迈克，我注意到你刚刚能立刻指出自己想要逃开和躲起来的冲动，然后你持续和玛丽分享，是吗？

迈　克：我现在可以做到这一点，当然也不是所有时候都能做到。这是因为我不觉得她那么危险，也可能是我现在比较坚强？

治疗师：都是。要花好大力气才能做出你刚刚的举动。这也帮助玛丽能认真倾听你说话且没有生气，对吗？玛丽？

唤起情绪的反映并提问

🍁 例句示范

> **治疗师**：吉姆，我可以打断你一下吗？一开始的时候，事情似乎进展得不错。（吉姆点点头。）但某件事的发生改变了你的舞步和节拍，你知道是什么事造成这个改变吗？
>
> **吉　姆**：我知道你的意思，她刚刚说"很黏人"这个词，然后我就呆住了，说不出话来。这一直是我们之间的冲突。她会说我"黏人"，让我觉得我像个心理不正常的白痴。这个字眼还是很刺激我，所以我变得有攻击性，就像她仍然是我的敌人。
>
> **治疗师**：你可以告诉她觉得自己不正常是一种什么样的感觉吗？还有你可以帮助她了解，这种感觉是怎么阻止你继续谈话的动机的？

治疗师在此将对话重新引导至建设性、对建立情感有帮助的方向。

重新界定

治疗师将新反应解释为在旧有互动模式之外的另一种方法，并从亲密依恋关系的角度来看旧的和新的互动循环。治疗师提供思考架构让个案伴侣共同创造一个故事，故事内容是有关"我们过去的关系是……"和"我们现在的关系和未来的关系可以是……"。例如，治疗师可以跟个案分享他们现在是怎样帮助自己和对方变得比较可亲、有反应的，以及如何为对方创造安全的依恋关系的。

🍁 例句示范

> **治疗师**：所以当大卫告诉你他的恐惧时，你觉得你对他真的很重要，你

> 变得和他心灵相通,这帮助你不再觉得抑郁并且更投入这个关系中,是这样吗?

重建新的互动模式

治疗师指出个案在婚姻关系中新的反应和互动立场,以巩固这个新改变。治疗师总结个案在整个婚姻治疗过程所建立的新互动并鼓励提出他们的观点,治疗师偶尔仍引导他们的互动,以巩固新反应。

例句示范

治疗师:凯里,我发现当你们讨论上周发生的那件事时,你们的互动方式跟几个月前比起来实在大不相同了。

凯　里:(微笑)几个月前提起这件事会像引发了战争,不过我们现在还是有一些火爆场面出现。

治疗师:啊哈!有时候你们还是有一些争执,就像旧疾复发一样。

凯　里:但我们现在可以从战火中跳出来,谈论发生的事情。

治疗师:你和以前有什么不同?

凯　里:我以前全心全意防止她伤害我,想办法让自己变得麻木,但那只是像火上浇油般让她更生气。

伴侣的改变和治疗的结束

在这个治疗阶段,治疗师已经很难(几乎不能)看到个案伴侣固定、僵化的立场。也许伴侣偶尔会逃避退缩，或变得生气和挑剔，但是都愿意冒险接近对方，表露脆弱无助的一面，也能用关怀的态度回应对方。简言之，一方面，负向的互动能用不同的方式被处理，对婚姻关系的影响也比较轻微。另一方面，正向互动会出现得比较频繁，也能被觉察和接纳。两人的关系变得安全、亲密和信任，对话方式也比较正向和有同情心。

对话方式的改变反映了互动关系的质量。伴侣从防卫、只关注自己的负向对话，转变成探索和了解自己及对方的亲密对话。依恋理论学者认为，孩童唯有在感觉安全时才会表现出探索的举动；成人也是如此，安全感增进了成人亲密关系的好奇和开放。

伴侣治疗并不是每次都会重建一个更亲密、安全的爱情关系。有时在澄清深层情绪和互动循环之后，伴侣会决定离婚（分手）或保持礼貌而疏远的"室友关系"。如果这是个案想要的结局，那么治疗的结尾和上述情况会有些不同。伴侣会修正他们的负向互动循环，不再相互指责或卡在痛苦的困境中。在这些情况下，所指的"正向互动循环"比较像是冷静、有效率的协商，而没有亲密的情感交流。举例来说，某对伴侣可能都同意他们其实不适合彼此，但已经为这个家付出甚多，于是决定留在婚姻中尽父母之责。

如果治疗的结束引起伴侣一方或双方很深的焦虑，治疗师会协助他们探索这些恐惧，引导他们彼此讨论，并在日常生活得到彼此的协助加以调适。一般而言，如果治疗过程顺利的话，伴侣会感到某种程度的不舍和担心，但他们同时对自己和婚姻关系都比过去有把握，已准备好离开这个安全基地，展翅飞向他们的天空。

伴侣治疗的过程对某些伴侣而言特别困难。当人们挣扎着定义他们所拥有的亲密关系，意味着他们也在寻找自己的定位和价值，因而可能引发个人的存在危机。这里所指的"存在危机"是由欧文·亚隆在其所著《存在主义心理治疗》（*Existential Psychotherapy*）一书中提出的（Yalom，1980）。有时，这对伴侣已经在接受个别治疗，此时婚姻治疗师可以和个别治疗师合作，使得这两类心理治疗相辅相成。有时，伴侣在婚姻治疗中面临一些两难情景或重大抉择，而个别治疗可以提供额外的协助。这整个过程有时在 EFT 的架构下完成，有时则需要额外的个别咨询。在这些情况下，治疗的终结会特别震撼或重大，因为除了重新定义伴侣关系，同时也处理了存在的困境。举例来说，一名50岁的男士从来不曾对生命中的任何关系许下承诺，即使对他的孩子也不例外。他在个别治疗中努力面对为亲密关系所定下的严格界线及他对亲密感的恐惧，婚姻治疗则让他正视对亲密感的渴望和对依赖他人的害怕。治疗的结束也意味着他解决了这个长久以来的个人议题。

最后，让我们从四个方面总结个案的改变。

- 情绪层面。负向情绪已经减轻了，并以不同的方式处理和调节。伴侣能维持情感上的联结，并运用这个关系来调节恐惧和不安全的负向情绪。个案更了解和接纳自己的情绪经验，也能用新的方式表达，这些新的表达方式同时也协助伴侣用正向的方式互相回应。
- 行为层面。伴侣在咨询或日常生活中会用比较可亲和有回应的态度来对待彼此，双方都感受到更多的支持。个案的互动行为不像过去那么缺乏弹性，用来满足依恋需求的行为也和过去不同。他们会直接表达自己的需求，也会要求对方协助。其他在治疗中没有特别强调的行为也会随着伴侣关系的进展而改变，例如性生活的质量提高（Wiebe et al., 2019），以及两个人解决问题的能力的增强。
- 认知层面。伴侣的一方对另一方的看法改变了。他们在咨询中有机会接触对方新的一面，对其产生了比较正向的看法。他们也改变了自我概念，对另一半和关系的看法也随之不同。他们现在从依恋理论的角度看婚姻关系，对于人际关系的立场也有新的修正。
- 人际互动层面。负向循环受到控制，新的正向循环登场。伴侣现在能走出负向的互动模式（Gottman, 1979），引发更多正向的回应，创造更稳固的情感联结。

滋养与维持更安全的联结

最近几年同事们和我也发现，EFT协助伴侣聚焦于维持他们在治疗中的进展的方法也很有效，如询问伴侣如何保持他们努力建立的情感联结，或鼓励伴侣检视他们如何经由安全联结安排自己的生活。举例来说：一对伴侣的日常生活可能是妻子早上6：00起床，为家人准备早餐、照顾孩子们上学，然后自己才出门上班；丈夫8：30分起床，开始在自己家中的办公室工作；下班后，妻子开车载着孩子们去上不同的才艺课程，晚上9：00让孩子们准时上床睡觉，而丈夫则已经做好工作至半夜的准备。周末是家庭日，必须从事全家人都能够进行的活动。这样例行公事般的日常生活看来似乎还达不到其婚姻的满意度，但的确也是一种生活方式。在最后的治疗阶段，这对伴侣被要求检视他们在日常生活中如何建立联结。我们认为，"用亲密关系支撑起你的生活"比"去除生活中的亲密关系成分"要好得多。

将焦点放在依恋时刻——离别的时刻、重逢的时刻、被支持的时刻、联结的时刻特别有成效。伴侣们被鼓励增加彼此相处的时间，此时尽量不要接触自己的父母和上司。当丈夫下班回家，妻子已待在家中照顾年幼孩子一整天，这通常对妻子来说也是一种剥夺，而丈夫下班后已经筋疲力尽，只想先安静20分钟，但这让妻子觉得被拒绝。这对伴侣被鼓励去讨论各有不同需求的特定时刻，并找出满足两人且能回应对方依恋需求的方式。通常生活中重启联结的时刻，可能只是两人在家中一起喝一杯咖啡，或在睡前有段私人的时间聊天，这样便已足够。

从依恋理论的角度来看，若伴侣能通过依恋理论的镜片看世界，就能开始看到他们的关系，而不是专注于两人过去的生长背景，并能更进一步地了解他们自己与下一代之间的依恋关系。例如，大部分家长不论多忙都会拨出时间跟孩子说一声晚安，或是花点时间陪孩子睡觉。家长会询问孩子一天的状况，适时给予鼓励与支持。依恋关系就像植物，需要培养与灌溉。这对伴侣的关系现在已经变得健康，但若不再给予水分、营养，还是有可能枯萎甚至凋谢。依恋关系通过某些特定的动作或行为来表达，对一些伴侣来说，一个临别前的拥抱与亲吻便是特定的依恋信号了。伴侣应该与另一半分享特定的依恋时刻并回应对方，以维持他们的正向联结，让有进展的关系不只在治疗中存在，在日常生活中也能够持续下去。

第 11 章

重要的临床议题与解决方案：成为 EFT 治疗师

我相信，当治疗师与个案建立真诚安全的联盟时，技术是可以促进改变的。每个治疗过程都包括大大小小的反映或技术，有些反映或技术是不可能提前设计的。

欧文·亚隆
《给心理治疗师的礼物》（*The Gift of Therapy*，2000）

成为一名 EFT 治疗师

本章讨论在 EFT 训练过程中的临床议题和一些提问。这些议题包括 EFT 的预测指标、EFT 的文化适应性、治疗中难题的处理、整合 EFT 和其他治疗取向，以及成为一名 EFT 治疗师的过程。在本章的开头着重放在治疗师应该聚焦在 EFT 最基本的特征上，也就是想要学习 EFT 的治疗师必须在每种模式（EFIT、EFCT、EFFT）中培养的最基本的特质——与个案的治疗联盟。约翰·鲍尔比提醒我们，如果我们用依恋的眼光来看个案，我们可以看到个案的核心痛苦和核心需求，个案所做的一切都是"完全合理的"，也就是说，是有道理的。

问题一：EFT 特别适合或不适合什么类型的个人及伴侣

一般而言，EFT 对于在婚姻关系中仍有一些情感投入、有意愿找出究竟出了什么问题的伴侣最有效。这也许对所有治疗学派都是如此，个案的改变动机、检视自己行为的意愿、愿意投入治疗的程度，包括冒情绪风险的程度，都被视为在心理治疗中与改变有关的因素。也有一些研究（Johnson & Talitman，1997）发现了关于谁能从 EFT 获益比较明确的指标。

这份研究发现，当治疗师与个案伴侣有很稳固的治疗联盟时，EFT 便能发挥最大效用。这或许是因为治疗联盟能使伴侣完全投入治疗的过程。相较于伴侣开始治疗时问题的严重程度，治疗联盟的质量对于治疗成效有更关键的影响。与治疗联盟的质量最有关的是个案与治疗师之间的关系（情感联结）、共同设定的治疗目标以及治疗师设定的治疗任务是否符合个案的需求和期望。治疗师要求个案完成的各项任务，是不是能够让伴侣觉得他们依恋的需求可以因此得到满足，其实反映了 EFT 治疗师的技术。治疗师应该能够替每对伴侣量身定制对他们有帮助的治疗任务，并将这些任务化作有意义的形式呈现给他们看，让个案可以充分了解。因此，EFT 特别适用于关系中缺乏亲密感与情感联结的个案，这些个案视增进依恋联结为处理关系问题的重点。更进一步说，EFT 能直接命中两人关系问题的核心，找出他们的主要情绪——寂寞与害怕。一般而言，在 EFT 出现的例外状况可能是个案伴侣能够对这个治疗模式有共鸣，且已能找出依恋关系的问题，但他们临时退出了治疗。大多数 EFT 治疗师都有类似的深刻经验，也就是以依恋科学为基础、从依恋的眼光来理解核心情绪的治疗模式通常能与伴侣产生强烈的共鸣。在治疗初期、研究中以及初阶课程的现场示范都出现的常见情景是：治疗师能够立即掌握伴侣的关系问题和他们的个人现实，伴侣对此感到着迷和鼓舞。这个事实也反映在研究过程中，治疗脱落的问题在 EFT 研究中非常少见，个案似乎确实与这个治疗模式及其依恋焦点和其中隐含的任务产生了共鸣。正如最近有一对伴侣在第一次会谈后，向 EFT 治疗师打趣地说："你怎么知道我们所有的问题？你讲得对极了。要么你一直和我们住在一起，但我们看不见你，要么你是一名女巫。"经典的 EFT 回答可能是："当你掌握了科学时，谁还需要魔法呢。"

即使是研究多年的治疗理论，仍会强调治疗联盟的重要性。令人惊讶的是，研究证实治疗是否成功的关键在于治疗联盟的质量，而非婚姻问题的严重程度。因此，对 EFT 治疗师的启发是，特别是在治疗初期，EFT 治疗师一定要和伴侣双方都建立起良好的关系，创造安全和信任的环境，让个案伴侣能在其中为婚姻关系努力。换句话说，治疗师面对每对伴侣的首要任务不是诊断其问题的严重性，最重要的是让他们对治疗师敞开心扉，愿意全力投入治疗。

另一个常令人担心的问题是，EFT 可能不适合某些不善于觉察和表达情绪的伴侣。但临床上显示，个案对自我表露的保留和迟疑并不会降低 EFT 的疗效。事实上，EFT 似乎对于那些被女性伴侣形容为"封闭、麻木、不说话"的男性伴侣特别有影响力。当平常沉默、疏远的男性伴侣一旦在安全的治疗情景中分享情绪经验，对他本人或女性伴侣而言，都具有十分震撼人心的效果。同一个研究还显示，年纪较长的男士（35 岁以上）比年轻男士对 EFT 有较多正向的反应。这可能是因为当男性年纪渐长，他们更会觉得亲密和依恋关系对他们的人生是重要的。

对女性伴侣而言，影响治疗效果最重要的因素是，她认为男方在乎自己的程度有多少。在治疗结束后的追踪研究中，这也是一个用来预估伴侣的适应能力和亲密程度的重要指标。在一个主要由女性负责维持关系亲密度的文化中，若女性伴侣还有冒险改变的意愿，对男方还有一些信任感，此时伴侣治疗会有较大的成功机会；相反，若女性伴侣已经完全没有冒险的意愿，也不愿意与男性伴侣有任何情感上的联结，即使身处一个支持性的情景，这段关系能够改善的可能性仍十分有限。这个成效研究的结果可以被解释为：男性伴侣投入婚姻的程度会影响女性伴侣冒险和努力建立情感联结的动机和意愿。

上述研究结果提供了一个很重要的概念供 EFT 治疗师参考。伴侣极度缺乏信任就像挡在路当中的一座大山，完全切断了伴侣通往幸福快乐和情感联结的道路。确实，有越来越多证据指出：缺乏情感联结对婚姻满意度和稳定度的影响，比缺乏沟通和缺少问题解决能力的影响更大（Gottman，1994）。缺乏情感联结同时也是使其他学派的伴侣治疗无法成功的原因之一（Jacobson & Addis，1993），通常会减少伴侣的性生活、感情的表露和温柔的关怀。从依恋理论的角度来看，伴侣无法在婚姻中建立情感联结是因为其"内在运作模式"认为情感联结是危险或不必要的，而个人的"内在运作模式"是以童年时和依恋对象之间的情感联结为基础建立的。这个在童年时期建立的个人内在运作模式（Bowlby，1969）影响了人对自己、对他人和对婚姻关系的看法。

另外，伴侣的保守和传统程度并不会影响EFT的疗效。一些独立、强硬、沉默、不轻易表达情感的男性伴侣和十分黏人的女性伴侣（通常形成典型的退缩者与指责者的互动模式），在EFT中也能有许多改变和进展，这个结果是其他伴侣治疗学派无法做到的（Jacobson，Follette & Pagel，1986）。即使信奉基督教的伴侣在态度上往往更传统，他们一般也被认为与EFT的原则是兼容的，治疗的成功率也很高。最近，《依恋与亲密关系：伴侣沟通的七种EFT对话》一书被改编为适合有宗教信仰的伴侣的版本（Johnson & Sanderfer，2016），基于这些书籍的教育方案也是如此。EFT目前也被成功地应用到不同文化背景的伴侣团体中。

另一个影响治疗成效的因素是个案的弹性与僵化程度。对EFT治疗师而言，他们更难协助那些僵化、缺乏弹性、十分执着于自己信念的个案。人类痛苦的经历通常会限制他们的弹性（Bruner，1990）。在EFT中跟伴侣治疗有关的部分，都鼓励个案拓展他们的自我觉察能力和情绪经验，如果顽固、执着的个案死守着自己原有的"内在运作模式"，拒绝任何新信息和新经验的进入，用有限且没有弹性的方式调节其情绪，那么对这种类型的人而言，要改善关系而去修正自己原有的内在运作模式牺牲太大了。从依恋理论的角度来看，如果个案的"内在运作模式"牢不可破，就无法对新的情绪经验产生任何反应。在EFT中，这种个案所造成的影响是"逃避退缩者"拒绝冒险亲近对方，或"指责逼近者"拒绝放下武装。

EFT除了用于处在关系困境中的伴侣，还被广泛用在不同的临床个案中。例如，抑郁症女性患者和伴侣的治疗（Whiffen & Johnson, 1998; Davila, 2001; Hammen, 1995; Johnson, 2019a），以及由于难以和所爱的人自然建立亲密的联结而引起失落、脆弱和无力感或是对自我价值的怀疑的个案。伴侣关系缺乏支持也是造成其他压力的因子（Dessaulles et al., 2003）。EFT 也适用于没有陷入婚姻困境但想要增加亲密感和提高婚姻质量的伴侣（Dandeneau & Johnson, 1994），或是有高离婚风险的伴侣，例如长期承受家庭压力和悲伤的伴侣，像罹患慢性病儿童的父母。一项研究发现，EFT 不只改善了婚姻适应，也改善了个人因长期照顾生病孩童而产生的抑郁症状（Walker et al., 1996）。另一个两年的追踪研究发现，EFT 的治疗成效在两年后仍然能维持（Clothier et al., 2002）。很多研究告诉我们，婚姻困境通常与精神疾病有关，包括抑郁症、焦虑症、创伤后应激障碍等。众多个案研究发现，EFT 成功地协助童年时曾受性虐待的幸存者及创伤后应激障碍的个案，唯一的差异是，创伤后应激障碍的个案通常需要更长的疗程（约 30~35 次咨询）。EFT 有显著的治疗成效（Makinen & Johnson, 2006），能够让经历过重大人生挫折的伴侣（他们可能都有过被抛弃的创伤经历）找回关系中的信任感（详见第 13 章）。

EFT 一直广泛用于创伤幸存者及其伴侣的临床实践中，针对因战争、性暴力、童年性虐待、疾病等造成创伤的治疗积累了丰富的经验，还可用于处理文化侵犯的长期影响（如加拿大为其原住民设置的寄宿学校中所发生的屠杀）。事实上，几乎每一种创伤都会在 EFT 中得到解决。使用系统化的以依恋为导向的伴侣干预，专注于情绪的整合和安全关系联结的重建，对于受到创伤的人来说尤其有意义。

这样做的理由如下：

- 创伤经历如洪水般袭击我们，带来绝望；安全依恋则温暖和安抚我们。
- 创伤经历使我们的世界观变得危险与不可预料；安全联结则让我们觉得安心。
- 创伤经历会带来全面性的情绪混乱，通常伴随着自我责备；安全的依恋关系有助于情绪调节，并能有较好的自我概念，包括自信心、信任自己和信任别人。

事实上，安全的依恋关系显然是通往疗愈创伤及增进关系质量的正确道路（van der Kolk, McFarlane & Weisaeth, 1996）。

问题二：何种状况不适用 EFT

什么情形不适合运用 EFT？第一是已经十分确定要结束关系（分居或离婚）的伴侣，对这类伴侣而言，有系统的协商或哀悼失去的婚姻似乎是首要任务，两人之间是否有情感联结对他们可能没那么重要。第二是在有虐待的婚姻中（如家庭暴力），在这样的关系中，表露脆弱无助的一面反而会让受虐者处于更大的危险中。通常在这种情形下，施虐者会被转介至个别咨询或团体治疗去处理其愤怒和自我控制的问题。当施虐者完成这个过程且受虐者不再觉得危险时，治疗师才会考虑接受这类个案。然而，有时候个案不一定会在治疗初期呈现两人之间虐待和暴力的一面，此时治疗师唯有特别注意弱势一方所分享的事情（通常是女性）以及参考自己观察的心得来做判断。除了肢体上的暴力，言语虐待也是治疗师另一个需要考虑是否适用 EFT 的因素。言语虐待包括频繁的威胁、贬低羞辱对方的评语，以及随时会伤害对方的暗示。治疗师在此要做一个判断：邀请受虐的一方进入步骤三（探索深层情绪）是否是有帮助且符合专业伦理的决定。如果治疗师此时决定 EFT 并不是最适合个案的治疗，治疗师会澄清和记录个案的关系和互动循环，并提供几个不同的方向供个案做选择。为了鼓励施虐者去寻求更进一步的专业协助，治疗师通常会将这个转介过程重新界定为：找一些方法防止愤怒和暴力摧毁其婚姻和家庭（White & Epston，1990）。从传统的动力观来看，暴力可以被重新界定为并不属于施虐者的本性且对其个人无益，将暴力视为"外来者"，是施虐者的敌人，这个敌人摧毁了施虐者的婚姻和自尊心。这个对暴力的重新界定鼓励施虐者去面对和处理其暴力问题。

问题三：EFT 在种族和文化议题上的立场和做法是什么

关于这个问题的官方立场，体现在 EFT 初阶训练手册的"文化差异性声明"中。本声明是全球所有 65 个附属中心和社群的指导政策，声明的内容如下：

我们的目标是营造一种包容的氛围，一种所有人都能感到安全、被重视、被关心的环境，并有机会相互建立有意义的情感联结。在我们专业工作的各个方面，我们努力体现人们都希望在世界上看到的东西——一个公正、充满爱心的人性环境和社会，人们可以自由充分地做自己，人们可以拥抱他们最基本的、共通的人类依恋需求，而不必担心因宗教信仰或不同派系而受到迫害或边缘化，且无论其种族、民族或国籍、性取向、性别表达、年龄、社会阶级、心理健康状况、身体特征或残疾等情况。这些价值观是依恋科学和人本取向干预方法中固有的，我们所有的工作都是基于这种原则。

具体来说，EFT等人本主义的方法是合作和尊重的。我们为人们创造一个安全的地方，把他们当作人而不是问题或某种类型。我们的治疗方法在临床实践中采用非病理化的角度。我们的价值观是包容和平等的，同时将人与人之间的情感联结视为神圣的——值得尊重和滋养。我们的科学和理论基础概述了情绪和依恋的关键的共通性，同时尊重个体差异。

这句话呼应了卡尔·罗杰斯的人本主义立场，这与约翰·鲍尔比富有同情心的观点相一致。这也反映了依恋科学的立场，也就是定义我们生活的情绪剧是人类共通的。无论我们是谁，我们都需要与人联结。EFT治疗师试图在每次治疗中秉持这种立场。当然，EFT必须针对特定的人群做适应。例如，当与性少数群体进行伴侣咨询时（Allen & Johnson，2016），治疗师会顾虑到个案可能对负面的出柜历史以及整个社会中排斥和偏见的影响特别敏感。尽管社会的观点似乎正在改变，但其关系仍然经常缺乏榜样和示范。

问题四：EFT治疗师如何处理治疗中的僵局

比较笼统地说，治疗师会试着打破和特定情绪反应、互动模式有关的僵局，同时会强调这个"卡住了"、不上不下的情形。当个案伴侣打破了一个接一个的僵局，面对每个僵局所带来的不同问题，他们的表层和深层情绪被分辨得越来越清晰，伴侣间的互动立场和互动循环也变得更具体、鲜明。当隐藏在这些互动立场下的情绪被重新探索和整理，个案自然产生了新的情绪反应与自我概念。这里所产生的改变并不是因为尝试新行为的结果，而是亲身体验自己在婚姻关系中感到情感威胁时的反应。

这个新的对话方式改变了两人之间的关系，也打开了通往改变之路的大门。举例来说，告诉自己的另一半"我没办法请求你来爱我，因为这对我是一种可悲又可怜的举动"比生气、指责或者逃避的做法要来得开放、亲近又投入得多，同时也让自己走出这个僵局。最起码治疗师可以营造一个安全的环境，将话题维持在主要的依恋议题上，指出个案通常用来逃离强烈情绪的出口。EFT治疗最常出现的僵局是当伴侣的另一方（通常是"指责攻击者"）进入步骤五到步骤七的时候。这个僵局是指"指责攻击者"无法克服恐惧去信任对方，即使对方已经变得可亲和开放。通常互动的过程会自然挑战伴侣间的僵局，治疗师不必特别提出来处理，只需要在旁支持及等待个案自行突破他的恐惧。

对EFT而言，是否有不同种类和层级的僵局呢？是的，最极端的僵局是个案伴侣无法在治疗中打破僵局，却能将这个僵局融入他们的关系中，降低了两人间的问题对关系的破坏力。例如，童年时曾被性虐待的女性伴侣对性生活和任何肢体亲密有十分清楚的界线和规定，经过EFT治疗后，男性伴侣能够且愿意接纳女性伴侣的限制。当初让这对伴侣来做伴侣治疗的问题行为仍旧存在，但对两人的困扰程度已经降低。男性伴侣愿意接纳女性伴侣在性方面的限制及界线，反而加强了他们关系中的亲密程度。在治疗结束时，这个肢体行为的障碍不再威胁到他们关系中的安全感和亲密程度。

另一类极端的僵局是当伴侣一方（或双方）决定其不愿意做任何事来改变目前的关系，也无法再忍受生活在这种状况之中。因此，这对伴侣可能决定分手，或调整自己对婚姻的期望以维持婚姻的形式。在这种情形下，治疗师会分享评估和观察的结果，提供不同的选择供个案参考。

处理治疗中的僵局时，有经验的治疗师应先放下修复关系的压力，把目标放在唤回个案伴侣原本求助时的目标、他们原本的期望和心中的决定，且把这些决定摊开给对方看。此时需要高度的信任感才有办法向对方坦白呈现自己心中的决定，个案也许会说："我无法让你进入我的内心，我无法让任何人进入我的内心，我是孤单一人面对恐惧感的。""解答"在经验式治疗中是个两难，一方面治疗师必须抓住这个痛苦的瞬间，另一方面也必须让个案对自己的情绪现状有更多觉察，之后这样的僵局便会逐渐消散。

最后一种僵局可被归于"依恋创伤"的结果。所谓的依恋创伤是指某人在某个依恋关系中（尤其是童年时与依恋对象之间的关系）曾有过的失望和被背叛的情绪经验，而这些情绪经验成为这个人日后处理任何关系的行为准则。这些创伤经历不断在关系中重演，而其伴侣则持续地感到挫折和被拒绝。这些事件并不是"过去式"，而是在鲜活地影响目前的关系。EFT 治疗师的任务是当这些事件在咨询中出现时，探索这些事件所引发的情绪，像是依恋的恐惧和失落感，而不是个案对其伴侣所呈现的愤怒和指责。某些个人过去的依恋创伤（比如童年时有受虐经历的个案）可能除了伴侣治疗之外，还需要额外的个别心理治疗。有时候，目前关系中的创伤经历会唤起儿时的创伤经历，然而 EFT 治疗师仍能在这样的情境中支持双方，EFT 治疗师会全力支持有依恋创伤的一方更进一步地探索这个创伤经历，并和目前的互动立场和情绪反应联结；治疗师同时也会支持、协助伴侣的一方去倾听和了解对方的创伤经历（详见第 13 章）。

问题五：EFT 治疗师如何处理过往的经验

EFT 会处理那些影响个案目前互动的过去经验。当激烈、紧张的情绪在目前的互动模式中出现时，提起过去的经历和感受可以帮助个案了解其目前的反应。从依恋理论的角度来看，强烈的情绪会引发个案过去的依恋创伤和失落感，也会突显与这些依恋经验有关的运作模式。个案可能从"我知道你不值得信任，你背叛了"转移到"我从没有信任过任何人"，当这个过去的创伤浮现出来时，个案有机会更进一步了解自己是如何在目前的关系中调节情绪的，诸如"我把你从我的心里赶出去,所以我可以不再感到寂寞和害怕",如此一来,过去未了结的伤痛成为现在式,因此在治疗过程中可以有机会对其进行探索和处理。EFT 治疗师在此的任务是:唤起个案对过去经验的情绪反应,重新整理这些情绪反应;协助另一方用正向支持的态度回应。

EFT 治疗师也会协助伴侣双方去建立一个和他们本身依恋历史有关的小故事。这个活动肯定了个人在目前关系中的经验,也帮助另一方从更深广的背景因素来了解伴侣。更重要的是,EFT 认为,个人目前用来满足依恋需求的方法是参考过去经验而塑造出来的。举例来说,治疗师会肯定某位女士无法信任其伴侣的恐惧是来自她童年时被父母遗弃的经历,这也帮助其伴侣去了解她的恐惧不完全是因为他做错了什么。

另一方面,在 EFT 中,真正的"改变工厂"是目前的婚姻关系。个案不会被治疗师带回到过去以期解决过去的伤痛;反过来说,过去的回响会被带到他们现在居住的地方——个案目前的婚姻关系中来处理。如果现在个案所拥有的关系变得完整和安全,其实个案已经修改了过去历史的一部分,同时新的情绪经验会挑战个人在过去所形成的"内在运作模式",所以个人会形成新的自我概念及找到新的调节情绪的方法。通过对目前依恋经验的了解和重整,个案的"过去"和"现在"都被重新组合了。

问题六:EFT 治疗师会限制情绪吗

情绪在 EFT 中是被亲身体验,而不是被理性讨论的。这个亲身体验的部分使得治疗过程强烈和震撼人心。虽然压抑情绪的反应和表达,是婚姻问题一个重要的部分,然而尽情宣泄情绪却不是 EFT 的治疗技术或目标之一。情绪的体会和表达有巨大的影响力,而这个影响力可以是正面或负面的。很多个体和伴侣治疗师对于严密控制甚至否认情绪的存在这样的做法的解释是:他们害怕情绪会失去控制(Mahoney,1991)。在 EFT 中,情绪被视为正向的影响因素,然而 EFT 治疗师还是会调整个案对情绪的体会和表达。如果情绪被视为音乐舞曲，EFT治疗师有时需要关小声量或改变曲调，就如同他们有时会加强音效，那么治疗师该在什么情况下做什么调整呢？

EFT治疗师会控制那些使个案感到威胁或无法承受的情绪，或是影响个案接触自己情绪经验和互动模式的情绪。举例来说，在一个互相攻击的互动循环中，治疗师会反映这个互动模式以及两人各自的情绪反应，这样一来，治疗师可以放慢对话的速度并降低个案的回应程度。如果必要的话，治疗师会阻止和打断两人之间的相互指责，并鼓励一些较柔软的情绪（像是哀伤或受伤）。

在个人层面，治疗师会支持、肯定处于极度伤痛情绪中的个案。治疗师的安慰和保证协助个人保持情绪投入，但不会使他们在心理上负担过重。治疗师有能力正确地反映和接纳这些情绪，并协助各方调节自己的情绪。如果可以的话，治疗师会鼓励伴侣中的一方用支持、同理的态度回应对方，降低对方在情绪经验中受苦的程度。

通常伴侣的一方越是焦虑，他的情绪越是混乱。举例来说，一位创伤后的幸存者曾被重要他人抛弃，他的情绪陷入羞愧、恐惧、哀伤和极度愤怒。此时治疗师应放慢治疗的速度，为这些情绪命名，将它们逐一联结至创伤经验以及现在与伴侣的互动上。在本书第6章中可找到治疗的范例。一般而言，治疗师会找到"愤怒"与"哀伤"两种情绪，但最好将焦点放在"哀伤"，接着可能会出现"羞愧"的情绪阻碍了感觉，让创伤后的幸存者不愿正视自己的需求。

在EFT一般的临床实践中，治疗师会不断帮助伴侣的一方适应并回应沉浸在强烈情绪中的另一方，从而使这种情绪不再成为负担。例如，愤怒可以通过对方的倾听而化解，也会因对方的防御性退缩而加剧，就像恐惧会因对方表达的关怀而减轻一样。

在人际互动层面，有时治疗师会阻止个案表达负向的情绪，尤其是负向的续发情绪（如对另一方愤怒的回应）。治疗师会将表达的方向引导到个案的深层情绪和互动立场，也可以重新界定这个负向情绪，使其对治疗过程的帮助大于破坏。

治疗师可以协助个案从"你是个坏心眼的人，我才不会信任你呢"转移到"我不会信任你，我要让你知道你是没办法控制我的"。

某些情况下，在压抑情绪和重新引导情绪的表达（EFT的主要任务之一）之间很难画出清楚的界线。有些治疗师担心在重新界定和引导情绪表达的过程中会无意中压抑、否认了个案的情绪经验。从某种意义上说，EFT的结构化过程本身可以是兼具调节性和指导性的。因此，即使有时在治疗中情绪被增强并被用于唤起新的互动反应，有时也可能需要约束情绪。在EFT中，情绪会在探索的过程中被排序和调节，治疗师也可能会在个案情绪表达与此时此刻对话的焦点不一致、个案注意力不集中或个案逃脱情绪体验时中断个案的表达。治疗师反映个案所表达的情绪，并肯定个案需要被听到的需求，但会将对话重新聚焦到更关键的情绪体验上。治疗师可能会说："马克，我们能不能停在这里？关于你对工作的看法——你教的物理课目是很吸引人的主题，但我想回到我们刚刚谈到的部分。你所说的'我们花时间在一起有什么差别，反正我总是孤单一人'这句话听起来让你很痛苦。你说这句话时的感觉是什么？"

问题七：个人在EFT伴侣治疗的过程中也会产生改变吗

若将"人格"视为一个人"与另一人相处的生活方式、应变问题的能力与情绪的表达方式"（Million，1994，p.279），那么在伴侣治疗中的个人改变就是很符合逻辑的事，尤其当一个人与他的重要他人形成情感联结，他们的情绪冲击便很容易相互影响。当然，如果依恋类型是一种自我内在运作模式以及调节情绪和与他人互动的特定方式，被认为是人格的关键部分，那么临床经验和最近的依恋研究发现，这种个体的改变确实是EFT的一部分。EFT治疗中的干预也总是整合了个人内在（舞者的个人现实）和人际互动（关系系统的现实）。这两个元素在任何时刻都反复地相互定义。

在我最近出版的书中，EFT干预的依恋模型整合了个人、伴侣和家庭治疗

（Johnson，2019a），我认为自我是一个过程——一个不断被建构的持续结构，可以在与他人的互动中不断被重新定义。

从 EFT 观点来看精神疾患，个人所具有的症状反映了其互动模式和关系中的规则。尤其是很多抑郁症女性，其个人症状明显反映了其所处的婚姻困境，因为女性对自己的看法受婚姻关系的影响比较大，而且婚姻困境像是另一半的疏远退缩，对于女性也有极其负面的影响（Christensen & Heavey，1990；Roberts & Krokoff，1990）。因为对情感联结的重视，EFT 非常适合用于处理某些女性常表达的需求和情感联结，尤其是那些因婚姻困境而产生的个人症状。

另一方面，EFT 也能很成功地运用在那些没有上述情绪症状的个案身上。除了探索深层情绪，EFT 的另一个治疗重点是重塑个案对自己及他人的看法，以及重塑这些看法对关系的影响。经过 EFT 的伴侣治疗，个案对彼此产生不同的看法，也从对方那儿得到一些让他们觉得被接纳的回馈。伴侣双方充分体验自身的情绪经验和依恋需求，并能够用新的方式互动。犹豫不决的男性伴侣开始试着变得比较果敢，疏远的女性伴侣开始尝试冒险去表达她的需求。这些不同的历程使得伴侣双方改变了对自己和自己能力的看法。旧有的负向互动循环限制了个案对自己的了解。当互动循环在治疗中被澄清和重塑，个人的自我概念也同时产生了改变。

对一些曾接受过个别治疗训练的伴侣治疗师而言，他们对 EFT 伴侣治疗在人格改变上的重大影响感到震惊。从传统的个别治疗角度来看，个案和治疗师之间所形成的信任关系促成了个案的改变，在伴侣治疗中只不过将治疗师的位置换成伴侣，经由和重要他人关系的改善来促进个人的成长。伴侣治疗能够成为一个必要的介入方式，也能将焦点关注于个人的议题，如创伤后应激障碍患者。事实上，关于依恋理论的数据显示，依恋理论同时适用于个别治疗和个人的成长，如创伤后应激障碍患者（Johnson，2002；Greenman & Johnson，2012）。事实上，关于依恋以及该理论对个体治疗和个体成长的影响的文献正在增长（Costello，2013；Siegel，1999）。

如果个案的立场十分僵化而缺乏弹性，伴侣治疗对这个个案而言则活生生地还原了他的困境。举例来说，某个一辈子都扮演"大情人唐璜"（Don Juan）这类角色的男人来寻求伴侣治疗师的协助，希望治疗师帮助他处理罪恶感以及他无法真正接纳任何伴侣的困难。这个男人曾接受过多年的个别治疗，拥有许多个短暂、被理想化的关系。在 EFT 中，这个男人有机会去探索他早期的依恋创伤，以及担心再度被抛弃的恐惧。当他了解和接触了过去的依恋创伤以及目前的依恋恐惧，他开始尝试对其伴侣打开心门并用不同的方式互动。

在伴侣治疗中，人们有时会表现出人类最基本的困境，这些困境在个体治疗中很难被引发。另一名男士探索了他用来保持自己留在情感生活和人际关系的外缘的所有方式。他面对着两条"恶龙"：对于孤独地死去，从未与其伴侣建立情感联结的恐惧以及对因被发现自己的不足而被遗弃的恐惧。在治疗师的帮助下，他的伴侣能够在治疗中为他提供一个安全基地，他能够面对他的"恶龙"并做出新的选择。在这种情况下，伴侣治疗包括了个人治疗的效果。上述案例中的伴侣双方都曾与治疗师单独咨询，伴侣治疗的过程自然而然地强化了个体的变化过程。

总之，越来越多的证据显示，应当在个案身处的社会脉络中进行治疗，尤其当个案的困扰来自抑郁症、焦虑症、恐惧症、成瘾行为和强迫症（Baucom, Shoham, Mueser, Daiuto & Stickle, 1998）。这些症状都和个案与人之间的关系密不可分（Fincham & Beach, 1999；Davila, 2001；Whiffen & Johnson, 1998）。从依恋理论的角度来看，若无法与重要他人建立安全的信任联结和安全依恋，产生抑郁症几乎是必然的结果。EFT 治疗师会将抑郁症视为伴侣负向互动循环中的一个环节，帮助伴侣建立联结，共同对抗负向互动循环和抑郁症。一方面，个案无法感受到关系中的安全感会进一步引发失落、无助与脆弱，也会对自我价值产生怀疑，这一切都与抑郁症有关，而缺乏支持也是另一个潜在压力因子。另一方面，越安全的依恋联结越能够保护个人免于产生心理障碍与困扰，如抑郁症。

从一个更宽广的角度来看，我们联结自己与他人的情绪能力是情商的基础，而情商的同义词便是"弹性"（Siegel & Hartzell, 2003）。个人的弹性越佳，他面对问题的应变能力和健康功能就越好（Lewis, Beavers, Gosset & Phillips, 1976）。在伴侣治疗中，治疗师的目标在于增进伴侣的情商，进一步促进个人功能的成长。

问题八：EFT 治疗师如何判断要专注在哪些情绪上

具体来说，这个问题可以从以下不同的角度来回答。

- 最好从个案此时此刻的感受开始着手。治疗刚开始时，治疗师会专注和反映个案伴侣所呈现的情绪反应。这些情绪通常是续发情绪，但在治疗联盟尚未巩固之前，EFT 治疗师会先从个案不自觉地表达的情绪着手。对长久以来一直着重在对方行为、指责及防卫的伴侣而言，探索自己的情绪已经是一个全新的体验。

- 跟着个案走。当个案在治疗中觉得比较安全时，治疗师可以跟随着个案的脚步，协助他们进一步探索其情绪经验；同时，会重塑互动循环以引发个案新的情绪经验。治疗师会专注在那些对个案而言最显著的情绪，并追踪个案的经验。因此，个案会让治疗师知道哪些情绪是值得一探究竟的。

- 跟着两套不同的路线图走。第一套路线图是根据治疗师的同理心。当治疗师允许自己融入个案的经验中去体会、品尝个案的感受，治疗师自己同理的情绪反应（Guerney, 1994）就是通往个案心灵世界的路线图。第二套路线图则是在反映伴侣互动的这场戏中，双方各自扮演的互动立场。每个情绪都会有一个戏剧性的转折点（Lazarus & Lazarus, 1994），情绪通常和特定的立场有所联结。举例来说，逃避退缩经常和个案的无助、羞愧和恐惧感有关。一般而言，特定的情绪表达会造成特定的互动反应。治疗师运用知识和经验作为判断深层情绪的线索，这些知识也能帮助治疗师决定该强调哪些情绪经验以改变个案的互动立场。举例来说，治疗师觉得某位男性伴侣很害怕被女性伴侣拒绝，因此开始逃避；以及治疗师认为男性伴侣表达愤怒可能是改变两人互动立场的重要改变。

- 从依恋理论的角度看亲密关系。依恋理论提供治疗师一个很好的理论架构去检视甚至连个案自己都不太清楚的婚姻问题。当个案没有提供太多的线索让治疗师一探究竟时，依恋理论则提供治疗师一条可行之路。例如，依恋理论相信，降低自己的依恋需求是某些孩子用来维持和"疏远的家长"之间关系的唯一方法。因此，当男性伴侣对女性伴侣正向支持的回馈表示"没有任何感觉"时，治疗师可以试着去探索这个男性伴侣"没有任何感觉"的背后可能存在的安全感的缺乏和被压抑的渴望。从更基本的层面来说，依恋理论让治疗师发现，不论在多冷漠无情的语气下说出"我觉得自己在这段关系中像怪胎，所以我宁愿躲在房间里上网"，背后可能隐藏的都是失落感与对感情的渴望。

问题九：情绪经验在 EFT 中如何产生

个案的投入会拓展其情绪经验

个案的投入会对其情绪经验有所拓展。一般来说，人们倾向于逃避、否认或压抑那些让他们倍感威胁的情绪，而对自己情绪经验的探索和接纳则有助于形成新的情绪经验。有时某些情绪经验带来太大的痛苦，使得人们花所有精力去调节和降低这些痛苦，无法真正进一步体验和整理这些情绪反应。这种做法虽然暂时减轻了痛苦和焦虑，但同时也产生了一个副作用——拒绝或疏远了自己的"亲密他人"。

伴侣通常不会正视自己的情绪（Wile，2002），甚至还会为自己的情绪感到羞耻。个案可能会说："如果我有这样的感受，就会显得我很脆弱——可怜。"通常这类的羞耻感会阻碍人们探索自己的情绪，此时需要治疗师的正向肯定作为支持。伴侣经常只会表现自己的表层情绪，并将之放入互动循环中；为了能够发掘及接纳深层情绪，治疗师必须做更深层的探索并允许个案将它表现在伴侣面前，且得到一个新的回应。有了治疗师的帮助，男性伴侣可能变得可以接触自己的"暴怒"情绪，知道隐藏在"暴怒"下的是无助与哀伤，也发现自己对于这样的深层情绪有羞耻感。他在下一步能够向女性伴侣表达无助与哀伤，增进了两人的亲密关系，也得到女性伴侣的尊重与抚慰。

为了拓展情绪经验，个人必须做到两件事：一是不要马上试着处理自己的情绪反应；二是充分体会和整理这个情绪经验。EFT 治疗师会在个案将恐慌转换成怒气之前就加以阻止，并进一步肯定和强调个案所产生的恐惧感，进而发现恐惧之下隐藏的无助感和依恋需求。

另外，当个案有机会接触某些冲突矛盾的情绪（像是又爱又怕的感觉），他们才可能找到一个比较能够融合两种情绪的方式。

特殊的互动任务创造新的情绪经验

治疗师设定的互动任务以及伴侣间新的对话方式，也会引发新的情绪经验。例如，男性伴侣对于妻子被遗弃的恐惧表示安慰和再三保证他的诚心，这样的正向反应引起妻子不同的情绪经验。治疗师会协助伴侣双方先了解其情绪经验对互动模式的影响，让伴侣在治疗之后能带着正向、支持性的情绪经验，并对自己改变的能力充满信心。

自然产生的情绪反应

在与重要他人互动的过程中，某些情绪经验自然而然地以一定的方式反映出来。举例来说，当人们感到受威胁或不安全，人类通用的反应是将这份恐惧转换成愤怒，通常这份怒气会以指责他人的方式来表达。这份怒气能保护我们不受"恐惧"的干扰，也不受他人的伤害。如果"恐惧"这个原发情绪始终没有被处理，我们的愤怒也会引发别人负向的反应，这间接接管了我们内在和外在的世界。愤怒也会引发别人负向的反应并在这份怒气上火上浇油，这种续发情绪的愤怒不同于原发情绪的愤怒。原发情绪的愤怒通常发生在一个人接触自己的恐惧之后，对于自己受到不合理对待而产生愤怒的反应。此时，EFT 治疗师则跟随着自然的呼唤去重整这些情绪反应及这些情绪反应所造成的负向互动循环。

羞愧有其特殊的形成机制。一般而言，眼泪拉近人们之间的距离，怒火使我们的斗志激昂，但是羞愧则带来躲藏和自我隔离；羞愧最特别之处是人们很少用它来调节其他情绪（Pierce，1994）。自我厌恶和觉得自己一无是处、一文不值会造成内在运作模式："我不值得别人的爱和关心"，并阻止人们分享其需求和渴望。

通常在亲密的依恋关系中被用来调节羞愧的方法，是变得生气或麻木不仁，然而生气或麻木不仁却又引发一些让自己被对方拒绝的情景。当个案接触自己的羞愧感，他们同时也体会到伤心和哀悼的感觉。如果对方能适时以信赖、安全的方式回应，这个新经验对羞愧是一种很好的解毒剂。

恐惧可能是婚姻困境中最能反映伴侣心情的一种情绪了。恐惧引发了争执并阻止伴侣间任何的正向互动。恐惧情绪犹如亲密关系中的警铃，一种出现在其他反应之前的自动反应系统。许多学者一致同意恐惧最容易出现在依恋关系中，像是怕被遗弃、怕被拒绝、怕被别人控制的恐惧感。恐惧是能在 EFT 中处理的一种表层情绪，当治疗师提供安全感和支持，个案便能积极主动地表达其愤怒和伤心。在 EFT 的治疗过程中，改变的重点通常是与依恋恐惧或缺乏安全感有关的议题，伴侣的安慰通常有助于降低这类恐惧。

建议

最后在此要说明，许多临床上可能会遭遇的问题很难用文字一一说明，经由阅读书籍学习心理治疗就像经由看唱片封套来学唱歌。除了真正接受 EFT 的训练之外，我在此建议一个很好的"自我训练"方式以供助人工作者参考。治疗师可以重新播放自己做治疗的录像，专注于伴侣的互动和情绪反应，以及治疗师自己所使用的技术。观看录像时，治疗师可试着以不同的角度和问话方式切入，并自行假设个案可能会有的反应，再根据这个反应做进一步探索和追踪。

问题十：如何成为 EFT 治疗师

我们知道此时许多人正努力成为一位 EFT 治疗师，并在这条路上感到很辛苦（Palmer & Johnson, 2002）。治疗师必须先认同 EFT 的基本概念（如亲密关系如何建立、经验取向、人的依恋需求等），且能够同理并进入个案的情绪经验中，发掘、探索他们的故事。最重要的是，治疗师必须能融入个案的情绪，在治疗过程中，找出特定的重要时刻处理这些情绪。治疗师必须学习跟着治疗过程走，扩大探索、整合重要情绪，进而利用这些情绪重新建构伴侣的亲密关系。

以下是我与同事们发现 EFT 新手常遇到的困境及我们给出的建议。

- 停留在责备与批判个案的情景，并且视两人的互动困难与因依恋需求而产生的情绪为主要问题。

- 建立并密切观察治疗联盟的安全性。若个案变得具有挑衅意味或故意质问治疗师，那么建立治疗联盟就不是件容易的事。我们建议治疗师保持可靠、不批判的态度，展现试着接近个案的诚意。

- 保持人本主义的信念，相信人在复杂的困境中仍会成长且有做决定的能力。这一点在治疗师面对貌似简单却又复杂的问题、即将失去耐性时，能帮助治疗师有更高的耐心与容忍度。

- 避免迷失在眼前的事件或细节中，必须将焦点放在情绪与互动循环如何相互牵连的"历程"上。EFT 的观点是，两人的婚姻问题绝对与当前的事件（性、金钱、教养方式、继亲问题）无关，重点是两人之间如何对话与处理他们的重要依恋需求及恐惧。治疗师可从当下事件开始，逐渐进入不同层级的"历程"。若治疗师被当下事件困住，建议先暂停这个步骤，退回上一个能够清楚处理和聚焦的时刻。

- 能够知道自己何时在治疗中陷入困境或迷失方向，并通过回到最后一个关键的情绪时刻或做历程的元分析或直接开始 EFT 探戈舞步来重新定位。

- 随时游走在个案内在和关系互动之间。治疗师通常要比个案更清晰地看见他们的情绪经验或能够给予个案增进两人互动的任务，而 EFT 治疗师必须有同时进行两项任务的能力。通常 EFT 新手治疗师不愿邀请个案伴侣直接现场互动或立即演练两人的互动方式，因为治疗师担心个案一旦涉入紧张的互动场面将会失控。对大部分治疗师而言，邀请个案用口语方式描述两人的互动模式是比较容易的做法，例如治疗师可能说："当你这样说的时候，你有什么样的感觉？"而重视人际互动的治疗师可能会说："所以你可以直接告诉她，'拜托，我真的觉得自己很不重要又多余，我不知道该怎么跟你开口说明这一切，我真的不知道自己在你心中的位置到底在哪里？我到底有没有分量？'现在你能不能转向她，看着她，然后告诉她？"

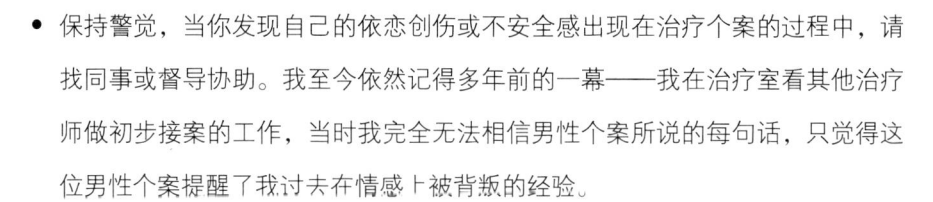

- 保持警觉，当你发现自己的依恋创伤或不安全感出现在治疗个案的过程中，请找同事或督导协助。我至今依然记得多年前的一幕——我在治疗室看其他治疗师做初步接案的工作，当时我完全无法相信男性个案所说的每句话，只觉得这位男性个案提醒了我过去在情感上被背叛的经验。

- 治疗师应保持弹性，能够处理有焦虑依恋的伴侣过度情绪化的问题，带给他们安全感；也能帮助逃避拒绝的一方，逐渐用非口语方式表露平时不允许自己出现的情绪。不论个案对自己的依恋需求或对伴侣抱持的情绪采取过度夸大或完全不承认的态度，治疗师都必须有能力处理。

- 学习如何加强情绪并留在强烈情绪中。就如一位治疗师说的："我知道自己抓到了这些情绪，但是接下来却不知道该怎么做才好。"标准的 EFT 做法会先对个案反映这些情绪并肯定它们。当治疗师做反映时，个案有机会与自己的情绪经验相遇，甚至添加一些新的元素在其中，或重新组织这些情绪，也可能将这些情绪联结到负向的互动循环或依恋需求。当这些经验一再出现，个案会越来越靠近自己的深层情绪，而深层情绪也开始逐渐进化。治疗师应使用强烈、独特、具体的语言与一致性的非口语信息，鼓励个案融入其中。

- 逐项进行每一个步骤时，让个案不断地成长。为了做到这一点，治疗师必须对个案在每个步骤的状态有高度觉察力。若你的个案没有逐渐往前迈进，就不适合鼓励他们冒险去创造更多的安全联结。我建议此时治疗师可以记录个案表现出来的关键场景、情绪和话语，在治疗开始前先与个案做一次短暂的复习，再逐渐引导、鼓励个案参与并深入探索自己的经验。这样的做法也能帮助治疗师避免不恰当的互动方式，例如在个案能够辨识自己的情绪之前，即要求他们现场演练新的互动模式；或是要求指责型的个案在退缩型伴侣面前冒很大的风险，表露自己的深层情绪。

督导的过程应该相互合作与尊重。反复聆听 EFT 的训练带和逐字稿，是学习 EFT 很重要的方式。EFT 的官方认证规定包括对理论的理解、个别及团体的督导，以及一份现场个案演练的录像摘要范例。

EFT 认证训练包含标准化的四天 EFT 认证初阶训练，现在由 70 名经过认证的训练员在全球各地提供课程；接下来是完成进阶核心技能训练，这是授课小组的学习，所有参与训练的学员都需要提报接案录像或录音，并完成至少八小时的小组和个人督导。有两项关于初阶学员的研究（Sandberg et al., 2013；Montagno et al., 2011）发现，EFT 初阶训练对学员的专业成长和个人方面都有重大的正面影响。这与我们回收的数万名的初阶学员所做的上课评量结果一致，他们都给予 EFT 初阶训练极高的评分。

学习 EFT 的另一个支持因子是遍布全球的 EFT 中心和社群，通常由 EFT 训练员领导，在北美大多数大城市和世界各国对教学活动和案例督导方面提供支持。我们的假设是，成为一名充满活力的 EFT 认证治疗师是一个终身学习的课题，最好与一群相互支持的同侪一起完成。ICEEFT 会员支持还包括了可以让专业人士讨论临床问题的在线平台。

任何丰富和有深度的治疗方法都需要很多时间和精力来学习和进步，有组织的学习架构可以帮助治疗师做到这一点。正像最近出版的《依恋与情绪聚焦治疗》一书所述（Johnson，2019a），这个架构现在正在扩展，以涵盖个人治疗和家庭治疗的更有系统的培训。

第12章

情绪取向家庭治疗

> 依恋理论的价值在于让我们可以清楚地看到问题行为背后的依恋需求。依恋理论增强了对干预的系统性观点,因为它帮助心理医生从儿童与父母关系的角度来理解破坏性行为的特殊含义。
>
> 马琳·M. 莫雷蒂(Marlene M.Moretti)和罗伊·霍兰(Roy Holland)
> 《伴侣与家庭治疗中的依恋历程》(*Attachment Processes in Couple and Family Therapy*,2003)

重建依恋

人类需要与家庭成员建立情感联结并得到家庭成员肯定,这从一开始就是家庭治疗固有的信念。长久以来,家庭治疗师一致同意人类对其家庭成员有建立情感联结的需求。但家庭治疗师通常专注在个别家庭成员之间发生的事,而被视为个人内在活动的情绪则不太受到重视。虽然也有例外情况(Liddle, Dakof & Diamond, 1991),但是情绪反应通常被认为不重要,甚至会破坏系统理论和治疗工作（Krause，1993），这些治疗的重点是通过改变联盟或进行认知重构来重组关系系统，家庭中的舞蹈主要由情绪音乐组成的事实一直被忽视。EFFT 在这方面一直与这些系统治疗的学派不同。

对于一个将情绪视为生物学、内在经验世界与社会、自我和系统之间主要联系的治疗师来说（Johnson，2019a），情绪经验和表达在组织和调节家庭中的社会互动中起着重要作用（Johnson，1998），也在治疗中对重组这种互动发挥着重要功能。在家庭治疗中以情绪为中心的改变策略将解决专家学者的顾虑，如同他们认为当前的家庭治疗方法太关注对话隐喻一样，忽视了情绪经验和个案需要用不同的方式体验自己的处境需求（Chang，1993）。

约翰·鲍尔比可以说是第一位家庭治疗师（1944），也是第一位采用系统理论的心理医生，他视治疗改变的重点为互动循环的因果关系，以及互动模式中双向反馈的力量（Bertalanffy，1968）。依恋理论为家庭治疗师提供了一幅关于亲情和归属感的错综复杂的地图，优雅地整合了对情绪现实的关注和社会参与的既定模式。除了以情绪为中心的临床工作者之外，研究人员和精神科医生，如莫雷蒂和霍兰（2003）、戴蒙德（Diamond）及其同事（Diamond, Russon & Levy, 2016）和休斯（Hughes，2007）已经系统地从依恋的角度来了解儿童和青少年问题，并设计了可以测试和可系统教学的清晰明确的干预措施。以依恋为基础的治疗模式质疑了一些关于家庭变迁的旧观念，以及关于依赖和独立的隐晦假设。例如，莫雷蒂和霍兰指出，从依恋的角度来看，成功地进入青春期并不意味着年轻人与父母分离。正是持续的情感联结增强了自主性和独立性，依恋也成为通过研究验证的婴儿–母亲干预的基础（Cohen, Muir & Lojkasek, 2003）。EFFT 是将依恋理论与心理治疗相互整合的，将情绪的开放性以及依恋视为一种建设性力量的概念融入家庭治疗领域，而不是将其视为急需避开的雷区。

基本目标和技术

本章相对简要地概述了如何与家庭一起使用以情绪为中心的经验技术。我最近出版的《依恋与情绪聚焦治疗》一书中有两章是关于 EFFT 的，还有一本由 EFFT 治疗师以情绪取向治疗为基础所撰写的新书（Furrow，Palmer，Johnson，Faller & Palmer-Olsen，2019）。本书的焦点是伴侣治疗，由于所有应用在伴侣身上的理论和技术也同样适用于其他的家人关系，本章将简短列出 EFFT 的技术。在 EFFT 中，所有的假设、目标、治疗过程都和 EFT 婚姻治疗类同。EFFT 治疗师的主要任务是探索和澄清隐藏在互动模式下的深层情绪，以及这个互动模式对家人关系的影响，尤其要特别注意患者和父母之间的关系。在 EFFT 中，治疗师运用新的情绪经验和表达去修正这个互动模式。EFFT 的假设是：如果这份关系变好的话，患者所显现的问题行为也会随之改变，患者在家庭中的角色、位置以及患者对自己的看法也会有所不同。EFFT 认为患者家庭中的互动立场是：维持个人的问题行为以防止家庭发生任何改变。

EFFT 的目标是促使家人关系变得可亲近及有所回应，并将家庭建立成一个安全基地，孩子可以在其中安全成长，然后放心地离家独立。从依恋理论的观点来看，青少年和其依恋对象之间的依恋越安全，越能够自信且独立地探索和适应外在环境（Allen，2008）。安全的依恋使人们能够同时拥有亲密关系与独立自主的能力或特质，提升了人们处理困境和压力情景的能力，对人们的自我效能也有正向影响（Bartholomew & Horowitz，1991；Mikulincer et al.，1993）。

治疗形式

在 EFFT 中，基本的治疗形式是在开始的第一、第二次咨询邀请所有家庭成员参与。头几次咨询的目标在于评估互动立场、互动模式、有问题的关系，以及评估和患者有关的家庭互动循环。在接下来的咨询中，家庭中的次系统成员会被分别邀请来参与治疗。一般而言，次系统成员被邀请的顺序是：父母（伴侣）、兄弟姊妹、患者和双亲中的一人、患者和双亲中的第二人，然后是患者和父母双方。

整个治疗过程会弹性地包含不同的关系组合：两人关系、三人关系及多人团体。

不论针对关系的哪个组合，运用新情绪经验去重塑互动模式的原则始终不变。但是，在两人组合的咨询中特别要重视安全环境的建立，以鼓励两人间情感的联结。这个两人间新建立的情感联结通常会被用于患者和父母间的三角关系。EFFT通常是由一到两位治疗师和每个家庭成员一起工作10~15次。在治疗结束的最后一次咨询时，新的互动模式已经稳固，所有家庭成员都会受邀出席。

先决条件和特别不适用的家庭

EFFT成功的先决条件是治疗师和各个家庭成员以及整个家庭的安全关系。治疗师要能得到家庭的信任和信心，以保持每个成员在治疗中的投入。

EFFT不适用于存在虐待或暴力的家庭，因为表达深层情绪和脆弱无助的一面可能让某些家庭成员处于危险或受肢体伤害的情景中。EFFT也不适用家庭成员分居各地而且某些家庭成员对改善家人关系没有兴趣的家庭。

第一次和第二次家庭会谈

这两次咨询的目标包括评估和治疗两个部分，评估的重点包括以下几个部分。

- 在咨询中，家人是怎么互动的？谁说了话？谁和谁是同一阵线的？谁被排除在外？不同小团体间的界线清晰或混淆的程度如何？互动模式有多根深蒂固？谁是家庭中的掌权人？家庭成员用什么策略来处理冲突和需求及未被满足的挫折感？当有人要求一些支持和安慰，其他家庭成员如何回应？有任何特殊事件或困境影响了这个家庭的互动吗？当他们谈论这个事件时，家庭成员之间如何互动？
- 这个家庭的"情绪气氛"是什么？哪些情绪被表达出来？谁表达了什么情绪？在这个家庭中谁感到伤痛，他们又是如何压抑与表达这份痛苦的？家庭中对情绪的处理方式有哪些规则和期望？家庭成员在咨询中如何回应彼此？

- 各个家庭成员对互动模式的看法是什么？各个家庭成员是如何协助或破坏这个阶段的发展任务的？
- 这个家庭有怎样的故事？他们是如何决定要来做家庭治疗的呢？他们想要从治疗中得到什么？伴侣或父母间的依恋历史为何？各个家庭成员对于今日家庭的危机和问题产生原因的看法是什么？这些看法有何异同之处？他们认为谁该为这个问题负责？
- 什么是治疗契约？家庭成员怎么看治疗的过程？治疗师可以和各个家庭成员以及整个家庭系统建立关系吗？各个家庭成员的准备程度如何？其动机呢？

评估结束时，治疗师应该能指出关键的负向互动循环，以及整个家庭是如何"共谋"去造成和维持患者的问题行为。例如，指出母亲在婚姻关系和养育子女方面都因为被父亲抛弃而感到愤怒，并且长期被教养喜怒无常的青春期儿子的沉重负担所淹没，她还向儿子倾诉她的婚姻痛苦，让儿子更坚定地视父亲为家庭中的坏人。治疗师同时也应该能指出造成问题的依恋缺失，以及各个成员的深层情绪。治疗师尤其应该对于互动关系的重组和处理依恋恐惧有清楚的看法。

后续咨询中的发展

这些咨询每次可以有两到三位家庭成员在场。治疗过程的步骤和 EFT 一样，具体包括以下内容。

- 不断阐明负向互动循环，以及它们如何造成家人的痛苦和情感切断。视这些循环和情感切断为家庭面对的问题，而不是怪罪家庭中的个人。
- 进入核心的、过去不被承认的情绪，这些情绪形成了互动位置。
- 从隐藏的深层情绪、分离的痛苦以及缺乏回应的、未满足的依恋需求和僵化的恶性循环等方面，来重新界定问题。
- 找出怕被抛弃的依恋需求和自我脆弱无助的部分，并将其融入关系互动中。
- 接受他人的情绪经验并形成新的互动反应。
- 促进对恐惧、依恋需求和渴望的表达，创造情绪的回应和投入事件。

如同在 EFT 中，这些步骤可能需要一或多次咨询来完成，为了说明这部分家庭治疗过程和探戈的宏观干预，下面是一个案例示范，以及此类案例中的典型治疗对话。

EFFT 案例介绍：女儿，我只是想要保护你

这个家庭由传统保守的父亲、母亲和三位女儿组成。大女儿同时是抑郁症和暴食症患者，大学休学在家。父亲受过良好教育，来自一个贫穷和疏远冷淡的家庭。

在妻子和女儿的眼里，父亲是挑剔、有强烈控制欲和不可亲近的，妻子和女儿都表达了对他的愤怒和不满。他对自己行为的借口是："我只是试着帮助她们。"她们则忽略他的解释。妻子眼中的婚姻是空虚、寂寞的，经常为家庭问题自责或责备丈夫，然后会变得很沮丧并威胁要离开这个家。每位女儿在父母在场时似乎都特别小心翼翼，但明显地对父亲感到不满。

这个家庭通常的互动模式是：父亲会开始挑剔和说教，然后母亲介入，面无表情地试着阻止他，每个孩子都对父亲很生气。接下来，母亲会变得歇斯底里，说她快被大家逼疯了，要离开这个家。女儿中的一位也会变得歇斯底里或说觉得身体不舒服，然后全家人会安静下来，母亲会偶尔在这个过程中离家几个小时。每隔一段时间，这样的循环又会出现。这个家庭同时出现"过度关怀和过度保护"，以及缺乏"肢体接触和安全感"两类极端的现象。

大女儿对这样的情况感到特别苦恼，她同时试着处理父亲的批评和指责、自己害怕失败的恐惧，还有母亲的抑郁症状和对女儿情感上的索求。大女儿曾离家去上大学，但她不敢让母亲独自在家，很害怕双亲会在她不在家的时候分开，也很害怕父母会为她的失败感到失望。在学校住了六个月后，她变得有自杀倾向和严重的暴食症，所以休学回家。对大女儿而言，离家独居代表了去面对她所有的恐惧，使家人（尤其是父亲）蒙羞，并冒着失去或背叛母亲的危险。

在治疗过程中，父母（掌控、退缩的丈夫和抑郁、愤怒、紧追不舍的妻子）、三个女儿、患者（大女儿）和父亲、患者和母亲，以及患者和双亲依序加入咨询。治疗结束时，大女儿的抑郁症和暴食症已得到控制，搬出去与一位朋友同住，申请重返学校上课。母亲开始哀悼她渐渐失去重要性的母亲角色，重新建立生活，使自己不再感到那么空虚；她不再将所有注意力放在子女的成就上，也不像以前那么担心每个人。她开始和丈夫建立比较亲密的情感联结，也试着找到她自己的目标。姐妹们也更加亲近，更加相互支持。父亲开始视妻子为一个平起平坐的人生伴侣，也了解到自己的担心和劝告并没有帮助任何人，反而使他跟家人之间隔着一道很大的鸿沟。他变得比较容易亲近。

上述家庭的 EFFT 咨询会是怎样的情形？

在第五次咨询，父亲和大女儿单独来到治疗师面前。治疗师首先指出他们两人之间明显的距离感。父亲表示，他对两人的距离感到沮丧。治疗师协助父亲探索和强调这个感觉，并协助他对女儿表达他的失落感。借着治疗师的协助，女儿告诉父亲他持续的批评、指责将她越推越远。可是他们之后又回到旧有的互动模式，父亲指责女儿不听话和不够努力，女儿则变得疏远、退缩。

治疗师协助女儿去探索和整理这份忧伤、无助的感觉，并协助她向父亲表达。女儿表述自己在家里被视为一个令人失望的失败者，治疗师协助女儿了解这种情绪经验是如何影响她的自信心，使她不断逃离这份无法承担的恐惧和压力的。

治疗师支持、协助和倾听女儿的心声，并以正向方式回应。女儿告诉父亲她是多么想要得到他的肯定和赞同（步骤七），她的逃避只是想保护自己不再受伤害。治疗师接下来重新界定父亲的挑剔、批评是他试图保护和协助女儿的方式，这种方式却不幸地将两人越推越远，使父女都深陷恐惧和无助中。

父亲和女儿在此都被视为这个负向互动循环的"加害者"和"受害者"。父亲接下来表示，不知道该如何和女儿变得亲近，也不知道如何当个好父亲。治疗师建议父亲向女儿学习如何建立温暖的亲密关系，因为大女儿似乎是这个家庭的关系专家。父亲表示他很乐意向女儿学习。治疗师同时指出，父亲的肯定和赞同是帮助女儿处理其抑郁症的关键因素，对一直以来被家人忽略和排斥的父亲而言，这个想法使他深受感动。

在咨询中，父亲和女儿找到了打破旧有互动模式的方法，并用新的方式对话。咨询结束时，他们决定要尝试协助彼此去降低恐惧和无助感，而不是火上浇油。女儿被视为"关系专家"，这个新角色使她能用比较平等和成人的方式与父亲互动，这次咨询改变了女儿和父亲的互动，进而影响了家人间的互动。父亲和女儿变得比较亲近，女儿得到一个额外的支持系统，母亲也因此不再扮演居中协调的角色，她和女儿的关系模式也随之改变。

这次咨询提供了 EFT 治疗过程的"缩小版"。这次咨询的目标是改变父亲对女儿的指责态度（因为这个态度似乎和女儿的饮食障碍、自杀行为有极大的关联），进而改变他们的互动方式以提高女儿的自我效能。以下使用的是干预技术。

下面是 EFFT 干预技术的具体应用。

反映情绪和行为

治疗师：所以，请帮助我了解这个情况。当女儿打电话给你，告诉你她大学生活的第一个周末要去旅行时，你感觉到自己变得很紧张，你觉得必须警告她用这种方式度过周末会使她学业失败，是这样的吗？

反映互动模式

治疗师：萨米，刚刚是怎么一回事？当你爸爸告诉你他说那些话是为了你好时，你转开头，移动到离他远一点的地方。

萨米：我把他的声音关在外面，我不想听这些话。

治疗师：啊哈！他试着保护你，而你试着保护自己不被他的话伤害。

萨米：对啊，我永远也达不到他的期望，我只会把事情弄得一团糟，反正他比我还了解我。

治疗师：所以你生气了，把他挡在门外？（转向父亲）然后你更紧张，怕她没听进去你想告诉她的事情，所以你更努力试着告诉她更多你的意见，是吗？（父亲点头。）

肯定

1. 治疗师：所以，萨米，当你离开家时，你好像背负着千斤重的包袱。你进入新环境已经够害怕了，还要担心是否会让父母失望、让家人蒙羞。更糟的是，你还担心你妈妈，怕她越来越不快乐，怕她会离开这个家，然后整个家会支离破碎。这实在是太沉重的负担了，我很惊讶你居然能独自撑这么久。

2. 治疗师：所以，刘，对你而言，当一个"完美"的父亲是很重要的。这实在是很大的压力。当萨米开始有一些问题时，你更觉得是自己的错，你不是一个好父亲，因为你应该能预防这些问题发生，是吗？

唤起情绪

1. 治疗师：对你而言，听到萨米说你的警告和说教让她害怕得无法动弹，是什么样的心情呢？

2. 治疗师：刘，当女儿告诉你她有多么需要你的信任、支持和赞同时，你有什么感觉呢？

加强

1. 治疗师：萨米，你可以再告诉他一次吗？把"我知道我让你失望了，我是家里的失败者，我知道"这句话再说一遍。

2. 治疗师：刘，你可以再告诉她一次。再说一遍"眼睁睁地看你进入花花世界，远离我的保护，让我为你感到害怕，我年轻时几乎被残酷的世界吞没，我很害怕你也会有这样不好的经历"。

同理的猜测

治疗师：萨米，在这样的压力下，你担心得都病了。（她点头。）你试着不吃不喝，感到对自己有比较多的控制权，然后你觉得很饿，你会吃一大堆食物来安慰自己，是吗？可是这样做又使你感到害怕，因为你没办法控制自己，你失败了，然后所有让父母失望的恐惧又回来将你淹没，于是你把吃的东西都吐出来以保持身材苗条，这样使你稍微觉得好过一些，我说的对吗？

重新界定

治疗师：所以你很难克服你的恐惧，放手让女儿用自己的脚站立，是吗？你很难放手的原因是因为她是你的宝贝，你有责任好好照顾她、保护她，是吗？对你来说，萨米，所有的警讯都增加了你的恐惧，一部分的你放弃了，无法动弹，是吗？除了当你非常生爸爸的气的时候，你不再尝试努力，故意惹恼他，是这样吗？

重组互动模式

治疗师：萨米，你可以试着告诉爸爸"我需要知道我对你是重要的，你相信我是有能力的，我可以用自己的翅膀飞向我的一片天空；即使我失败了，我需要知道大家还是会找到办法活下去；即使我休学不再念下去了，我对你而言仍然是特别的"。

结案

结束前的几次咨询，治疗的重点在于强调互动模式的改变，强调家人的能力和对自己的信心；记录家人在治疗中所得到的收获、巩固新的互动模式，并支持这个家庭自行找出解决问题的方法。最后一次咨询会邀请所有家庭成员参加，大家共同创造一个家庭谈话来记录整理家庭问题、治疗过程和家庭的现况。

EFT 伴侣和家庭治疗间的差异

另外一个值得注意的重点是，伴侣或婚姻治疗（EFCT）和家庭治疗（EFFT）之间的主要区别，这种差异涉及相关性和互惠性。EFFT 的目标是让父母为他们的孩子塑造一个安全的避风港和安全的基地，而不以任何方式期待孩子回报，治疗师为来求助 EFFT 的父母提供安全的避风港。治疗师以一般系统性治疗中不常见的方式积极帮助父母调节情绪，并试图同理一个情绪稳定的父母，如果父母能接受教养是一项艰巨且不断变化的任务，更能够用情绪投入的方式回应孩子的需求。然后，治疗师通常会在个人或父母的咨询中，帮助他们处理因作为父母的"失败"而感到的悲伤、恐惧和羞耻。这些情绪导致了父母负面的教养行为，并阻碍了与孩子的正面情感联结。

在 EFFT 中，治疗的重点比较集中在修正某些和患者问题有关的互动模式上，即使其中的伴侣可能进行婚姻咨询时，也较少聚焦于增进伴侣的亲密关系。举例来说，EFFT 中夫妻咨询的重点是他们彼此合作去帮助患者，共同创造两人都想要的家庭生活。因此 EFFT 比伴侣或婚姻治疗的焦点要来得更聚焦。治疗师重视的是婚姻这个次系统对整个家庭的影响，而不是婚姻关系本身。例如，一位母亲在咨询中表示，当她知道丈夫是不可能来安慰她的时候，她转向大女儿去寻求支持和安慰。治疗师这时专注的重点是：（1）父母各自是如何看待这个关系对大女儿、其他孩子和婚姻关系的影响；（2）妨碍父母间建立情感联结的障碍物。

伴侣治疗的另一个治疗重点是探索患者的问题对婚姻关系的影响。举例来说，当妻子指责丈夫对女儿的问题没有太大帮助时，治疗师会支持丈夫去告诉妻子，如果她肯放手给他一点机会，他是多么地想要帮助女儿。

伴侣这个次系统在 EFFT 中被视为家庭的基石，而不只是婚姻中的两个个体。EFFT 治疗师仍然会试着重建伴侣的情感联结，但治疗最重要的目标是改变患者在家中的互动和互动模式。如果父母想要更进一步改善婚姻关系，可以在家庭治疗结束后继续他们的婚姻治疗。

EFFT 结束时，重要的成果并不像 EFT 在于软化"指责者"，而是协助患者产生新的反应。这些反应一般来说是比较果决地设定界线、明晰对于自我的定义、更清楚地表达依恋需求、更积极地界定自己想要的关系。这表示 EFFT 帮助青少年的目标是重新建构他们和父母的依恋关系，让彼此变得更互惠、成熟、安全稳固，可以容许差异和分离。

除了使用 EFT 的干预措施外，EFFT 家庭治疗还会在治疗过程之外，邀请家庭成员完成一些任务和仪式，作为回家功课。例如，治疗师可能会建议兄弟姐妹每周共同参加一项活动，从而加强他们之间的关系。传统上，结构性的系统干预也会设置此类任务（Minuchin & Fishman, 1981）。但是，在 EFFT 和 EFCT 中，改变通常发生在治疗过程中，而不是在会谈室外。

最后，如果 EFFT 是由两个治疗师共同合作，他们可以使用一个特殊的干预技术：在家庭面前进行简短的对话，对话的内容和整个家庭或家人互动有关。这个技术和叙事治疗使用的"反映小组"很类似，家庭成员成为广播剧中的听众，而他们自己却在剧情中被谈论着。然而在 EFFT 中，这是一个很简短的对话，而且只用于特殊情况，不是经常使用。举例来说，当治疗过程似乎卡住时，治疗师甲对治疗师乙说："你知道吗？我不太清楚这里发生了什么事了，你呢？"治疗师乙回答："我不太确定玛莎是想要母亲的接受和赞同，还是比较想要向母亲证明母亲没办法控制她。"然后治疗师会转向家庭成员做进一步的澄清和讨论。这种技术将家庭成员从参与者变成旁观者，希望他们能因这个距离而产生不同的看法。

EFFT 的第二个案例：在我跑掉之前抱紧我 [1]

奥尔加身材高挑，长得很漂亮又很会说话。那年她才 17 岁，却很容易被误认为已经 20 岁了。她被诊断同时罹患暴食症和抑郁症，在当地医院接受暴食症的团体治疗，可是没有起色。她被评估为资优生，最近成绩却不及格。来咨询时，她还有最后一年就高中毕业了。

奥尔加的妈妈劳拉 36 岁，身材娇小，也很漂亮，但看上去有点憔悴，她是名护士。奥尔加的爸爸在奥尔加 9 岁时抛下她们，搬到另一个地方，很少跟她们联系。奥尔加还有一个弟弟蒂米，年仅 5 岁。劳拉正在跟同事泰德交往。奥尔加五到八岁这几年，劳拉的健康状况非常差，曾被诊断出得了红斑狼疮，这是很难治愈的疾病，不过后来病情缓解了。劳拉说，在这段时间以及奥尔加的爸爸离开他们的时候，她非常依赖奥尔加。

在这之后，奥尔加经历了妈妈重病、爸爸离家、蒂米出生（妈妈在一次短暂的恋情中怀了他），以及妈妈最近开始一段新关系。她自己不久之前也才跟学校的男友分手。奥尔加说蒂米刚出生时，她很讨厌他，不过现在很高兴做他的大姐。当妈妈出去跟奥尔加认可的泰德约会时，她就负责照顾蒂米。

---

[1] 本书作者最初于 1998 年将这则案例发表在《系统治疗期刊》（*Journal of Systemic Therapies*）上。

第一次咨询时，劳拉是大步走进咨询室的。在她开始自我介绍之前，先声明她不接受指责或攻击，也不接受被定罪为奥尔加问题的根源。奥尔加则是眼泪汪汪地说，她只想要改善跟母亲的关系。然后劳拉和奥尔加分别告诉治疗师她们的故事，以及她们对暴食症的看法。奥尔加的暴食症是在15岁那年一次节食开始的。劳拉承认自己的好好坏坏、起起伏伏，让奥尔加在成长过程中吃了很多苦头。劳拉说女儿很聪明、独立，她曾经建议女儿在高中最后一年搬出去，跟一个堂妹住。这样对奥尔加和她都好，因为她现在已经很难跟奥尔加相处了，奥尔加在家里不肯帮忙又常惹恼她。奥尔加在咨询时也批评过妈妈，她批评妈妈对蒂米的管教，也说妈妈跟男人相处时软弱无能。劳拉偶尔会反击一下，大部分时候她都保持冷静、无动于衷的样子，说奥尔应该要像个大人对自己负责了。

这对母女互动的模式很清楚。奥尔加批评、抱怨、生气；劳拉则保持疏离、自我防卫，她说奥尔加这个年纪应该像她一样搬出去靠自己了。当我在咨询中提出这个模式时，她们两个人都同意，也都能够看出这个模式如何限制了她们之间的互动，一直让她们痛苦。在我看来，奥尔加的抱怨、批评是因为愤怒和心底感到绝望和悲伤。我专注在奥尔加对妈妈的批评，例如"你总是那么遥不可及""如果我离开，在外面生了病，你一点也不会关心""如果我有问题来找你，你总是把我推得远远的"，并且加以渲染。经过我反映、支持、唤起和增强她的情绪反应，奥尔加开始难过地流泪了。靠着我的帮助，奥尔加可以开始整理出她的孤独和被妈妈抛弃的感觉（步骤三：整理深层情绪）。我请奥尔加对着变得沉默的妈妈，直接表达这些感觉。

从依恋的观点来看，奥尔加应该是不安全型依恋，她不时在抗议劳拉对她的疏离（劳拉大部分的时间都花在男友、工作和小儿子身上）。奥尔加对于家事负担的愤怒和反抗，使得劳拉退缩；而劳拉冷淡的疏离，造成奥尔加的绝望和抑郁。当我把她们每个人的情绪反应放到循环架构中，奥尔加就能对妈妈说她感觉妈妈是跟蒂米和泰德在一起的，而她在妈妈的生命之外。她觉得自己不属于这个家庭，这个感觉随着妈妈一再说她应该搬走而日益加深。咨询师认为奥尔加在搬出去之前，应该先感受到自己是属于这个家的。

随着劳拉和奥尔加在咨询中觉得被支持和了解，她们这种问题的循环也逐步降低。奥尔加开始做更多家事，减少跟妈妈发生冲突，也少了不少火药味。劳拉也开始花时间与女儿相处。在 EFT 的中间阶段，每个人所表露的情感反应都改变了，这让其他人的回应也跟着有了变化。他们的互动增加了新的依恋行为，培养了更稳固的联结。我们来看看劳拉和奥尔加是如何改变了互动位置，如何重新定义她们的依恋关系的。

第三次咨询时，劳拉开始谈生活中的压力如何让她透不过气来，以及奥尔加不肯在家里帮忙。奥尔加很生气地回应说她有照顾蒂米，这已经够了。我决定，如果可能的话，现在就应该让劳拉有所改变，能够比较投入。

劳拉：（对奥尔加）我知道你那段时间很苦。你爸爸跑了，我出去约会，然后生下蒂米，你经常很孤单。但是你这么无理，我不明白你为什么这么气我，我必须一直咬紧牙关才能不跟你吵起来。（劳拉哭了。）

治疗师：劳拉，你在讲这些话的时候，心里有什么感觉？

劳拉：什么？喔，我不知道。

奥尔加：我不能跟你讲任何话，我不可以有任何感觉。你就只会讲自己的道理。

治疗师：我们可不可以在这里暂停一会儿？

劳拉：（看着窗外，对奥尔加说）你永远都在生气，我看到你只有这种感觉。

奥尔加：不对，如果我需要你的照顾，你也不喜欢，就好像我不该那样需要一样，你说我得独立。

治疗师：（继续把焦点放在劳拉身上，用平静的声音问）你感觉怎么样，劳拉？听到女儿这样生气和失望，你感觉如何？（劳拉没有回应。）你把双手抱在胸前是在控制自己吗？（劳拉把身子转开女儿那边，流泪。）你在奥尔加对你生气所说的话里面听到了什么？

劳拉：她攻击我。（停顿很久；声音开始颤抖）她在说我是坏妈妈。（劳拉咽了一下口水，望向窗外。）

治疗师：（轻柔地）那是你在奥尔加愤怒和遇到挫折时听到的，你是坏妈妈？

听到那个信息，让你想要跑掉，让你跟那个信息保持距离？

劳拉：（转身看着咨询师，声音显得无奈）对，一直都是这样。

治疗师：听到那个信息的时候，你会怎样？

劳拉：（停顿很久；调整了一下情绪，声音相当平静）我想她是在生她爸爸的气。

治疗师：（温柔地）当你听到她对你生气的时候，你会怎么样？

劳拉：（叹口气，声音颤抖）我想她说对了，我不是好妈妈。（停很久）当她小的时候，我身体状况很差，又因为她爸爸的缘故心情很坏。我希望她能够独立，因为如果我死了，她就必须自己坚强起来。我记得她说过"妈，不要担心，我会照顾你"这样的话。（她又哭了起来，用手遮着脸。）我想要她成为一个十全十美的小孩，可是我办不到。我猜我到现在还继续把情况弄得更糟。

治疗师：劳拉，讲这些话是不是好痛心？（劳拉点头。）觉得没有办法保护她，没有把事情弄好，让你好心痛。

劳拉：（用力点头，眼睛看着地板）奥尔加有时候会侮辱我，像是骂我"婊子"。当我怀蒂米的时候，她非常生我的气。她说过"你怎么能干得出那种事"，我跟蒂米的爸爸分手，一部分原因是他对奥尔加很疏远。（劳拉激动着，东张西望，好像在找一个能够逃出去的地方。）

治疗师：奥尔加就是有那个能力让你生气，使你失去平衡，如果你听到……

劳拉：（抢话，身体转向咨询师）我是她的箭靶子，这是为什么我要叫她离开。我没有办法再忍受这个压力了，她要是搬出去，我们的关系可能会好一点。我如果走进她的房间，天知道会发生什么事情。我永远猜不到她什么时候会忽然对我发起脾气来。

治疗师：你怕她发脾气，听到那个信息，说你这个妈妈让她失望。（劳拉点头。）有时候，你想到你可能真的不是好妈妈，心情就会很坏。坏事情不是你所想要的。（我在她所描述的经验中增加了一个新元素——害怕。）

劳拉：对，对，我觉得我已经无力招架了，要照顾每个人，我从来不觉得我有能力。

治疗师：要照顾每个人，又从来不觉得能够做好；好难，好辛苦啊。劳拉，你能不能对女儿说，"做个让你失望的妈妈让我好难过，我没办法待在那里听你这样讲，我没办法不逃走"。你能告诉她吗？

奥尔加：（身体前倾，语气充满安抚）妈，你真的好辛苦，但是你尽力了，我不觉得你失败。你给予我的很多。（奥尔加朝向妈妈）是我不能和你亲近。

劳拉：我真的很失败，我生了病，我没能让你爸爸留下来，现在你又经常呕吐。（劳拉哭出声来）即使我想，也从来没把我应该讲的话说出来，让你对我生气。我什么都没做好。（这是步骤五，这个以前一直退缩的妈妈接触到自己的深层情绪。她在表达并啜泣。）

治疗师：让你好痛苦、好难过，觉得自己不是一个自己想做的妈妈。（劳拉点头，咨询师转向奥尔加）奥尔加，你听到了吗？你的怒气为妈妈打开一道门，让她看见她是个让你失望的妈妈。

奥尔加：（很认真地说）对，但是她没有，不是那样。她在自我防卫，我只是在害怕或难过的时候，希望她能来安慰我、帮助我。（继续投入——步骤六的回应）

治疗师：她对你非常重要，她的安慰和亲近对你那么重要，你要奋力去争取？（奥尔加拼命点头。）因为那份亲近过去曾经保护你，曾经让你感到安全。它帮助你活下来，但是现在你得不到了，是吗？

奥尔加：（很强调地）对。（眼睛望着妈妈。）

治疗师：你可以告诉她吗？（咨询师安排一个现场演练，用手指向劳拉。）

奥尔加：（把头转向妈妈，用恳求的声音）妈，我很坚强。你帮助我成为这个样子，但是请你不要把我推开，现在不要。成长很可怕，你知道。我需要你跟我做伴。（因为妈妈越来越可以靠近也愿意接触，奥尔加很自然地也软化了，可以请求妈妈来满足她的需要。）

劳拉：（两眼流泪，伸手抱住女儿）好的，我会的。我愿意。我愿意跟你亲近，只不过有时候我不知道该怎么做，而我又害怕惹你生气。（步骤七：退缩者重新联结）

在这段浓缩的治疗对话中，劳拉和女儿变得比较亲近，对女儿也有比较多的回应。她能分享自己的挫败，然后从女儿那里得到安慰。奥尔加对母亲的态度也有了改变，不再攻击，而是开始寻求接触和安慰。奥尔加可以从母亲那里确认，母亲仍然需要，也想和她亲近，搬出去并不代表失去母亲。这个过程对奥尔加的抑郁有正面影响，也拉近了奥尔加和母亲的距离。我也探究暴食症在这个负向互动循环中的位置。奥尔加有能力探索这个问题，看出引起她呕吐的刺激是感到孤独和自己在家里的地位可有可无，那使得她对自己的价值产生了很深的怀疑。

之后当奥尔加觉得想要大吃或呕吐时，就会向母亲或最要好的朋友求助。她可以跟母亲说和父亲疏远所带来的痛苦，让母亲安慰她。对劳拉而言，她的存在就能帮助女儿，不是解决女儿的问题，也不用弥补过去的一切，这让她可以和奥尔加保持联结。劳拉也设定了自己可以继续保持开放和投入的条件，她限定奥尔加不可以用不当的方式表达不满，如咒骂、说脏话，应当清楚说明自己的需要，而不是攻击、指责。

奥尔加在更进一步软化后，承认自己的行为的确恶劣，并且能够跟母亲说她需要母亲的安慰和亲近。劳拉也承认自从蒂米出生后就忽略了奥尔加，奥尔加能接受并体谅母亲有些不得已的苦衷。她们的关系变得比较安全、紧密和平等，可以彼此倾诉和支持。经过七次咨询，治疗结束了。几个月后，奥尔加搬出去跟表亲同住。她的在校成绩很好，暴食症也不复存在。最后一次咨询时，咨询师要劳拉对着她的女儿说"请帮助我成为你所要的那个妈妈"。奥尔加也为过去恶劣对待母亲而忏悔。奥尔加将自己和母亲的关系重新定义为一个安全的依恋关系，意味着她现在更独立自主了。治疗在母女可以彼此安慰和支持时结束，崭新的感情乐章造就了崭新的舞步。

路德维希·冯·贝塔朗菲（1968）认为，一个系统中各个元素的分量并不相等，有些部分是带头的，影响着其他的元素。他表示"带头元素的一个小改变，就可以使整个系统产生很大的变化"。EFT的临床经验及其在家庭方面的应用告诉我们，新信息和单单在认知和行为方面的改变并不能产生这种大的变化。"任何成分的改变都能带来系统的重构"，这个曾经被广为信奉的教条其实并不成立，改变"带头的元素"，才能造成这样的变化，例如当"带头的元素"导引了互动的情绪时。

EFFT 发展的现况

到目前为止，EFFT 尚未如同 EFCT 那样被系统性及实证性地证明其治疗效果，然而，在渥太华医院进行的一项针对暴食症青少年的成效研究发现了支持性的研究证据（Johnson，Maddeaux & Blouin，1998）。在 10 次干预后，EFFT 被证明是有效的，44% 的暴食症青少年的暴饮暴食症状完全停止，67% 的青少年不再呕吐，在抑郁和敌意等其他变量上也有显著的降低。1989 年，阿姆斯特朗（Armstrong）和罗思（Roth）发现，96% 的饮食失调青少年表现出焦虑型依恋（而在正常青少年中，焦虑型依恋的比例是 24%），自我价值感降低。因此我们认为，以依恋为导向的干预可能特别适用青少年的家庭。EFFT 也经常用于抑郁和自杀的青少年（Johnson & Lee，2000）。

在过去的 15 年里，随着依恋理论和科学证据的发展，EFFT 的临床应用也在增长，干预措施变得更加系统和完善。这促成了 EFFT 的新训练课程的发展和前面提到的 EFFT 新书（Furrow et al.，2019）的发展。此外，这项工作符合对 EFT 的最新观点，即依恋导向的干预方式基于一种最全面的人格发展科学（我们是谁、我们如何存在）。因此，依恋理论可以有效地应用于所有的治疗模式，不管是个人、伴侣还是家庭（Johnson，2019a）。

EFFT 的产生是因看到 EFT 的原则和策略也可以应用在不同的情境和关系中，可用来改变父女、母女和成年伴侣间的互动。改变这些关系，就会让家庭中原本有问题的互动产生改变。

这种家庭治疗方式解答了对家庭治疗常有的批评：着重系统而忽略了系统中的个人（Merkel & Searight，1992，p.38），也将系统理论拓展成为同时改变个人内在和人际互动的治疗方式。使用 EFFT 的临床经验显示，遭遇困境的伴侣和遭遇困境的家庭遇到了相同的难题——隔阂和依恋的不安全感，所以可以用同样的方法克服。

第 13 章

关系创伤：处理依恋创伤

> 对疼痛中枢来说，最重要的不是"被轻视"属于哪个理论上的分类，而是它所带来的威胁的危险程度。切断依恋是危险的，就像划伤眼角膜，关系破裂会带来痛苦。
>
> 托马斯·刘易斯（Thomas Lewis）、法拉利·阿米尼（Fari Amini）
> 和理查德·兰龙（Richard Lannon）
> 《爱的起源》（*A General Theory of Love*，2000）

宽恕与和解

在过去几年里，有些研究找出了阻碍个案改变的因素，例如"指责者态度软化"是建立一个更安全联结的重要部分，这些研究让我们进一步了解关系创伤，也就是 EFT 治疗师所称的"依恋伤害"（Johnson, Makinen & Millikin, 2001; Makinen & Johnson, 2006）。这些事件在依恋理论的架构下，将依恋理论视为创伤的理论，即面对难以承受的经验和脆弱时，那种分离、隔绝的创伤。从这样的角度看依恋伤害，显示依恋理论足以解释特定的关系界定事件、模式及其对于关系的冲击，并提高干预的成效。这项工作也让 EFT 的临床干预技术朝着宽恕与和解（forgiveness and reconciliation）的新领域发展（Coop, Gordon, Baucom & Snyder, 2000; Worthington & DiBlasio, 1990）。

依恋创伤的定义是：在最需要他人的关键时刻，被所爱的人抛弃或背叛，也就是"人与人之间情感联结的破坏"（Herman, 1992）。这个对关系的破坏制造或加重了依恋联结的不安全感。这种关系的创伤，带给人无法承受的惧怕和无助感；如果不解决或医治，会严重阻碍信任与亲密。当 EFT 治疗师要求伴侣一方向另一方冒险敞开自己、伸出手的时候，这些事件对于关系的影响就会非常清晰地呈现出来。这些事件在过去的咨询中被当成一般性的伤害，虽然曾经在咨询中被提及，创伤却会一再重现，阻碍夫妻或伴侣之间的冒险与情感联结。受伤的一方描述这些受伤害的回忆与画面是多么容易被唤起，造成他们对一些引发旧创的事件或回忆特别敏感。他们和伴侣互动时，也会像研究创伤的文献所陈述的，采取麻痹自己的方式来保护自己。

这些事件可能一开始并不显眼，也可能色彩鲜明、容易辨识。在生孩子或流产时被对方遗弃的经历是比较容易辨识的伤害。在伴侣的公文包里看到他和同事煽情挑逗的照片，虽然会让人受伤，但伤害好像不那么大。可是，如果妻子很介意自己对丈夫来说是不是一个良好的性伴侣，希望丈夫觉得自己在卧室里是既刺激又令他满足的，发现这样的照片对她造成的伤害可能就非常严重了。外遇是否会造成依恋创伤，要看外遇的背景和依恋的意义而定。不论是否能很快理解这些事件的意义，伴侣谈这些事时，他们的态度可能是生死攸关，并有一种"绝对不能让这样的事件再次发生"的决心，这时受伤的一方最想要的是减少自己再受伤害的风险，而不是跟伴侣建立情感联结。这个伤害被用来当作检验伴侣可靠性的标准。婚姻困境中的伴侣虽然可以处理发生过的事情，但通常造成伤害的那一方会变得退缩而防卫，或是当事情再被提起时，试图淡化和保持距离。

伴侣相处难免有时会受伤，但是有些伴侣间的伤害是属于创伤性质的。如果他们要改善困境，建立比较安全的依恋关系，就必须处理这些伤害（Johnson,

2002）。当伴侣一方在极度需要对方或非常脆弱的情况下求助，却被对方轻忽、蔑视时，两人间的信任基础就崩塌了。EFT治疗师本着依恋的观点，将这些事件重新定义为关系创伤，帮助伴侣从创伤中痊愈。近年有项研究以遭受这些创伤或婚姻陷入很大困境的伴侣为对象（Makinen & Johnson, 2006），结果发现66%遭受这些创伤的伴侣可以在14次EFT咨询后降低冲突，消除伤害，增加婚姻满意度。这些伴侣的婚姻满意度、彼此的信任与宽恕程度都显著提高，这些结果在三年的随访中也很稳定（Halchuk, Makinen & Johnson, 2010）。不能改善的伴侣多半有一个以上的创伤，彼此信任的程度从治疗一开始就相当低，他们之中造成伤害的一方也采取非常逃避的态度。即使是这样的伴侣，虽然治疗结束时彼此还是无法宽恕对方，婚姻满意度也没有提高，但是他们感到焦虑和痛苦的程度明显降低。

在上述研究之前也有EFT学者观察一些个案，找出改变过程的步骤。这个过程发生在EFT的第二阶段，此时已经完成降低冲突的任务。在伤害事件获得解决后，第二阶段个案的改变——重新投入和态度软化，似乎就可以自然展开，进而巩固两人的关系。宽恕和修补依恋伤害的过程包括下列步骤。

- 当事人在陈述事件时是非常痛苦的。无论这个叙述事件是自然出现在第二阶段的过程，或是因为治疗师鼓励逃避退缩的一方冒险投入，或是更常见地，当受伤的一方试着与现在变得比较可接近的另一方接触时，受伤的一方开始描述自己被抛弃和无助的经历和感受，两人间的信任被摧毁，原本以为拥有安全关系的梦想幻灭了。当伴侣一方描述这样的经验，经常会带着很强烈的情绪，而在思路或描述上会显得散乱无章。那件事对受伤的一方而言，是鲜明地在眼前一再重演，并不是一桩只存在记忆里已经冷却的往事，而伴侣不是忽略、否认，就是试图淡化这件事和受害者的痛苦，并采取防卫的姿态。

- 在治疗师的协助下，受伤的一方继续保持跟伤痛的接触，开始表达这份伤痛对个人、对关系的冲击及其所代表的依恋意义。过去的生气和愤怒现在明显转变为心痛、无助、害怕和羞耻，伤痛和目前关系中的负向循环联结也变得清楚了。例如，一位伴侣说："我仍然觉得非常心痛，非常无助，只能大吼大叫、歇斯底里，想对他有一点影响。我要他知道，他不应该把我的伤痛一笔抹掉，但他还是一意孤行，丝毫不为所动。"

- 造成伤害的一方在治疗师的支持之下，开始倾听和了解这个伤害事件的意义，也可以从依恋的角度理解整个事件。造成伤害的一方因而能承认另一方受到的伤害与痛苦，以及事件对自己造成的影响。这种做法跟用逻辑方式详尽说明事件如何导致受伤的一方表现出那些行为，结果是截然不同的。
- 受伤的一方接着尝试对这个伤害经验做一个全面而完整的表达。他能够对自己在其中所感到的失落表达哀恸，也能表达失去依恋联结所带来的恐惧。他能够让对方看到他的脆弱无助。
- 造成伤害的一方感情变得更投入，承认自己在依恋创伤中的责任，也表现出同理、懊悔及自责。
- 借着治疗师的帮助，受伤的一方能冒险向对方要求安慰和关怀。
- 造成伤害的一方此时以关怀的方式回应对方，化解原来的伤害与痛苦。伴侣能一起建构这个事件的新互动。这个互动让受伤的一方接受造成伤害的一方在事件当时为什么会有那样不良的反应。

一旦依恋创伤得到化解，治疗师就能有效地促进伴侣之间的信任，展开和解与有助情感联结的正向循环。这个过程将他们的关系塑造成一个安全的庇护所，在其中伴侣能共同解决其他困难与实际问题。事实上，这也是深情相拥®中七个有助情感联结建立的对话之一。

将依恋创伤看成一种关系的创伤，对伴侣治疗师有很重大的意义。从这个角度来理解依恋创伤，可以解释为什么伴侣治疗对有些伴侣比较没有效果。这些创伤事件需要被处理和解决，才能实现疗效以及预防治疗结束后问题的再次复发。找到这些事件的脉络有助于为解决这些问题制定一套系统性的干预措施。依恋理论让我们能够明确指出解决此类创伤所需的元素。例如，我们可以明显地看到只有一种形式的道歉能得到宽恕。道歉可以有多种方式，然而负责编码的研究人员从研究和督导的治疗录音带中发现，宽恕发生在受伤的一方必须说出他们的痛苦，并能体会此情绪（也许在另一方的脸上能清楚看到），造成伤害的伴侣能感受到这些情绪，心里被触动，并且明显地因对方的痛苦而感到难过。一位个案说："我需要亲眼看到——知道我的痛苦触动了你。"造成伤害的伴侣在表达后悔时，同时因为他们造成了这种痛苦而表现出深刻的情绪体验。在过去的创伤中，伴侣双方的感受不协调也不合拍，因此他们需要通过一种新的体验才能得到治愈，这种新体验指的是两人的情绪反应是清晰一致并协调合拍的，然后双方也在情绪同步中。有些伴侣可能比其他伴侣更能解决这些伤害。一般而言，属于安全型依恋的伴侣比较会处理他们关系中有损信任的事件（Mikulincer，1998）。

下面是处理依恋创伤一个典型的例子。

- 妻子海伦娜说："不行，不行，我没有资格要求他来关心我。尽管我们现在的关系有所改善，可是……（她低下头，用手盖住双眼。）我告诉自己永远不要……我们现在已经进步很多了，很多地方都比较好了。（她的脸泛红，声音变得压抑又低沉。）我在那里经历产痛，他问医生还要多久，医生说大概还要一个晚上，然后他说他要去冰球比赛的现场，因为他是队长。他说很快就会回来。我哭了，我不希望他去，但他还是去了，然后孩子就在他离开的时候出生。我不明白为什么我会对这件事耿耿于怀，特别是最近，我们就要退休了，要离开我们的朋友和家人，搬到一个小村子。（然后她的声音变了，变得尖锐，她转向丈夫。）那场比赛你们赢了，对不对？那才是你真正关心的。"治疗师说："一想到这件事，就会让你觉得好痛，现在仍然很痛。你学到了不可以依靠泰德，不可以把自己交到他的手中，是吗？"海伦娜说："没错。"泰德插嘴："忘记这件事，好吗？这已经是几十年前的事了，后来你不是也好好的吗？医生说生产很顺利，我不是以后每次都陪着你了吗？"海伦娜回答："因为那时你都没有其他重要的比赛要参加。"

- 靠着治疗师的协助，在长久以来积压的愤怒感觉中，海伦娜渐渐发现，自己仍然感受到强烈的悲伤与绝望，这样的感觉不断警告她"不可以信任和依赖丈夫"。她可以看到自己是如何一直在婚姻中采取"分散风险"的态度，一方面跟他在表面上和平共处，另一方面却在自己需要帮助或安慰时转向其他的家人，不去跟他求助。但是现在，自从他们买下这幢小屋，预备提早退休，她发现自己变得冷淡而急躁。慢慢地，她一步步发觉，当她想到未来的生活会非常需要泰德时，就会感到反胃和一种心沉到谷底的感觉。她开始可以说出那天晚上独自一人把孩子生下来后，她在心里割舍了多少曾经对她而言非常重要的东西。她为自己失去对关系的信任、失去两人间的情感联结，以及这么多年来自己的妥协而哭泣。她认为自己永远会排在他成功的事业和刺激的运动之后。她现在可以告诉他："我不想需要你，我在那个晚上是那么害怕。"治疗师说："海伦娜，你现在还在害怕，不敢把自己的心交在泰德手中吗？"海伦娜表示同意并继续哭泣。

- 一开始，泰德对再度提起这件陈年往事非常不以为然，不过却渐渐开始听懂妻子过去被他抛弃的心情，也才了解原来妻子这么多年来一直对他怀着戒心。他开始为妻子的难过而难过，同时也后悔地了解到自己"可能真的是个没心肝的丈夫"。他也能够告诉妻子，自己以前是多么胆小，而且到现在仍然很懦弱，不敢正视做丈夫的责任。他只有在冰上做一名冰球运动员，或在办公室时有效率地工作时，才感觉到自己是有能力的。他开始能够表达他眼中的妻子是个"情绪和爱情的专家"，以及他如何觉得现在在家中，还有老大出生的那个晚上，自己都是个多余的边缘人。他想起那晚在医院里不知道要怎样安慰和支撑她的无助，于是逃到自己身为冰球队长的角色责任里，因为他懂得如何扮演好那个角色。事实上，他一直害怕海伦娜看穿他的无能，害怕自己会失去她。

- 海伦娜现在可以真正哀悼她对婚姻梦想的幻灭，婚姻没有成为她的安全庇护所，她很早以前就对婚姻失去了希望。她也为这么多年没有尝试和泰德重新建立情感联结，而只是记得"每一个我对他而言不重要的证据"，而且自己一直保持麻木而感到难过。她可以告诉他，其实她是多么希望能在他的膀臂里安歇，多需要他的亲近和照顾，还有说出这些心情让她有多害怕。

- 泰德也敞开心扉，哭着表达自责与懊悔，因为这么多年让妻子失望，白白错失这么多亲密的机会。治疗师继续帮助他聚焦在逐渐升高的脆弱情绪中，让他可以去同理她那晚所受的伤害，以及了解她后来决定再也不要指望他或期待有真正的联结的心情。他承认这些年她每次提起那个晚上的孤单和对他的需要时，他都没有回应。他现在可以大声说出："我让你失望了。我真的让你失望了，然后我转身逃开，不愿意面对问题。我总是在逃避，用工作来证明自己。但是现在我愿意给你所需要的，我真的想要跟你亲近，让你觉得我是可以依靠的。"
- 海伦娜鼓起勇气告诉泰德，她害怕将来在小屋又会被遗弃，她需要他的安慰和保证。她说："我需要知道下一次当你不知所措或感到害怕的时候，会继续待在我身边，学习跟我一起渡过难关。我需要知道我在你心中是有分量的。你能在生活中紧紧抓着我，不要放手吗？"
- 泰德既深情又如释重负地回应妻子，说出他的承诺，并表示要跟她重新建立紧密联结的决心。他表达了对她的保证和需要她的支持。这对伴侣一起重写他们的婚姻故事：两人曾经受到的依恋创伤，以及创伤对日后婚姻的影响。他们也共同描绘了一幅未来的景象，包括两人将来想要的互动和回应，要让他们的情感联结强固而安全。这个过程结束时，伴侣不只完成了宽恕，还有和解与更稳固的联结。

对于伴侣和家庭治疗师来说，我们非常重要的工作是：了解这些人类情感联结的破坏，并有技巧地进行干预，以有效地帮助伴侣建立信任和成功和解。EFT治疗师在处理这些伤害时的目标不仅仅是宽恕，而是帮助受伤者愿意冒险再次信任对方；帮助伴侣建立对自己和他们的关系的信心，让他们的关系在经历重大裂痕和错误的反应后，仍然是可以修复的，并且可以带领他们克服这些障碍，不断塑造和保持安全的依恋。

接下来的 14 章和 15 章将分别提供两个 EFT 咨询的例子，让读者可以亲身体验前几章叙述的过程和技术。

第 14 章

EFT 第一阶段的咨询：在 EFT 认证训练初阶时的一场现场示范

"我们常常越吵越凶。"

"我会说很刻薄的话，也会骂脏话。"

本章用的案例是近期 EFT 认证训练初阶时所拍摄的现场示范，这是未经编辑的治疗逐字稿。这对夫妇知道有 200 多名治疗师正在观看他们的治疗过程。这对夫妇以前不认识我，在这次咨询之前，我从他们的治疗师那里得到的个案信息非常有限。为了强调这一过程和干预的通用性，我在这里没有为读者提供任何实质性的背景信息。这对夫妇都是专业人士，是一对不同种族背景的异性恋夫妇。妻子一直威胁要放弃这段关系。他们的治疗师特别要求我协助降低女性伴侣的烦躁和愤怒，因为这对夫妇同意"她的愤怒是这个关系中的问题"。这对夫妇在找 EFT 治疗师之前看过我的书《爱是有道理的》。

在本章末尾，我提供了一些治疗历程的说明，和一些如何使用治疗过程的逐字稿来练习 EFT 技能的建议。

治疗师：你们好！非常感谢你们愿意来帮我这个忙，我想让你们知道，你们与我的谈话是给其他各种想要了解他们关系的夫妇一份礼物，因为你帮助治疗师更好地理解关系、学习EFT，所以我很感谢你们。我也知道，允许像我这样完全陌生的人突然进入你的生活需要很大的勇气。这个房间的摆设也很不寻常，有一盏打光灯和一台摄影机，我们知道有许多人正在看着我们，所以我会尽力协助你们，让你们感到安全。我的第一要务是让你们在本次咨询中感到安全，我也会问一些关于你们关系的问题。另外，你们有没有什么想问的关于我的问题，让你们感觉更自在一点，或让你们感觉不那么奇怪或陌生？

梅尔：我没有像温迪一样事先做过那么多的研究，但我已经做了足够的了解让我对你有信心，所以我已经准备好了。

温迪：你的声音已经安慰到我了。（笑，低头）就像我已经认识你一样……我至少花了四个小时在听或读你的书。

治疗师：嗯，这很好。知道我的声音对你是一种安慰让我放心些。我知道你们在今天之前见过你们的治疗师两次，对吧？（他们点点头）所以你们能帮帮我吗？我想了解你们的关系中发生了什么问题。你为什么决定寻求咨询的协助？我想知道你们各自是如何看待这个关系，以及你们希望关系如何改善？你希望通过接受治疗而发生哪方面的改变？我们可以从这些问题开始谈吗？

温迪：我认为沟通一直是我们关系中非常重要的事情。我们结婚8年，在一起11年了。我们有两个孩子，一个4岁、一个1岁。去年很特别，因为我们之间发生了很多改变，我觉得我们在苦苦挣扎。老实说，我很担心我们的婚姻，因为我们的争吵越来越激烈。对我来说，我们好像比过去更难降低冲突了。

治疗师：所以你可以帮帮我吗？我接下来会把你说过的事情回述给你听，如果我理解得不对，我希望你纠正我。你的反馈对我会很有帮助。我听到你说你们的关系很紧张。你总是处于备战状态，如果你真的陷入了争吵，那么回到某种平衡并不是那么容易。是吗？

温迪：是的。我认为我们只是变得更极端，恶化的速度更快，从0到100，要么大喊大叫，要么相互攻击，说一些伤害性的话。

治疗师：所以事情恶化的速度令你担忧，让你怀疑到底出了什么问题，对吧？

温迪：对我们俩来说都是的。我不知道我们过去处理冲突的方式是不是更好，或者是因为现在情况不同，或者有其他原因，但我们这段时间过得很艰难。我觉得我们要找到适当的方式来改善情况。

治疗师：所以这几乎就像是你的心情变得不稳定，争吵变成关系新的常态或更为紧张。（温迪点点头。）真的是更为恶化，当你争论时，感觉更糟糕。是吗？

温迪：是的，有很长一段时间，我们实际上都在各种不同的危机模式下运作。在那种环境下，我们往往可以发挥很好的功能。就像是我需要你做这件事，或者我需要你做那件事。我的母亲生病了，我的工作压力很大，我们的孩子快要出生了，你知道的……当我们的第一个孩子出生时，我们还不出意外地发生了很大的冲突。在那之后，我们习惯了一种相处模式，但在去年，我们之间发生了变化，日子变得很难过下去。（他们搬家了，她放弃了工作留在家里，他们有了第二个孩子。）

治疗师：你原来是一名全职律师……现在你辞职在家带两个小孩，是吗？所以，这对你来说是一个巨大的变化。

温迪：是的。我过去对自己的角色认同都与我的专业角色有关，对我来说，有很多挫折感……也许是悲伤的失落，或意识到……好吧，如果我不再是律师，那我是谁？（头部倾斜）

治疗师：对。这很不容易。

温迪：是的。在我们搬家之前，我们吵了一架，让我们俩都有那种"突然迷路又不知道该怎么办的感觉"，然后从搬到新家开始，我们一直都保持着对峙状态。我们的女儿才刚满一岁，所以我想我们需要更好的沟通……更强的情感联结。

治疗师：你不想让这个充满紧张感的舞蹈接管你的婚姻。我听到的是，你觉得你们在一起失去了安全感……你失去了平衡。

温迪：我想我们俩都觉得这不是一个好的转变，所以在它变得糟糕之前……

治疗师：我很同意这个想法，你能够看到你们的关系中发生了问题。你经历了很多变化，你放弃了你的事业。（她点点头。）我看到你在谈论放弃事业时的表情，我可以感觉到这对你是多么困难。这对你而也是一个很大的损失吧？（温迪点点头，嘴唇颤抖。）照顾两个小孩的压力很大。所以过去一段时间发生了很多变化，不知何故，在这个过程中，你失去了安全和平衡。你陷入了各种压力和紧张之中，这对你来说很难，对吗？（温迪低下头，眼眶湿润，微笑，吞咽，点头。）嗯，我听到了，是困难的。（温迪泪流满面。）你刚刚说"我的专业角色是我的自我认同很重要的一部分"，我听到的是，你在职业生涯中有一种掌控和成就的感觉，对吧？但你放弃了。当你丈夫找到一份新工作时，你放弃自己的事业和他一起搬到新的城市，对吧？（温迪点点头。）是的，但现在不知为什么，你们的关系改变了，这有点像是……你帮我一下，这在某种程度上是令你警觉的，警觉是你的心情吗？

温迪：是的，警觉。也许吧，但其实……（叹息）更多的是孤单吧。

治疗师：（身体前倾）孤单？是的，我听到了。

温迪：因为他就像一个提供我稳定的基石，所以……有这么多的变化，又不再能够把自己投入到工作中，不能让自己分心。我们不像以前那样互相吸引了，然后，就像……感觉……你知道的……我不喜欢现在这样。这一点对我很重要，然后真的没什么可以帮助我的。

治疗师：我听到了……你经历了所有的这些变化。在心情上有很多改变。突然间，你觉得你和梅尔过去拥有的稳定不见了，让你感到孤单。是的，我听到你了。（转向梅尔）对你来说呢，梅尔？在这段关系中，你觉得发生了什么？

梅尔：我觉得温迪说得很对。我们有了两个孩子，对她而言我们搬走了，但对我来说是搬回家。工作上的改变——我认为这对我妻子的影响非常大，而我却能够继续事业上的发展。你知道，作为朋友和相爱的伴侣，我们已经在一起11年了，我们一直有一些强项，包括很多理性的相处方式。我们在危机中也表现良好。

治疗师：你们是一个很好的团队。（现在咨询开始13分钟了。我仍然在建立联盟并打地基。）

梅尔：我们通常能够齐心协力，但我认为……在面对改变的态度上我们是不同的，这些差异使我们不同步，并且……（瞥了一眼温迪）我认为我们的关系付出了代价，不仅仅是因为搬迁后的适应。关于发生在她身上的改变，就我而言，我观察到我们在行为上和情绪上普遍也存在着差异。

治疗师：能不能请你在这里停一下？可以吗？你刚刚说"是的，我们的婚姻产生了巨大的变化，过去我们可以齐心协力，但不知何故，这一次，感觉就像我们在处理这些变化的时候渐行渐远。这对我来说日子并不难过，但我们心情很不一样"。这是你的意思吗？

梅尔：你讲得对，我们非常善于将冲突升级，将小事变大。我们有自己的意见，而且都不愿意妥协。我们以前能够用比较温柔和善的方式来处理我们之间的意见不合，但是甚至从搬家前开始，我们的争吵就变得恶化，我们无法迅速修复和好。我们在谈话中都说过一些让两个人后悔、担心的话。

治疗师：你能帮帮我吗？那个场景看起来像什么？会让你对我说"苏珊，这让我很担心，我自问到底是怎么回事？我们好像正在失去我们稳定的关系、我们的温柔和我们的长处？"那会是什么样子？

梅尔：我刚刚想到了在旧金山搬家之前，我们最后的一场大战。有些东西被触发引爆了，我们被卷进愤怒的漩涡中，到最后我开始收拾行李，准备要离开并到酒店里去住，我本来是打算吓吓她，让我的妻子告诉我……（瞥了温迪一眼，两人都笑了。）

治疗师：你希望她会说"不，不，不要离开，亲爱的……"

梅尔：（微笑）不幸的是，她没有退让，所以……她没有退让，她也许觉得坚持立场很重要，但我不喜欢这个发展。

温迪：不是这样的，实际上，（微笑着，向梅尔做出阻止的手势）我很抱歉在这里打断你，但你刚刚讲的例子揭示了一些有意思的事情，这在我们以前的争论中是没有的。

梅尔：我们争执的原因每次都不一样，这些我们以前争论过的话题对我们的关系根本不重要。但是，尽管我们争论的话题似乎意义不大，我们还是越吵越凶。

治疗师：你们用的方法更极端，对吗？

梅尔：非常极端。常常是无限上纲上线。

治疗师：突然之间，你们两人都在威胁对方。你说的是"我走了，我要去住酒店"。

梅尔：对我来说，直视我妻子的双眼，看到她哭泣，然后还要对她说"我要离开你"。我根本不想伤害她，即使这原本是一个空洞的威胁。我们为什么会变成这个样子呢？

治疗师：所以，我想知道接下发生了什么事？你收回空洞的威胁了吗？

梅尔：我记得我收回了。（瞥了一眼温迪）我走出房间，脑海中浮现出温迪哭泣的样子，我就是无法真的离开，所以我回头了，我们当天就和好了。（两人互相看了一眼对方）我们决定不让这样的情况再发生，但我们还有一些事例……

治疗师：这很有趣，梅尔，不是吗？你刚才说的真的很有趣……

梅尔：哪一部分？（笑声）

治疗师：我听到你说"苏珊，你知道我们一直在以某种方式失去平衡，我们失去稳定性，在我们的争吵中，我突然间发现自己在做一些以前从未做过的事情，变得极端，威胁着要离开。但我实际上并没有离开——我并不想要玩这场权力游戏，因为我脑子里浮现的是我妻子哭泣的脸。我不想让她受伤。这是你告诉我的吗？（他点点头。）所以这让我很感动，这真的是你们关系中的优势。你之前对我说的，"即使我正处于冲突恶化的情况，但我还记得我的妻子对我很重要，我不想让她受伤，我走回房间，让冲突停止恶化"，如果我没记错，这就是那时发生的事？

梅尔：是的，我的意思是，我认为她不应该被那样对待。我……我跟她道歉了。

治疗师：所以这需要巨大的内在力量，不是吗？这帮助我更了解你们的关系。当压力来临时，你会记得这个心情，你会告诉自己说"等一下，等一下……这是我的宝贝……这就是我爱的女人。她很痛苦……为什么我要离开我爱的人呢"。当她受伤，你回头看她，你伸手握住她，是吗？（梅尔眨了眨眼，点点头。）嘿，这真是太棒了，不是吗？（梅尔微笑，温迪露出真心的微笑。）

梅尔：这并不容易，但是……

治疗师：但这真的是太棒了。我同意这样做并不容易。这需要很大的勇气和很多自我觉察，但这真的很棒，不是吗？温迪，当我告诉他这是一件了不起的事情时，你的感觉是什么？

温迪：他肯定很高兴听到自己很聪明。（笑着拍了拍梅尔的肩膀）我会给你点个赞。（梅尔微笑。）

治疗师：他转向你，是的，你能让他靠近吗？在那场冲突中，你让他靠近吗？

温迪：（点点头）在那一刻……是的。

治疗师：好的。所以从这短短的几分钟里面，我听到你们在说的是，你们在你们的关系和这个故事中都展现出一些真正的优势。当他看到你脸上的伤痛，转过身来，伸手握住你时，你能够当场回应。这真的很棒，真的很好。（肯定，专注于关系中的优势，建立希望。这种靠近和回应的能力是依恋和裂缝修复的关键。）

温迪：我想我们当时就决定了，我们不要再做破坏我们之间前景的事了。

治疗师：你做到了吗？（她点点头表示同意）所以现在你告诉我一大堆优势……（对关系的承诺是一种优势）

温迪：天亮的时候，当光线照进来时，我们的关系还是不错的。就好像我甚至不知道我们一直在吵什么……

治疗师：那么让我们一起来看看，我正在试着了解你们，到目前为止都有帮助。所以让我们看看另一个部分。让我们看看当关系变得黑暗的时刻，当关系变得负面的时候，当你在脑海中开始担心这段关系时，比如说"我们正在失去我们的稳定，我们的温柔到哪里去了？这是怎么回事？我们不想走这条路"。你说到了孤单的感觉吧？（她点点头。）当孤单来临时，你的感觉是什么……当一切都不对劲时，你们的关系变成了什么样子的？

温迪：（眼睛向上看，叹息）你在问我那个情景或我的感觉吗？

治疗师：任何你想谈的东西，任何你现在愿意分享的东西。你们之间开始争吵，冲突开始升级，通常会发生什么事？

温迪：（撅起嘴唇，微微摇头）我不知道。有时好像没什么，有时又不是这样。我们最近去比利时看望他的家人，这是有史以来最糟糕的旅行，我在那里很痛苦。他累坏了，他和我们四岁的孩子闹得很不愉快，然后他说"你们两个都是一样的"。我不记得那具体是什么了，反正是很伤人地讽刺我。

梅尔：我先让你说完，但我有不同的记忆。

治疗师：（对温迪）发生了一些事情，刺激到你，对你造成伤害，接下来发生了什么？

温迪：然后我只是……有时候我会控制不住情绪（抬起手并在空气中舞动），

就开始大喊大叫。在那种情况下，我抽离了，我只是想，我要让孩子们离开这里，我不想和他们一起去。我要一个人留在这里。这样我才不会发疯。

治疗师：好的，我们可以在这里慢下来吗？你是说"当我们之间真的出了问题时，我在互动中受了伤害，有两个可能的情况会发生，是吗"。（她点点头，开始反映一个争吵的过程，即探戈舞步1：反映当下的过程。）

治疗师：一个是情绪爆发，另一个是隔离，把所有人都关在外面，让自己冷静下来。我是否听懂你的意思了？（她点头。）

温迪：我不知道我是否有意识地去做这些事情。这个说法好像把我美化了……

治疗师：你能给我一个没有美化你的说法吗？不管是情绪爆发还是把每个人都拒之门外，就好像在说"我会给他们好看。我不会跟他们共舞，我拒绝跟他们一起玩，是这样吗？"

温迪：就是在说，我拒绝玩这种游戏，好吧，如果你想这样做，很好。你就自己去做。（怨恨的语气）

治疗师：所以好像有一种叛逆的感觉。

温迪：是的，像在说脏话。

治疗师：所以你爆发了，或者你说"看看你自己是怎么回事，兄弟""我不会和你同舞的，去你的，我一个人走了"，对吧？（她点头。）所以你受伤了，你要么爆发，要么抽离。爆发时你会怎么做？

温迪：我会说很狠毒的话。我诅咒他。

治疗师：你会诅咒？（她点头。）所以"因为你伤害了我，我就对你说一些刻薄的话。"怎么样！"或者你说"好吧，我要给你一个教训，我不会和你一起共舞的"。所以你拒他于门外……这是你会做的，把他拒之门外。然后你会怎么办？（转向梅尔）

梅尔：哦，我们俩都很容易被点燃。在很短的时间内用最伤人的脏话来造成最严重的损伤。

治疗师：所以，当她情绪爆发了或把你拒之门外时……你会怎么办？

梅尔：我的意思是，如果她爆发了，我通常会反击。

治疗师：你也爆发了？

梅尔：是的，我觉得就像是冲突慢慢升级，我们的坑越挖越深。那个冲突会从一时的出言不逊开始，变成更糟糕一点的回应，然后我们两个人都用我们最擅长的言语来攻击，最后就越线了……（在这里凸显了这对伴侣的优势——即使在回忆记冲突的过程中，也带着"我们一起"的角度——就像我们俩都有责任一样，我们都有错。）

治疗师：所以你们知道如何互相戳对方的痛点。

梅尔：哦，百分之百是的。我们是跆拳道黑带……

治疗师：好吧，所以她爆发时，你会说"不，我不会忍气吞声……我要给你好看"，你会反击，对吧？接下来会发生什么？

梅尔：我们会到达一个关键点。通常，我们要么设法讨论并和好，要么我们会等一段时间，然后再回到谈判桌上。

治疗师：你们会想办法解决并取得了和平协议，这很好。但我还想知道，当你无法解决时会发生什么？所以，她会情绪爆发并给你挖坑，或者她把你拒之门外。如果她把你拒之门外，你还会爆发并反击吗？

梅尔：不会，只是我的怨恨会累积得越来越多。

温迪：因为他觉得都是我先找他麻烦的，这是我们关系中的另一个议题。

梅尔：这是我们争论中反复出现的议题。我们每个人都有引爆点，我们也会回头去试着伤害对方。

治疗师："我也会反击的。我不会只是默默地挨打"，所以你们相互伤害，是吗？

梅尔：然后她甚至拒绝出席我们特地飞去比利时参加的家庭聚会，这深深地伤了我的心。有一部分的我真的很生气，因为她违背了对家庭的承诺；但是另一部分的我故意让自己更愉快地享受了这个没有她在身边的夜晚，而且我明确地让她知道了这一点。（瞥了一眼温迪）当她不高兴时，她会表现得很明显，她周围的每个人都看得出来。也许这是一次悲惨的经验，但是因为她不在我身边，我不必面对那种痛苦。你知道，最后是我和两个孩子自己去的，我们也没发生什么问题。

治疗师：所以，我想知道当你和她一起回家后又发生了什么？

温迪：这个状态持续了两天。那天晚上我们基本上没有再讲话，我们就继续冷战了，第二天我们也试图忽略对方。后来我说"我不能接受你这样"或我不记得具体说了什么，反正是这个意思，结果我们又吵了一架。我就自己去散步，一边走一边哭着，为自己感到难过，而且……

治疗师：梅尔和温迪，我听到的是，你们会被困在关系的僵局里，你们都会相互伤害，你们俩都会互相攻击，你们都可以冷战和撤退，但你们也都会回来修复，是吗？（梅尔看着温迪点点头）温迪，你撤退的方法是跟梅尔说"你不可以这样对我，我警告你，我会把你拒之门外"。

温迪：或者是，我不知道要怎么跟你说话才不会造成另一个冲突，就像我没有精力再去解决这些事。

治疗师：就像是"我不知道该怎么办，我只是太愤怒又太受伤，所以我还不如关机"。（转向梅尔）然后，你可能会用侮辱的言辞来反击，然后你会离开，因为你对自己说"她把所有的情绪都表现在脸上，我不知道该怎么办，我觉得很悲惨。所以我就只能走开了，对吧？可是还是希望情况有所改变"。（模仿梅尔的语气让效果更直接。）

梅尔：我其实会说得更坦白些。你刚刚说的是非常婉转的版本。我想我也会主动把她拒之门外，让她也感受到我所受到的伤害。我可以很冷淡，面无表情，让她知道我受伤了。

治疗师：你擅长保持距离和冷漠？（治疗师评估他是这段关系中的逃避退缩者。伴侣二人都非常开放和诚实，这是他们的另一个优势。）

梅尔：我可以是这样的。我的意思是，我通常不是这样的人，这不是我通常会处理事情的方式，但我在争吵期间就会变成这样。

治疗师：是的，就是这样。所以，你们俩都有类似的反应，对吗？你们都会变成不一样的人，开始咒骂和爆发或隔离。但是，关于你们刚刚说的这一切，令我印象深刻的是，你的妻子说她很孤单。她说"我们之间争吵的结果就是我最后变得孤孤单单的"，你在所有这些争吵中的心情是什么？（试图开始进入情绪感受——为探戈舞步2做好准备。）

梅尔：我表面上对她很冷漠，但是我内心并不是这样的……

治疗师：你的感觉是什么？

梅尔：对我们互动的方式或我们的争吵我感到不同层次的愤怒。

治疗师：你会在争吵后转身告诉她"这是真正伤害我的地方，让我生气的原因"吗？你会告诉她吗？

梅尔：嗯，我的意思是，我们会在吵架后进行讨论，我们确实会试着坦诚对话，我们吵架后会试着处理。

治疗师：（对温迪说）你现在了解他在吵架时的心情吗？他说"是的，我们会谈一谈，我会告诉她我的心情"，所以当你对我说"当我们开始吵架的时候，当我们互相侮辱时，当我把对方拒之门外时，我都会感到孤单"。你明白梅尔在那些战斗中发生了什么吗？当你感到孤单时，你知道他那时的感觉吗？

温迪：我并不总是知道他的感受，我们确实会谈一谈。但我从你的书中懂得的一件事是，我们的谈话并没有深入地分享心情。我们通常会像在比利时那次一样，只谈具体的事情，我们会说"好吧，下次我们会怎么做"。可是我心里想的是（眼睛眯起来）"你根本没抓到重点"。

治疗师：我明白，当你们回头来谈时，你们谈的是具体的事情层面。你不一定会碰触到情感层面。

温迪：是的，对他刚刚说的另一件事，我想做一点补充。我们现在面对的一个问题，我不认为我们真正解决了。在梅尔看来，我们之间的节奏是随着我的情绪而起伏，所以，就像如果我心情好，那么我们就有阳光灿烂的一天，如果我心情不好，我们之间就乌烟瘴气的。

治疗师：你的意思是"我想我的丈夫认为我是那个控制音乐开关的人。我们一起共舞的方式取决于音乐，是我控制了情绪音乐"。（她点头表示赞成。）

温迪：完全是这样的。

梅尔：我的说法可能有一点不同，但从问题的核心来看，这确实是我认为的。不管是从我与她互动的经验，还是我所观察到她和生活中关系密切的人的相处，都是类似的情况。（转向温迪）你挑衅我并对我大发雷霆的方式，你对其他人也是这样，比如对你的母亲、你的父亲或有时是你的妹妹。在我看来，在过去的两周或三周里，随着你的心情变得比较平静，我们也没有吵那么多架，这不是巧合。

治疗师：梅尔，我能请你慢下来吗？我想知道当温迪的情绪爆发时会发生什么事，因为我们在这里谈论的是当事情出错的时候。我们谈论的是，你可以同时交换策略使用。你们都非常灵活，聪明，有觉察，所以你们不会像许多夫妇那样被困在一个死胡同里。你们俩都可以保持距离，你们俩都可以把对方拒之门外，你们俩都可以相互侮辱，对吧？但从你的角度来看，你们之所以会陷入困境中，其实是因为温迪控制了情绪音乐，对吧？（梅尔点点头）你谈到了她的爆发。我想知道当她的情绪爆发时会发生什么事。

梅尔：我喜欢解决问题，所以我总是在寻找一种方法，可以实际上提供帮助并解决所有问题。

治疗师：好吧，帮帮我，你是在告诉我"苏珊，如果我的老婆大发雷霆了，我会试图保持心情的平衡，留在理性的层面，把关系看作一个需要解决的问题"。

梅尔：这是我的整体策略，就像她在咨询开始时所说的那样，她视我为可以依靠的肩膀，所以我试图成为那个肩膀，而不是被拖入泥沼中。

治疗师：试着处理好事情，解决问题。（他点头同意）但是我想知道，当解决问题的梅尔出来并试图处理所有事情时，对你来说是什么感觉？这是一个非常符合男性角色的事情。在社会化的过程，我们告诉男性，一名真正男人应该能够解决问题，处理一切，你应该可以调适这些。但我想知道你内心的感觉，梅尔，当温迪对你大发雷霆时，她看起来好强势。我坐在她面前就能感觉到这点，正如你所说，她很会发脾气，她对不同的人都会大发雷霆。

梅尔：她可以变得很可怕，我现在有点怕她。（对温迪微笑）

治疗师：可怕，她可能变得很可怕。所以我想知道，我明白你的反应是为了应对和解决问题，把事情处理好，用你的理性来做决定，就为了解决所有的问题。但我想知道当温迪大发雷霆时，你的感觉是什么？那是什么感觉？

梅尔：令人沮丧。受伤。

治疗师：令人沮丧。受伤。受伤的感觉。（他点点头。）你说她很可怕？现在坐在这里，看着你的脸，我的感觉是这其实让你非常难受，因为你习惯于留在问题解决层面，试着控制，修复；突然，温迪过来了，她增加了关系中的情绪风险……（打开开关的手势）她把音乐开得很大声，对吧？她超出所有美好关系的界限，我的感觉是，这让你心里非常难受。我的了解是正确的吗？

梅尔：（眉毛挑起）是的，这让我非常难受，特别是如果问题确实得到了修复，因为我们可以非常容易地解决大多数问题，但是心情没有改变。解决问题对她的满意程度或我们的互动是没有帮助的。

治疗师：所以你对我说"我可以解决问题，但不知何故，这似乎不是正确的答案，因为不知何故，它似乎没有改变我们的感受。我的老婆朝我大发雷霆，她很可怕，突然，一切都不对劲了"。（他点点头。）那对你来说是什么感觉？这一定是非常非常难受的。（探戈舞步2：情绪组合与加深）

梅尔：非常难受，非常令人沮丧，我以为我们都觉得我们的婚姻关系有坚实的基础，但有时我不禁质疑我们还能做些什么。我的意思是，这些年来给她带来压力的所有外在因素，我们都解决了这些问题，但是……

治疗师：我认为你在对我说的是，有时我会做一些猜测，因为我们谈话的时间不多，所以如果我猜错了，请你告诉我，好吗？我听到你说的是"我仔细确认我采取了所有我可以想到的方式，我解决了问题，但当温迪大发雷霆时，我不知道该怎么办。我似乎无法修复这一点。似乎做什么都没作用，好像超出了我的能力范围。我们处于另一个空间，我不知道该怎么办，这对我来说真的很难"。（这里谈到刺激源、情绪感知和他的行动，以及他是如何陷入愤怒和变得退缩。）

梅尔：感觉就像我所有的努力都被扔进一个无底洞，这让我感到愤怒和沮丧。（他在这里为他的情绪反应增添了认知解释。）

治疗师：所以，这就像"我做不到。我不知道该如何解决这个问题，我不知道该怎么做，我不知道如何让你快乐，我无法解决问题"，是这样吗？我的理解正确吗？（他点点头。）这太难了，不是吗？

梅尔：是的。

治疗师：（叹息）对。因为你是一个非常能干的人，你爱你的妻子，你对妻子许下承诺。你已经习惯了自己能够解决所有问题，你已经习惯了能够找到有效的方式来处理事情。突然间，她提高了情绪的风险，在这里超出了你的能力范围。无论你做什么都不会有帮助。你会有这种感觉，无论你做什么都不会奏效。我的理解正确吗？

梅尔：是的，不仅不起作用，而且也没人在乎。

治疗师："我不知道如何让情况变得更好，我觉得你甚至没有真正看到我的努力。（梅尔点点头。）你以为我是敌人"，是吗？这很痛苦，不是吗？你用过"受伤"这个词。你觉得她明白你在那些时刻是受伤了吗？（梅尔的眼睛眯了起来，微微摇头。）当你忙于应对，并试图变得坚强时，你的努力不起作用，她还雪上加霜……

梅尔：是的。

治疗师：当你知道做的一切都不起作用时，当你没有选择时，还有那位女士在播放可怕的情感音乐，你别无选择。你不知道该怎么办了，是的，而你所剩下的是你可以变得愤怒，你可以战斗。你是一个非常坚强的人，但在你的心里，你真正的感觉是"我不知道该怎么办"，对吧？（梅尔的眉毛挑起，头部略微倾斜。）我不知道该怎么办，我所做的一切都不起作用。（他点头同意。）不知何故，我不知道如何让你快乐"。（梅尔用力吞咽，点点头。）这太可怕了，不是吗？如果你爱温迪，这真的太可怕了，不是吗？（他点点头。）我刚刚描述的是你的心情吗？

梅尔：（眼睛眯了起来，微微点头）我的目标不只是让她开心，我的目标是不妨碍她追求幸福，因为我相信人们能让自己快乐。我想给予她支持，并提供她有助于此目标的工具。（离开情绪而回到理性层面）

治疗师：（身体倾向梅尔）作为她的丈夫，你想让她和你一起快乐。（他点头。）是的，所以你受伤了，她看起来很可怕。你已经不知道该怎么办，你不知道该怎么做才能让这段关系维持下去。你拥有的所有方法似乎都不起作用，对吧？（梅尔点点头。）这真的很困难，也许可怕不是正确的词，我不确定。但这好像有点失衡。你不知道在那一刻该做什么——你觉得自己不够强大。（梅尔点点头。）你有点无助……也许这是一个更符合你心情的词？

梅尔：是的，是的。

治疗师：你认为她了解在她提高情绪风险时你的感受吗？你认为她理解当你有这种感觉时你的反应吗……

梅尔：我不认为她了解。

治疗师：你现在能帮助她理解你的心情吗？你能帮帮她，让她现在就了解一

点点吗？你能帮她吗？（探戈舞步3：编排新舞步）

梅尔：（往温迪的方向瞥去）我的意思是，我想我们已经以各种角度讨论了这个问题，但你从来没有要求我做任何我没有做过或不愿意做的事情，但试图追逐幸福好像是在追一个不断移动的标靶，这种感觉非常令人沮丧和疲惫。最重要的是，我不觉得你看到我的努力，这也让我感到非常孤单。（情绪是细致的、连贯的、心口一致的）

治疗师：对你来说也很孤单？

梅尔：很孤单。

治疗师：嗯。我听到你告诉温迪"我已经很努力了，我非常努力，尽我所能来修复出错的地方。我非常努力地让我们更靠近，做一个好丈夫。不知何故，当你大发雷霆时，我得到的结论是我的努力一点也没用。我不知道该怎么办。我已经不知道该怎么办了，我做的所有事情都不起作用。我已经筋疲力尽，因为我不知道该怎么做才能改善这个状况。然后我觉得你甚至不知道我在做的努力，你不相信我。你认为我是敌人，这很孤单，这很可怕，这很困难"。这就是我所听到的。我说的是你的心情吗？

梅尔：（强调地点头）是的……（逃避退缩的伴侣通常会感到自己是失败的，有一种麻木的无助感，会觉得被对方拒绝了。）

梅尔：你听懂了我的心情吧。（看着温迪）

治疗师：（身体转向温迪）你能体会到他的心情吗？当他这么说的时候，你的感觉是什么？（探戈舞步4：整理新经验）

温迪：我感觉很糟糕。我不愿相信这是真的。我想只要这是他的感受就没关系，因为我确实注意到他……

治疗师：我们先留在这个话题中好吗？我也要请你慢下来，我刚刚也请他放慢了速度。我们在这里慢一点，不要急好吗？（她点点头。）你刚刚说"我感觉很糟糕"。

温迪：嗯！我不想成为他受伤的原因。

治疗师：所以当他告诉你这些心情时，我的意思是，以一个习惯解决问题的人而言，他做得非常好，当我直接让他看看自己的内心，整理一下他的情绪时，他做得很好，对吧？他非常诚实，非常勇敢地与你分享，对吗？（肯定梅尔的冒险）（温迪点点头。）你能够听到他的心情。你的第一个反应是"我感觉很糟糕。我不想伤害他"。所以，当他刚刚这么说的时候，在你感到安全的环境，你是可以让他的话触动你的心的，你可以听到他的心情，可以允许自己被触动。你之前说"我的愤怒其实是因为我有时感到非常孤单，但我不希望我情绪爆发让你觉得你不能取悦我，或者你不知道如何成为我的丈夫。（温迪点点头）"我不希望你在那个受伤、可怕的地方"，这是你想告诉他的吗？

温迪：（点点头）嗯嗯嗯。（现在咨询已经进行了54分钟。）

治疗师：（转向梅尔）好，可以直接告诉她你的心情是什么感觉？让她听到了你的心声。（梅尔与温迪看着彼此。）你还好吗？

梅尔：是的，我们确实分享了我们的情绪，所以，我很高兴她听懂了。（温迪对梅尔微笑。）

治疗师：这对你来说很重要，你想被她听到。因为你刚刚说，真正伤害你的是她甚至没有看到你的努力，虽然你在为关系努力，努力做到最好。现在在咨询中，你可以与她分享，她能够听到你的声音并回应你，你觉得被她理解了，是吗？

温迪伸手和梅尔握手，十指交错。

治疗师：是的，看看你们刚刚做了什么。这不是很有意思吗？你说了很多，你会暴怒或冷战或退缩，发出威胁，但你也会谈到你如何全心投入。当我直接地问你时，你可以告诉我所有这些柔软的感觉。我请梅尔冒了一个很大的险，冒险告诉你，当你生气的时候他的心情，而他做到了。他能够开诚布公地与你分享，当他告诉你他的伤痛时，你允许自己触碰这些心情；你对他做出回应，你伸手握住他的手，是这样的吗？所以你们知道如何靠近，你们能够学会如何回到关系中并重新建立情感联结，不是吗？（探戈舞步5：整合与肯定以建立信心和能力）（他们点头。）这是关系中最重要的事情。因为如果你们失去平衡，偏离目标，伤害彼此的感情，争吵不休，大喊大叫，甚至假装走开，但是你们可以回过头来认识到"这是我的宝贝，我不想让我的宝贝受伤"，梅尔可以伸手把温迪拉近，温迪可以回应；当你们可以为彼此做这件事时，你们回到安全的家了。

温迪：我们如何避免这类冲突呢？或者如何有所改善？

治疗师：我们刚刚这一小时做的事就是我们所要做的。我们直接处理风暴。但我对你们能做到这一点感到佩服。我想让你明白你们刚刚做了很重要的尝试。你们让我看到的是，你们彼此之间有很强的情感联结，你们是可以处理冲突的，但你刚刚说"我们如何避免冲突"。（身体倾向温迪）因为我听到的是，当你真的很生气时，会使梅尔失去平衡。（她点点头。）我想你刚才想问的是"我怎么会变得这么愤怒呢"，这是你刚才问我的吗？

温迪：（眼睛向上看，头歪向一边在思考）是的。我们如何避免风暴？因为我们就像两股力量，一起促成风暴一样。

治疗师：那么让我继续回答你的问题。（身体倾向温迪）如果你开始生气，他能帮你什么？你告诉过我，在所有这些愤怒的背后，你其实是孤单的。（她点点头）我听到你在说"我失去了事业，我失去了平衡，我有两个小孩，我正试着处理所有的心情，所有这些变化，让我失去了内心的稳定。"对吧？包括在所有这些心情中，你觉得很孤单，你们的关系开始出错，你感到愤怒。在那一刻，他怎么能帮你呢？顺便提醒你一下，每对伴侣都会吵架的。你们一定会不小心踩到对方的脚。（将个案的问题正常化）

温迪：不要那么激动就好。我现在并不太知道他能做些什么。但我知道的是，从表面上看，他在任务上是很负责的。昨晚我很难把孩子弄睡，甚至在我出来寻求帮助他之前，对我来说求助真的很难，他已经自己先来帮忙了，这对我来说真的意义重大。让我感觉到我们之间的温情。

治疗师：所以……当你开始被所有这些改变淹没时，照顾一名婴儿可能会让你手忙脚乱时，你可以做的事就是让自己从这种累积的负面情绪中走出来，因为当你的负面情绪累积太多时，你就容易陷入愤怒和孤单，所以梅尔可以在你需要时提供一些帮助。因为你很难开口要求，这是你之前说的。但是让他靠近，看到你的挣扎，伸手拉近你、碰触你，让你平静下来，你就不会这么生气，对吧？（她点点头。）这真的让你平静下来。太棒了。但是当你情绪失控时，当你的负面情绪积累过多时，他再来帮你就为时已晚，对吧？到那时他能做的就不多了。

温迪：到那种程度时一般就没救了，有时他会试着给我一个拥抱或别的安慰，我会说"你不要碰我"，我只是太沮丧了。（她的手滑向梅尔，微笑着。）我其实是爱他的。

治疗师：那时他试图伸手抓住你，让你冷静下来，但你不能接受他的安慰。

温迪：我很难过，我试图做得更好，但我不喜欢寻求帮助。总的来说，这是我应该要处理的个人议题。（音调降低）

治疗师：对吗？（三个人都笑了。）

梅尔：她确实对自己这一点感到不满意。

治疗师：呵呵。我听到的是，当你冷静下来时，你知道你不想伤害这个男人，你可以看到他努力成为你的好丈夫。但是我不知道那时你的不能接受安慰是什么样的感觉？（与温迪一起开始探戈舞步1：反映当下的过程）

温迪：愤怒。没有回头路了。

治疗师：在某种程度上，梅尔做什么并不重要。因此，情绪音乐占据了上风，在那种愤怒的状态下，梅尔说你眼中根本看不见他，也许他是对的。

温迪：是的，没错。他什么都做不了。

治疗师：当你处于愤怒状态时，他无能为力。在那种状态下，他是否伸手去靠近你并不重要，你不能让他靠近，你不能要求他的协助。（温迪点点头。）是的，你一直是孤单的，不是吗？

温迪：（点点头）嗯。

治疗师：对，当我们谈到你的孤单时，你现在的心情是什么？你的脸色好像变了。（进入探戈舞步2：情绪组合与加深）

温迪：（眼睛湿润，声音虚弱，看向天花板）我的意思是，他是对的。我和我妈妈之间也是这样的。如果我被她刺激到，我会变得愤怒，她之后所做的一切都只会让我更生气，然后我对梅尔做了同样的事情。我想让自己摆脱这种感觉。（双手紧握）但我不知道该怎么做。

治疗师：让我们听听那个愤怒的声音。听起来就像你年轻时学到的，你和妈妈一起学的，所以它的历史悠久。（她点点头。）这是一个你熟悉的地方，这是愤怒。一旦你进入那个状态，你就会被困在那里。（温迪点头。）你被困在其中，你无法平静下来，在那种愤怒的状态下，你不能接受任何帮助。（她点点头，喃喃地表示同意。）我们谈到的是愤怒，但是当你说到愤怒的心情时，我看着你的脸，我没有看到愤怒，我看到的是，我看到了难以置信的悲伤。（温迪的头微微倾斜和晃动，眼睛湿润，下巴颤抖。）我看到的是悲伤吗？（她点点头。）所以在所有这些愤怒之下，（更靠近温迪，声音缓慢而柔和）是难以置信的悲伤，是吗？（她点点头，治疗师伸手试着握住她的手。）啊，是的……我可以握住你的手吗？你能让我握住你的手吗？（温迪点点头，握住治疗师的手。）是的……（她的脸颊因泪水而闪闪发光；梅尔递给她一张纸巾。）但你没有表现出悲伤，甚至对梅尔也是如此。你穿上盔甲，骑上战马，让世界看到的是你强悍的面孔？（温迪缓慢地点点头。）但是在你的内心里面，愤怒并不那么强烈，也许在你的心里是充满孤单和悲伤的。我了解的正确吗？（温迪点点头。）你一直是孤单的，一直有这些感觉，不是吗？（声音变得更轻柔）你已经有这些感觉好久好久了，不是吗？（温迪点点头，抽了抽鼻子。）如果你试着倾听自己的内心，你会觉察到这些感觉吗？

温迪：我还在努力中。

治疗师：你知道是什么触发了它们吗？是什么触发了这种感觉？（温迪叹了口气。）好像是感觉你不重要，或者你不被看到？你帮帮我，像是什么？我刚刚说的是你的心情吗？

温迪：评断，（眼睛眯起来）也可能是指责，（叹息）像被忽视，不是那么明显，而是比较隐晦的。你知道的。

治疗师：被忽略，被忽视。

温迪：没有被看到。

治疗师：没有被看到，我听到了，没有被看到。

温迪：不是被忽视，是没有被看到，这是不同的。

治疗师：没有被看到，是的。然后当你想到这一点时，你的身体感觉……（温迪眼眶红了。）好吧，实际上，对你来说，突然出现的是瞬间的眼泪。这些眼泪不是来自遥远的过去或内心深处，它是你现在可以切切实实感受到的。你在这里是如此痛苦。讲到这里你开始哭泣。这是很伤心的，这是痛苦的，这是悲伤的。

温迪：嗯（眼睛充满了泪水）。

治疗师：当你急速地变得愤怒时，你会怎么办？像是"不准你这样对我"或者"我不会允许这种情况发生吗？"你用愤怒来应对这些脆弱无助的心情。（她点点头。）但是在你的内心有一小部分的温迪，她是独自一人，悲伤而孤单的，没被看见的。你其实想说的是"你看不到我，你没有看到你批评我或忽略我时，我有多受伤。我对你不重要吗"？是这样吗？你帮帮我，帮助我了解这个悲伤的心情？

温迪：像孤单一样。

治疗师：就像是"你看不到我，所以也许我唯一能做的就是我变得越来越大声，越来越生气"，这样你就会看到我吗？

温迪：或者是告诉自己"我不需要你"。

治疗师：或者是"我不需要你，我把你关在心门之外"。（温迪微笑着点头。）是这样的吗？我懂了！所以"我会告诉你我不需要你，我会试着拿回掌控，这样我就不会感到如此脆弱和孤单。我会证明给你看，我会把你关在门外，或者我会越来越大声，越来越生气，直到你看到我为止。（温迪点头。）是这样吗？我明白了。但在所有的愤怒之下，其实是一个感到被忽视和孤单的人？（温迪点点头，治疗师伸手去碰触她的膝盖。）是的……你还好吗？我们一下子走得很深，你还好吗？（她点点头。）谢谢你和我一起探索。（她微笑着点头。）我要请你冒一个险，好吗？（探戈舞步3）你能转过身来告诉梅尔"虽然我很容易被激怒，但在所有的愤怒背后，我是孤单和感觉渺小的，就像我没有被看到一样。你能告诉他一点点这个心情吗？

温迪：（叹息，吞咽口水；梅尔伸过手去，把手放在温迪的手上）我很生气，我想把你关在门外，（声音颤抖）那是因为在愤怒底下，我真的很伤心、很孤单。

治疗师：嗯。是的，（俯身触摸温迪的膝盖，转向梅尔）你能听到她的伤心和孤单吗？（他点点头。）好的。当她告诉你她的伤心和孤单时，你的感觉是什么？

梅尔：（对温迪微笑）我想拥抱她，抱着她。

治疗师：是的，你不想她伤心，你想照顾她，对吗？（转向温迪）这是一个好大的改变，是吗？（她点点头。）你可以自己告诉他吗？（探戈舞步4）

温迪：好的，没关系，我可以。我只是不熟悉的这种感觉。

治疗师：是的，这种感觉很陌生。我刚刚才认识你，但我的感觉是，对于愤怒的温迪来说，这样做是不应该的。愤怒的温迪要么把别人拒之门外，要么向他们展示自己是多么强大和愤怒，所以自己会对他们很重要，但当然她不会允许自己做的是……

温迪：是哭泣。（微笑）

治疗师：你不会允许自己哭泣，你也不会转身对他说你是多么孤单和悲伤。因为那是在向一个充满伤害的世界敞开心扉，不是吗？你不这样做。但是你刚刚对梅尔冒了巨大的风险，是吗？（温迪点点头。）嗯，因为他值得冒险，不是吗？是的，你能让我帮你做到这点，我真的感到很荣幸。（微笑着）你们，我想让你们看看你们在这次咨询中完成了什么，当时我所做的只是营造一点安全感，只是给你们一点点指导，看看你们做了多少。（探戈舞步5）你们的关系中有这么多的力量，如此紧密的情感联结，我对你们有信心。当你说你知道你被困在这些情绪中，你的关系开始偏离轨道，但看看你们，在这里，你们正在为关系一起努力。你们正在维护你们的关系，你们也互相照顾。（转向梅尔）当事情变得艰难，你开始制定规矩时，你会想到她脸上的表情和她的受伤，你知道她对你有多重要，你回头去找她和好，你冒险对她伸出手。（对温迪）当我要求你进入那个令人难以置信的柔软痛苦之处，在那里你感到受伤、孤单和悲伤，没有人看到你，所以你学会了用愤怒和距离来保护自己。你开始感受那种情绪，并冒险与他分享这些心情。然后他对你有回应。（温迪和梅尔都笑了。）你们可以做到，不是吗？你们真的可以。（通过反复凸显成功的时刻，EFT往前推进——循序渐进的冒险和矫正性的情绪经验，这些改变事件让个案能够信任自己拥有改善自我和关系的能力。）

温迪：是的。

治疗师：你们会渡过难关的。（温迪微笑着点头。）你们看到自己能做的程度吗？明白你们能做到的是特别的和重要的吗？（夫妻俩一起点头。）是的，我希望你能看到。照顾小孩会让每个人都失去平衡，这很正常，它发生在每个人身上，但是当它发生在你身上时，这是一种很突然的感受，它会让你失去平衡，对吧？学习如何把你童年时期的伤痛与你的伴侣分享，让你的伴侣理解它们，帮助你疗愈它们。这些都是很重要的事情。你们做得很好，不是吗？你们做得非常出色。你真正需要的只是一点时间，继续与你的治疗师谈话、学习，看看你们能怎么处理这个问题，并习惯新的处理方式。这就是你们所需要的，你们会变得很棒，因为你们有如此强大的情感联结，你们有如此大的勇气。

温迪：耶！（夫妻俩互看微笑，治疗师也笑了。）

梅尔：我们赢了。（笑声）

治疗师：他说了什么？

温迪：我们赢了。（笑）

这对夫妇有很多优势，但已经进入一个愤怒和拉远距离的负向恶性循环，这威胁到他们关系中的安全感。EFT 治疗师在后续的咨询中继续发展伴侣双方的可亲性、回应性和情感投入，并帮助伴侣碰触脆弱无助的心情，以促进深情相拥®的对话。依恋理论和 EFT 临床实践为每个伴侣提供内在情绪和经验的地图，这对于帮助治疗师了解梅尔和温迪来说是无价的。依恋理论还提供了一个关系健康的模型——什么反应是必要的、什么足以形成一种安全的关系——它告诉治疗师什么是重要的、什么是值得庆祝的、什么是需要重建的。

接下来，读者可以做一个练习，请你浏览逐字稿，并找到你可能会做出与我不同的处理或是选择不同的切入点，并试着找出我进行这样的干预为什么有效。

这对夫妇是很容易进行治疗的个案，即使在这种紧张的环境中也是如此。如果事情没有那么顺利，你将做什么可能会有帮助？每个伴侣都需要对自己在关系舞蹈中的负面反应负责。看看你是否可以回答以下问题。

- 如果温迪对梅尔分享新心情的回应是拒绝的，你会怎么做？比如，"我不觉得你想成为一个好丈夫。你变得很冷漠。现在最大的问题是因为我太愤怒！你在开玩笑吧？"（提示：使用挡住子弹的技术）
- 如果温迪拒绝与梅尔分享她脆弱无助的感受，你会怎么做？（提示：使用切薄的技术）
- 看看你是否可以想象梅尔可以分享什么？（提示：他可能会分享他的恐惧）他如何在经典的逃避退缩者重新参与的对话中表达自己的需求？
- 看看你是否可以想象温迪会在指责攻击者的软化事件中，向梅尔表达什么需求？

第15章

第二阶段的一次咨询

"我们各走各的路——有时候是中间隔了一道墙,有时候是在互相开火。"

"我们虽然同床,却将死于孤独。"

乔恩的医生转介他到我这儿来做伴侣咨询。转介信里告诉我乔恩非常抑郁,因为工作和婚姻都不顺利。乔恩同意和我谈他的婚姻问题。乔恩和妻子贝亚特丽斯很早就结婚了,10年前他们从欧洲移民到加拿大。他在银行界一个很专业的部门找到工作;他厌恶他的工作,不过这份工作养活了他们夫妇和两个孩子,那时较小的孩子已经2岁。他说自己在婚姻里觉得"完全孤独",因为妻子反对他转行而导致他被困在现在的工作里。贝亚特丽斯同意一起来做婚姻咨询。我已经跟乔恩谈过,我要求贝亚特丽斯也单独来跟我谈一次,然后再开始伴侣咨询。贝亚特丽斯表达了对丈夫很深的积怨,说自从老二出生后,他们就几乎没有感情,也没有性生活了,而她认为丈夫还期待她去取悦他,这让她相当厌恶。她已经放弃了,当他想跟她亲热,她就变得冷冰冰的。她说:"我已经很难表达任何感情了。他批评我刻薄,把我当成敌人,可是我也需要爱啊。"她谈到对故乡亲人的想念,还有

对丈夫的抑郁和想要离职的忧心,因为她只是在一家律师事务所做兼职。夫妇俩都很容易和我建立关系,他们也说如果可能的话,想要修复关系。

贝亚特丽斯和乔恩的负向循环似乎在"退缩－退缩"和"指责－攻击"间摇摆,然后转为"防卫－退缩"的模式,乔恩是防卫、退缩的那个人。这个双方都退缩的模式很吻合贝亚特丽斯所说的,她最近已经放弃了,竖起了一道墙。这种模式在以往倾向批评、追逐的一方开始对关系死心、想要抽身时很常见。乔恩的抑郁症需要服药控制,这使得他们的循环更加恶化。他谈到从来不确定妻子对他的观感如何,因此不敢盼望能得到她的关心;她则说她不习惯依赖别人,也不奢求情感,但是她不觉得乔恩在意她。如果我们从依恋的观点来看这对伴侣,乔恩好像是焦虑型依恋,再加上忧虑;贝亚特丽斯则属于逃避型依恋。她透露在她的原生家庭中,如果表现出任何一点软弱或依赖的迹象,就会被瞧不起和受处罚。为了呈现这对伴侣刚开始接受治疗时的状况,下面是第一阶段早期的谈话。

贝亚特丽斯:我完全被打败了。他居然说我一天到晚发脾气!是他要我伺候他,好像我是他的妈妈还是什么的。

乔恩:(非常冷静地)你一天到晚生气。那一天你还骂我是魔鬼。

贝亚特丽斯:你完全不理我,好像我一文不值。就是这样,我在你眼里就是一文不值。

乔恩:上次谈完回去之后,我说我想要跟你拥抱,你不记得啦?我跟你说过。

贝亚特丽斯:对啦,对啦,就算你说过了,经过这么长一段时间,我已经不相信了,我们的模式已经很难改变了。

乔恩:我就像被打了一巴掌,狠狠被打了一巴掌。不管我做什么。你不知道我有抑郁症吗?你不能偶尔给我讲两句好听的话吗?

贝亚特丽斯:哼,抑郁,你就是会在那里发牢骚,不然就躲得不见人影。是你拒我于千里之外。

乔恩:那天晚上,我试过了。我把我的膝盖移过去……靠近你的膝盖(他开始流眼泪。),可是你(他把双手一摊。)却躲开了。

贝亚特丽斯:(眼睛望着地板,声音冷淡)我的确会移开,你以为我应该在那里等你来碰我吗?(乔恩把头转向别的地方。)

乔恩:即使让你知道我需要你,你也不会理我,我何苦呢?

贝亚特丽斯:你从没有表示过你需要我,从来没有。我是可有可无的,我是个女佣,我是空气。

随着治疗第一个阶段的进行,这对夫妻能分享他们的孤独和绝望——害怕婚姻已经濒临破裂,快要无力回天了。他们也能描述对配偶的批评有多敏感,对这种没完没了的互相指控感到很无望。乔恩敢于说出他有多么焦虑和小心翼翼,避免让贝亚特丽斯生气和拒绝,他承认他的退缩让他落得孤单和一无所有。夫妇俩都看到了乔恩的抑郁、被困在工作中的感觉,以及这些对他们的婚姻造成很大压力。贝亚特丽斯也看出她的愤怒如何成为循环的一部分,如何让他们都深陷其中,以及乔恩小心翼翼地尝试接近她时,她的冷漠如何让他们继续沉入伤痛和惧怕里。他们都能够探索两人为何难以建立安全的联结。当我跟贝亚特丽斯解释安全依恋时,贝亚特丽斯说她从不曾拥有过。她描述她的父母感情疏离又只会惩罚孩子。伴侣两人都觉得要彼此信任很难。有一次咨询触动了贝亚特丽斯悲伤与羞耻的感觉,因为所爱的人对她的态度让她觉得自己没有价值,接着乔恩想要安慰她,但是两人都觉得温柔的慰藉和安抚让他们感到很不自在。乔恩对妻子说:"我无法忍受你发脾气,可是我更不能失去你,我会尽量努力。"从此她开始能够听他说话,夫妻关系有了改善,冲突降低。经过七次咨询,他们的感情好转多了。乔恩在一次咨询中,跟妻子说起他抑郁的情形,她给予支持。那时工作进展到第二阶段,重点是帮助乔恩更投入,帮助贝亚特丽斯继续处理她的惧怕以及开始相信他的投入正逐渐增加。双方都展现了很大的勇气、毅力和意愿,想了解他们是怎么卡在互相攻击又彼此疏离的循环中的。

第二阶段的咨询

下面是某次 EFT 讲习活动中未经修改的现场咨询。治疗师的目标是鼓励乔恩更加投入，帮助贝亚特丽斯开放地面对自己的依恋需求和依恋恐惧，之后能软化并与丈夫建立联结。

在开头几分钟的谈话后，乔恩说起前一天晚上他向妻子告白他有学习障碍，就像他们的女儿一样，这使得他工作时格外辛苦。贝亚特丽斯很高兴他愿意也能够跟她说这些。

治疗师：所以你们已经打破以前那个"各自躲在墙后"或"攻击－抵抗"模式，可以好好地谈事情了。（他们俩都点头同意。）你们能够走出我们以前处理的那些关系模式，这个模式……用乔恩你的话形容，你到后来觉得没希望了，也无力招架，就生起气来，或是封闭自己，让自己麻木，是吗？（乔恩点头。）而你真正想要的是安慰和鼓励，可是很难跟贝亚特丽斯开口。而你，贝亚特丽斯，认为那样是表示你在乔恩心中没有分量，因此你要用力敲他，好敲出他的回应来。（她也点头同意。）不过后来你也开始封闭自己，因为去期待一个老是躲得远远的人，太辛苦了，对吗？（她同意。）这让你们两个人都感到孤单和害怕。同床而眠，却孤单而死，就像你上次说的。（治疗师把他们的互动循环和上次发现的深层情绪摘要性地描述了一遍。）

乔恩：对，于是我鼓起勇气，做了点尝试，只有一点点，很小的一步，想跟她靠近一点。（他把两手一摊。）

治疗师：贝亚特丽斯不相信，她不相信你。你想靠近，她躲开了。

贝亚特丽斯：我们在情感上根本没有联结，所以当他这样冒险的时候，我不会有反应。

治疗师：（探戈舞步1：反映当下的过程）你觉得还不够安全地去回应他，所以为了保险起见，你需要躲在自己的墙后面？（她点头。）但是昨天晚上情况有一点不同，因为乔恩，他可以跟你说心里话，他觉得工作有多辛苦。他冒了这个险，让你觉得他是在接纳你，让你进来，你很喜欢这样。

贝亚特丽斯：是的，是冒险，他是冒了险，因为他很可能得到的是一顿批评，说他不行，有学习障碍。

治疗师：他让你进来，你看出来而且回应了他，你喜欢他冒那个险。（治疗师强调，即强调循环发生的改变——有回应。）

乔恩：（对贝亚特丽斯）对啊，你听我说话，没有指责或批评我。

贝亚特丽斯：我为什么要指责你？（乔恩把头埋进双手里，大大地啜泣起来。）

治疗师：（停了一会儿，身体向前，把纸巾递给乔恩，再停了一会儿，然后柔声地说）你真的很担心，很害怕？（乔恩点头。）你觉得自己不能适应这个工作，这已经让你感觉很糟了，你又害怕贝亚特丽斯会因此批评你，说你没用，是不是？（乔恩点头哭泣。）（治疗师转向贝亚特丽斯）你了解乔恩要对你说这些话冒了多大的风险？

贝亚特丽斯：（开始流泪）我想我现在晓得了，我猜他是真的害怕。

治疗师：（对乔恩）最让你担心的噩梦是什么？最可怕的情况是她会跟你说什么？当你冒了这个险，你最怕她对你说什么？（唤起问句以引发深层情绪）

乔恩：（哭泣）她会说，难怪我们的孩子不会阅读，都是因为你有毛病。

治疗师：所以，你需要好大的勇气，好可怕。

乔恩：我想我也没有别的选择。

治疗师：你可以有其他选择，你可以封闭起来或生气。但是你鼓足勇气想要跟妻子联结。你在寻求你想要的，虽然很害怕。（给予肯定和支持）

贝亚特丽斯：（耸耸肩）我们在讨论孩子的事情有联结，一直就是这样。

治疗师：嗯，讨论孩子的确比较容易。不过，乔恩，你很小心地准备，心里又惊又怕，怕听到贝亚特丽斯对你的不满，但是你仍然向她伸手，即使你害怕看到她做什么？（治疗师把焦点放在他的伸手和惧怕，增强害怕的感觉，同时称赞他的勇敢。）

乔恩：（很小声，几乎听不到）瞧不起，对，（安静了很久）怕她对我瞧不起或类似的东西。

治疗师：你害怕的是，如果你伸手，她的回应是瞧不起，告诉你你让她失望，你不行，（他边流泪边点头。）所以你如履薄冰（这是他上次所用的比喻），这也是你抑郁的部分原因。你很难接受无法胜任这份工作，不适合，每一天工作时你都要面对失败的威胁，你也担心贝亚特丽斯不会接受，所以当你回家想要靠近她的时候，你心里就害怕她会批评你，会瞧不起你。（治疗师把他的进退两难、他的抑郁和他害怕妻子的轻视整合起来。当治疗师和个案重温一遍他所经历的场景时，整个画面就更清楚了。）

贝亚特丽斯：（对乔恩）我在这里扮演一个角色，但我不是你那个暴虐的父亲，你知道吗？

乔恩：为什么你突然提到我父亲？

治疗师：我们曾经谈过你们的成长背景，你们都有各自脆弱的地方，很敏感的部分，尤其是被批评和说你是不值得被爱的。（两人都点头。）而那些会使你们疼痛的地方，却偏偏都被踩到了。你们都需要安慰，可是你们却很难跟对方分享。这一次，乔恩，你在事业上面临很大的挣扎，迫切需要贝亚特丽斯的支持，是不是？（乔恩点头。）（重新聚焦在他们的脆弱无助，以及他强烈的需要和目前的敏感）所以你很难和她分享、向她伸手，你好害怕看到她的脸的时候，会看到她对你的失望，看到她觉得你不够好（乔恩哭泣。），这些让你一直退缩，避免去感觉。（把害怕和在关系舞步中的位置联系起来。）但是这样让贝亚特丽斯也没有办法找到你，她上次说她找不到你，让她认为她对你是"不重要的，不值得你付出努力的"。（将恐惧、退缩和互动循环联结在一起）

贝亚特丽斯：这是个恶性循环……

乔恩：对，这是个恶性循环，我们都困在里面。

治疗师：但是你们已经开始脱离了。这很冒险，很难，可是你们知道该怎么努力。你们一起来加拿大，离开熟悉的一切努力生活。你们需要彼此的支持，对不对？（他们都点头。）乔恩，你觉得贝亚特丽斯是否了解你有多害怕跟她说那些话？你是怎么把自己封闭起来，不要感觉（重复前几次咨询的画面），在你这么害怕她会批评、藐视你的时候？（乔恩哭了。）那使得你停下脚步，不敢去找她。（转向贝亚特丽斯）然后你对自己说，上一次你说"我对他完全不重要，不值得他做任何努力"。（贝亚特丽斯用力点头。）但事实上，他却步不前是因为他不敢来找你，跟你告白，因为你以及你怎么看他，对他太重要了。（重新界定）

贝亚特丽斯：嗯，（她看着乔恩，把脸转向一边，斜着头，皱着眉，表现出惊讶，好像人们突然发现一个新看法而正在尝试了解的那种态度。）嗯，对，我从没有这样想过。嗯，这又是一个恶性循环。

治疗师：但是你们已经开始摆脱它了，它不再打败你们了。乔恩，你认为贝亚特丽斯真的了解你有多害怕去靠近她、去跟她谈，跟她讲你的困难、害怕和渴望吗？

乔恩：嗯，这是一件重要的事，那天晚上有像这样的对话。（转向贝亚特丽斯，开始有点激动）以前我试着跟你说的时候，你会大力一挥（用手做了一个大大挥开的动作），然后说"你应该再努力一点啊，解决它嘛，你去想办法解决啊，干吗跟我讲这些？你是有毛病啊"。可是我就是没办法解决呀，我没有办法。（他又哭了。）

贝亚特丽斯：（声音很温柔）我觉得我没有说过那些话，没有说过那样的话。不过我真的不了解，乔恩，我一点也没意识到你会是这样的感受。那时候我觉得你是在生气……

治疗师：（对贝亚特丽斯）你是说也许我不了解，可是你也没有让我进来，（她点头）所以我看不见你的痛。是这样吗？

贝亚特丽斯：是的，我就给你我认为有用的建议。

治疗师：当乔恩需要的可能是安慰、鼓励和支持的时候。

乔恩：（很小声地）我们之间那个时候只有这些，完全没有……（这是阻碍安全联结时刻的经典障碍：没有争取和建立联结的示范或个人经验；对自我和他人的极端恐惧，因此情绪失衡，调节恐惧的努力占据了所有空间；没有余力聚焦在情感和需求上，也无法发出明确的依恋请求；其他人因此看不到其需要，也没有响应，更进一步地证实了这些恐惧；创伤性的孤独被视为常态且无法改变的结果。）

治疗师：（对乔恩）你那时候也不知道该如何寻求支持。你需要一个安全的地方，而要跟贝亚特丽斯讲你在工作中的无望和无助又是那么困难。你觉得缺乏自信，又不觉得自己在任何地方能够做得了主。（重复他以前说过的话）

乔恩：嗯，她现在开始要听了，不过……

治疗师：你可以把椅子转过来，眼睛看着她吗？（探戈舞步3）你可以帮助她了解你现在的感受吗？这种害怕感觉像什么，你害怕她批评你，你是怎么克制自

己，封闭你自己的？你可以吗？（组织现场演练，唤起意象）

乔恩：（转向贝亚特丽斯）我很难告诉你……（停顿很久，很小声地说）请你想象，每次要上班的时候，我就胃痛，我就发抖，觉得想吐，过去几年天天都这样，我需要比别人更长的时间完成一份工作，这是很丢脸的事……

贝亚特丽斯：（向前倾）丢脸？

乔恩：（哭了）觉得自己很笨……

治疗师：你在批评你自己，乔恩，是吗？因为你觉得你应该要有足够的能力，你害怕她也会批评你？

乔恩：我真的不应该在那里，我不胜任……

治疗师：啊，当你觉得自己那么渺小、那么丢脸，觉得你一直都是失败的，你一定很难请求妻子来帮助你和安慰你……

乔恩：是的，是的，我怎么有权请求……

治疗师：当我这么不配，当我这样失败……（他一面点头一面哭泣。）

贝亚特丽斯：可是，那个时候我什么都不知道，你把我关在外面，我没有机会来帮助你。

治疗师：你愿意帮忙。（贝亚特丽斯点头。）你听到了吗，乔恩？当你无法承受看到自己难以胜任这份工作的时候，你就很难期望贝亚特丽斯可以了解你的痛（反映不配得的心理——他的自责，并做重复。）

乔恩：对，我没办法。（停顿很久）所以我跟她说一大堆解决方案、换工作的想法，她就以为我疯了。我听得出来她语气里的鄙夷，我就变得越来越小了。

贝亚特丽斯：我只有在你说想去当推销员的时候，说你疯了。

治疗师：（保持原来的焦点）你刚才跟贝亚特丽斯说，你封闭起来是因为你害怕谈这些，她会瞧不起你，而你甚至或多或少认为这是你应该受到的对待？（他点头。）你没有资格请求，是吗？（他又点头。）但是你好需要她的理解和支持。（反映、同理的猜测）

乔恩：没有她我就办不到，我就不能……（哭泣）

治疗师：你可以告诉她吗？（组织现场演练）

乔恩：（摇头，凝视着地板）哦。

治疗师：很难对她开口。你那么需要她的帮助，你那么痛苦，你已经没有退路，需要妻子在你身边跟你做伴，是吗？（他点头，带着祈求的眼光望着她。）可是你太害怕了，根本没办法开口。（运用 RISSSC 非语言技术做强调）你听到他说的话了吗？贝亚特丽斯，当他说他需要你帮助的时候，你觉得怎么样？

贝亚特丽斯：我感觉，我感觉……（看着墙壁，停顿了一会儿）受到激励，好像这样我们就可能再次变得亲密，可以彼此分享，嗯，我觉得已经被关在外面太久了。

治疗师：知道自己对他这么重要，让他虽然害怕但是愿意冒险，他需要你，这让你觉得很贴心和温暖、很安慰，是不是？

乔恩：（望着贝亚特丽斯）我想要靠近你，需要你的关心，也许我们可以建立这样的对话。

治疗师：嘿，乔恩，你在靠近，虽然很不容易，你在冒险靠近她。（验证）能跟她讲出这些话，你的感觉如何？（乔恩笑了。）

乔恩：（微笑）很安慰。

治疗师：贝亚特丽斯，我记得曾经听你对乔恩说"我想跟你在一起"，有吗？（她点头。）那么，乔恩，你可以告诉她，怎样会对你有帮助……你需要什么？（唤起反映和组织现场演练）

贝亚特丽斯：（对乔恩）我觉得当你跟我分享你的感觉的时候，我们是很靠近的。

治疗师：你觉得这个很珍贵，因为这个时候你觉得自己对他很重要，你也不再孤单了，是吗？（同理的猜测、强调）

贝亚特丽斯：在我们家里没有人会分享感觉的，我们会觉得有点不习惯。

治疗师：（转向乔恩）你也安了不少心，是吗，乔恩？你冒了这个险，却没有发生你最害怕的事。她没有批评你，反而给你温柔的回应，说她觉得能跟你更亲近，愿意跟你在一起。（她很恳切地点头。）你听到了吗，乔恩？你怎么样？（唤起问句——回应；探戈舞步 1：反映当下的过程——强调过程）

乔恩：（倾身靠近妻子，声音非常温柔）我听到了，我感觉好棒，这正是我梦寐以求的。真的非常不一样，我也一直很孤独，我们两个都……

贝亚特丽斯：对，我们的父母都只懂得责骂，在我们的家庭里没有人会这样做。你不能跟你妈妈说任何类似这样的话，我想如果我们成长的环境不一样……

治疗师：（打断，重回焦点）我可不可以打断你一下，贝亚特丽斯，我想我们需要在这里停留久一点。所以，乔恩，你可以跟贝亚特丽斯说你需要她什么？我们曾经谈过当你回家的时候，你觉得怎样脆弱，你怎么使自己麻木，贝亚特丽斯看到这些，觉得你冷漠疏离又暴躁易怒，所以她也把自己封闭起来。（反映循环、组织现场演练）你可以跟她说你需要她怎么做吗？

乔恩：（转脸朝向她）我其实不敢说出来，因为我怕自己会崩溃，所以竖起一道墙，围住那些糟糕的感觉，好……

治疗师：然后，她看到的只有那道墙。（他点头。）这样的话，当你回到家，如果你真的跟她求助，她要怎样帮助你呢？那时候，乔恩，你渴望的是什么，如果你能向贝亚特丽斯表明她对你多么重要，你多么需要她的话？（唤起问句、强调）你已经奋战得那么辛苦了，跟一个让你抑郁的工作奋战，为你们的关系奋战，这样的压力好大，你会向她要求什么？（肯定、组织现场演练）

乔恩：（很缓慢地）我想，一个拥抱，这样就够了。也许……

治疗师：被她抱着？

乔恩：是的，是的，但如果现在在这里拥抱，只不过是个形式，我要的是一个真正的拥抱。让我觉得她想要拥抱我，是真心的，一个真正的拥抱是足够安慰我的。

贝亚特丽斯：可是，我不是女超人，我不是个懂得怎么去呵护别人的人，这不是我的本性，必须有一些提示，我也需要帮助。

治疗师：是的，他必须能够提出要求，跟你说他需要什么。

贝亚特丽斯：有些女人可以做得到，她们天生就很会照顾人。

治疗师：可能是吧。可是我一直以为伴侣需要冒险寻求关怀，而且要用很明确的方式表达，不是模棱两可、模模糊糊的，因为太难猜到了，也会让人觉得自己是被关在外面的。（她边点头边流泪。）所以，乔恩，你说你需要被抱着，让你觉得安全和被妻子安慰，知道她是跟你在一起的，是吗？

乔恩：是的，我们有很多事情要忙，她又上晚班，我只是想要她表现出愿意和我在一起的意思，然而以前我太疏远。

治疗师：（重新聚焦）我们可不可以回到刚才的话题？你可以请贝亚特丽斯给你一个拥抱吗，乔恩？（试图靠近她引发了他所有的核心恐惧，但唯一的出路就是勇敢面对）

乔恩：很难，如果她不想呢？（他双手一摊。）

治疗师：那么请你告诉她（治疗师在这里用类似来访的语调，以个案的身份来说话，这是一种有效的加强情绪感受的方式）"跟你开口要求一个拥抱，让我觉得我能够得到，可以尝尝这个滋味，对我是非常非常困难的，我需要冒很大的险，冒着被你藐视的危险"。（唤起反映/整合他的立场，组织现场演练）

乔恩：（转向贝亚特丽斯，语气带着比较多的把握）开口跟你请求，对我好困难，因为我告诉自己，会被拒绝，太可怕了。我希望它会自然发生。

治疗师：（声音温柔）让我可以不用自己去求。（大家都笑了。）也许我们都喜欢这样，可是，（停顿了一下）说那些话的感觉如何？（探戈舞步4：整理新经验）

乔恩：嗯，不像想象中那么难，甚至还可能有点不错呢。（他笑着说。）

治疗师：（对贝亚特丽斯）你相信他吗？因为我看到有时候乔恩在冒险，你却说"我不信任你"，是吗？

贝亚特丽斯：是的，我相信他。我看到他害怕被拒绝，我看到了，而我却习惯转身背对着他……

乔恩：对，所以那时我会告诉自己"干吗还要再尝试？干吗再对她表示什么"。就连现在，我的头脑也告诉我"算了吧"。

治疗师：嗯，因为当我们感觉脆弱的时候，如果我们伸出手来，对方没有反应，不在那里，我们会觉得更难过。（乔恩连声说是。）把自己封闭起来是比较容易的，可以让自己不再受伤。你回到家冒险要求一个拥抱（确认），要求安慰和支持，真的很困难。

乔恩：我可以尝试，也许现在我能尝试了……

治疗师：当你听到这些话，贝亚特丽斯，你有什么感想？当你听到乔恩告诉你，他希望能够跟你说"贝亚特丽斯，我是那么害怕来找你，我在外面已经苦战了一整天，很需要你双手围着我，抱紧我"，你有什么感觉？当你听到他说他是多么需要你，却又多么害怕开口，你怎么想？（她凝视地板。）你现在可以看着他吗，贝亚特丽斯？（他正热切地望着她，眼中含着泪。）（强调、唤起乔恩的寻求和投入，唤起问句）

贝亚特丽斯：（看着他，停了很久）我感到好难过，好难过。

乔恩：（非常非常温和地）我的恐惧是因为过去的经历，贝亚特丽斯，我一再一再地被拒绝……

贝亚特丽斯：（流着泪，声音也非常温和）是的，我知道，可是我觉得我也是那样被抛弃，被关闭在外面，所以我会生气，我就放弃了。

乔恩：（把手伸向她）我了解，我了解，我以前不知道。

治疗师：贝亚特丽斯，你以前会觉得自己没那么重要、那么被排除在他的生命之外，所以当他表示一点点需要你的意思时，你因为太受伤和不安，所以你看不到、不相信，也不可能有回应。然后，乔恩，这让你觉得被排斥了。（肯定和反映关于拒绝的小循环——这在之前的咨询中曾经发生过）所以现在，当他在这里说出这个请求的时候，你觉得好难过。你愿意他向你提出请求吗？（反映、唤起问句）

贝亚特丽斯：是的，我希望他不要封闭自己，希望他打开……

治疗师：你的意思是"如果你愿意冒险，对我一直保持开放，就能让我回应你，你要是又封闭自己，我也要自保，就会对你冷淡"，是吗？（反映过程——依恋关系中的舞步）

贝亚特丽斯：对，就是这个意思，我看到的就是……

治疗师：你可以让他知道当他说"我需要你的时候，不敢靠近你"，你心里有多难过吗？（唤起反映、准备现场演练）

贝亚特丽斯：（转向乔恩）我好难过、好难过，你不敢主动来找我，让我也没有机会去安慰你。你晓得吗？我想照顾你，我好想有机会能够照顾你。

乔恩：（身体前倾，笑着对她说）以前我们办不到，现在也许……

治疗师：（对贝亚特丽斯说）你愿意安慰他（贝亚特丽斯点头。）也希望从他那儿得到安慰，对吗？（她同意，并且对着他笑。）过去抑郁、工作不适合、关系不稳定，让你们暂时失去对方，是吧，你们两个人都感到害怕，互相攻击，然后

封闭起来保护自己。（反映、整理、摘要问题的状况和对应的情绪反应）

贝亚特丽斯：对，我感觉好像芒刺在背又两脚踏空，动弹不得，完全不知道该怎么办。

治疗师：嗯，然后乔恩，你就来推她一把，冒个险，来请求她，尝试拉近你们的距离，希望帮助她能够有所改变，是吗？（运用意象突显互动时的张力，之后的咨询还可继续使用）（他们都笑了。）不过这是你们互动时感受的真实写照，对吧？无助无力、无路可走。

贝亚特丽斯：我真的需要被推一把，真的。

治疗师：所以我们正在谈的是，你们可以怎样互相拉一把，摆脱这个让你们难过又孤单的循环。贝亚特丽斯，你说的是"不要把我抛下，不要让我一个人孤苦地趴倒在地上，拉我一把"。而乔恩，你说的是"我快要溺亡的时候，我想要拽住你，让你救我起来"。（他们都点头同意。）你们两个人都需要安慰和支持。（唤起情绪，方法是把他们的互动位置做个记录，让他们听到自己和对方的原始情绪，以及这些情绪在对他们说些什么。）

贝亚特丽斯：对，对，我把自己封闭到一个程度，甚至连问一个问题都不敢。即使我不是在攻击他，他也认为我在攻击他，所以我不问问题了。我想，这使我们两个人都陷入孤独。

治疗师：对，每个人都得小心翼翼，所以如果他能够对你说"我今天好惨，需要你抱抱我"，对你会很有帮助。你是在告诉他，他需要开口说出来，这等于在告诉你，你对他很重要，会让你觉得很好，是吗？（反映安全联结可能的情景、反映并肯定她的感觉）

贝亚特丽斯：对，我希望能越来越开放，我需要情感上的亲近。

乔恩：也许我们现在就可以开始了。

治疗师：（探戈舞步5：整合与肯定）对啊，你们不是已经开始了吗？跟刚来这里的时候比起来，你们真的有好大好大的不同了。你们变得开放、柔软多了。

乔恩：她的笑容多起来了。

贝亚特丽斯：（对他微笑）对，如果我感觉亲近，就可以拥抱你。男人以为先有拥抱才会亲近，但是……

乔恩：那我们就折中一下吧。

治疗师：我们现在说的是一种很特别的拥抱，是一种让我们再次感到安全和信任的拥抱，这是乔恩说他需要你用双手抱着他的意思。

乔恩：对，当我感觉孤单的时候，那会驱散我的沮丧，消失无踪。

治疗师：所以，乔恩，你要你妻子明白：当我回家的时候需要你的拥抱，好感觉到和触摸到你跟我是很亲密的。（他点头）你可以亲口说给她听吗？（组织现场演练）

乔恩：（对着贝亚特丽斯说）当我回家的时候，我需要跟你靠得紧紧的。我非常渴望，那会让我的感觉好很多。（他又哭了。）

治疗师：你有没有听到，贝亚特丽斯？

贝亚特丽斯：我听到了，而且觉得好像把一颗坚果敲开一个缝隙，他对我敞开心门，也对他自己打开了。

治疗师：（肯定）你们都好勇敢。

贝亚特丽斯：是的，他可以去面对工作的困难，也改善了我们的关系。

治疗师：所以，你很敬佩他能冒险敞开心门？你愿意跟他说这句话吗？

贝亚特丽斯：我非常敬佩你，愿意面对事实，冒险来接近我。你能冒这个险对我们很重要，你在感到自己不够好而工作又不合适的时候，仍然愿意努力，让我很敬佩。（她表达了对他的尊重——这是针对他因她的蔑视所产生的灾难性恐惧之天然解药。）

治疗师：你们都做得非常好。我想我们今天必须结束了。我希望接下来这个礼拜，如果可以的话，你们至少要有两次自己谈谈咨询中发生的事情，花20分钟左右的时间。我很感谢你们这样努力，今天让我深入参与这次咨询。你们都很有诚意和勇气。谢谢你们和我一起努力。

改变事件中，像上述退缩者重新投入的咨询，通常是所有EFT咨询中最需要聚焦在深层情绪和依恋需求上的，而且治疗师的主导性也是最高的。咨询通常也包括很多现场演练，这些现场演练非常重要。这对伴侣虽然来的时候情况很糟，但是很愿意跟治疗师合作，想要保住婚姻的动机也很强烈。

这次咨询后，贝亚特丽斯又决定她不能信任乔恩了。她表示："我知道我又发脾气，摔门把自己关起来，他怎么敲都不理。可是我不相信他那些寻求亲近的表态。"乔恩说他虽然在"躲子弹"，但是当时仍然能跟她说："贝亚特丽斯，不要灰心，我正在为我们的关系努力。"渐渐地，贝亚特丽斯开始经历 EFT 步骤五到步骤七的过程，她也能够面对可能会再受伤的危险，探索在她原生家庭中不允许表现出脆弱的根源。她开始能向他寻求安慰了。

因为婚姻治疗造成的改善，乔恩可以在工作方面做一些决定，并探寻改调其他较适合岗位的可行性。贝亚特丽斯也更进一步探索"在原生家庭中缺乏安全依恋以及表现好才能得到爱"对她造成的影响，她也探索对自己和乔恩只会批评和要求的行为倾向。当她因为小时候没有得到关爱而难过时，乔恩会来安慰她，但是她很不容易接受安慰。乔恩能够提供强有力的、简单的、令人心酸的依恋信息（这是治疗师帮助他提炼的），他会说："看你这样难过，我也会难过。我希望能给你一些安慰，可以让我来安慰你吗？"她则回答："一个人的防卫是很难放掉的，放弃防卫是会丧命的。"（事实上，要在没有这种保护的情况下生活，一个人必须以另一种积极的方式来抚慰自己，从而获得情绪上的矫正体验。别无他法。）有一次当贝亚特丽斯提到心里有个声音警告她，叫她把乔恩隔在外面。软化的机会来了。我问她是否曾经有过安心、被呵护的经验，我就着她的回答展开工作，以使她的情绪经验更加清晰。她说祖母是她的天使，以前跟祖母在一起的时候曾经历过这样的关系。我们就花了几分钟谈她祖母和她的关系，让我们可以比较具体地感觉到它。然后我才问她，如果祖母看到她跟乔恩现在相处的光景，会怎么跟她说。[这是在 EFIT、EFT 中与个案一起工作时广泛使用的经典 EFT 干预手段（Johnson, 2019a）] 祖母会希望贝亚特丽斯不要管家里的传统和习惯，让乔恩亲近她，她也去亲近乔恩，还是不然？贝亚特丽斯很感动地说："她会说'相信他，尝试一下，他已经变得柔软，不会再伤害你、占你便宜了。'"这似乎是她软化过程中的转折点。

再一次咨询开始的时候，夫妻俩分享说有一天晚上，他们可以互相拥抱而且感觉到比以前安全和亲密了许多。他们说他们觉得有信心去靠近对方，要求亲密。我感觉他们已经进步到 EFT 的巩固阶段。这个想法从他们提起的一个小插曲获得印证。那次乔恩觉得贝亚特丽斯忽然又变得冷淡而暴躁。这次他不但没有退缩，反而决定向贝亚特丽斯表白自己受到责备的感觉，还有感到自己"又搞砸了，从来都做不对"的害怕。他先发一封电子邮件给贝亚特丽斯，然后面对面地跟她谈。起先贝亚特丽斯认为乔恩跟她是在"权力斗争——他想要去做自己想做的事"，可是过了一会儿，她听出乔恩感到心烦与无助，发现这让他很担心；她决定告诉他自己的害怕，并且说担心他的抑郁又发作，他会退缩回去，放弃尝试去修复关系。

她说这一刻——当她跑去跟乔恩说她害怕的时候（她说"我告诉他，我在发抖"）——"就像一个开关，改变了所有事情"。他的安慰让她恢复平静，然后他们能够很亲昵，一起谈刚刚所发生的事。她觉得这是一个"奇迹"，接着说："我的盔甲消失了，他也很温和。"乔恩也同意看到她的害怕后，他自己的焦虑就消失了，转而变成想要去保护和照顾她。他们也说这跟他们过去被教育"不可以显得软弱"是多么地矛盾。我们谈到敢于表现出脆弱和拉近关系的力量。

接着，我称赞他们能够找到自己的方法，去解决他们的依恋恐惧，避免恶性循环。我说过去一件小事情，就会因为他们的恐惧、疑虑，两人被卡在负面循环中，从而造成严重的后果。我也再次肯定和强调他们打破恶性循环和制造亲密的能力。他们俩也同意继续努力让关系更安全，相互扶持照顾，让对方知道自己每天心里的爱意和害怕。接下来，在几次巩固阶段的咨询中，他们之间的安全和联结有很明显的增强。

虽然这对夫妻的关系刚开始时很糟糕，但他们对治疗很认真也很有目标。上面的过程用了 12 次咨询。并不是每对伴侣都可以这样。有些伴侣必须慢一点，不要那么紧凑。这对夫妇开始时，关系正处在悬崖边缘，这让人特别想帮他们一把，丈夫的抑郁和工作困难让婚姻问题加剧，也使得他们想要寻求解决。这对夫妻很有意思的一点是，他们出身于传统威权的家庭，奉行的价值和要去营造安全依恋是完全背道而驰的。治疗中必须指认出这一点，加以处理。虽然安全依恋对他们是完全陌生的（除了贝亚特丽斯和祖母的关系以外），但是从他们的叙述可以看出，他们对孩子是关心的和可亲的，也可以找出他们本性中的依恋渴望和恐惧，作为更新关系的向导。乔恩的抑郁症也获得了改善。上面这次咨询是 EFT 一个非常聚焦和使用现场演练来产生改变的好例子。

如果想锻炼你的EFT"肌肉",你可以试试以下的练习。

- 在逐字稿中找到两三个你可能会做不同处理的地方,如果你是治疗师,你会怎么做?说明你的理由,为什么你会以这种方式进行干预。
- 找到两到三个治疗师做出的干预符合或支持你对本书中阐述的改变原则的地方。在逐字稿中找出三个依恋恐惧和依恋需求最清晰明显的地方。
- 如果你是这对夫妻的咨询师,你认为与他们工作最困难的是什么?你可能在哪里被卡住了?

如果你想继续锻炼这些EFT肌肉,你可能希望完成以下练习。

如海啸般的非难

这是一则简短的案例。

案情背景

仍然与芙恩保持联络的前夫丹,对芙恩拒绝与他一起参加家庭聚会表达不满。芙恩告诉治疗师,在这类聚会中,她毫不意外地会被贴上"自私的渣女"的标签,被视为"坏妻子"。对她来说,这是"狮子的巢穴"。芙恩接着说:"但也许他是对的。我活该。我是一个很糟糕的人。"她的脸因痛苦而皱成一团。她显得焦躁不安,并迅速改变了话题,开始谈论这个家里的其他人也有外遇,并描述了很多的细节。

探戈舞步1:反映当下的过程

这里发生了什么?使用反映、肯定等技术,你会说些什么?

探戈舞步2:情绪组合与加深

芙恩接着说:"我接收到的信息是,我的所作所为摧毁了所有人,我的家人、他的家人和他的孩子。当我和他们住在一起时,他们甚至从不和我说话。他们父子一直在家里用他们的语言沟通，我要求他们说英语，但是……现在他告诉我，是我拒绝回到家里，他用手指着我骂！骂我很笨。我确实伤害了别人。他是对的，我确实逃跑了。但当我们谈论这件事时，我身体有种奇怪的感觉，我几乎头晕目眩，无法承受。没有人明白，我自己都不明白，我怎么能这样做？他们都在那里，一起指责我，所有人都在一个阵线上，没有人跟我站在同一边！丹会去和孩子说话，每次都是这样。那个和我有染的男人，他是个懒鬼，但他会对我笑，说我有吸引力，你知道吗……无论如何，我要对家里的人说些什么呢？他们不希望我在家里。当我想到这些场景时，我感觉很糟糕（摸摸自己的头）。所以丹对我说教时，我就离开了。我拒绝去一个我一定会被攻击的聚会。正如你所说，我加入他们的行列，在心里跟他们一起批判我。我真的不明白这些，这种情况已经持续了好几年。"

找到情绪的五个元素并反映和建构它们：

刺激源 – 情绪感知 – 身体反应 – 认知意义 – 行动倾向

触及隐藏的脆弱无助，尤其是悲伤、恐惧和羞耻（对自我的恐惧）。她的深层情绪是什么？你会怎么做反映并加深？

探戈舞步 3：编排新舞步

思考对芙恩来说，丹、治疗师、自我的一部分、其他依恋对象，谁是她的刺激源？谁是她的社会资源？

试着用一个简单的陈述来聚焦萃取她的脆弱无助，捕捉她的痛苦。试着用另一个陈述来唤起对方的回应。

治疗师：你能告诉他，请你这样做或这样说吗？（试着由治疗师组织和编排提出需求的内容）

想象一下，在这个精心设计的互动中，伴侣有一个简单的正向联结经验。

探戈舞步 4：整理新经验

你会如何让芙恩反思这部刚刚上演的情景？你会说什么？

探戈舞步5：整合与肯定

你会说些什么来肯定芙恩刚刚做的事情——赋予她对自己这个人和所拥有能力的信心？

参考文献

Ainsworth, M. D. S., Blehar, M. C., Waters, E., & Wall, S. (1978). *Patterns of attachment: A study of the strange situation*. Hillsdale, NJ: Erlbaum.

Alexander, P. C. (1993). Application of attachment theory to the study of sex– ual abuse. *Journal of Consulting and Clinical Psychology, 60*, 185–195.

Allen, J. P. (2008). The attachment system in adolescence. In J. Cassidy & P. Shaver (Eds.), *Handbook of attachment: Theory, research and clinical applications* (pp. 419–435, 2nd ed.). New York: Guilford Press.

Allen, R., & Johnson, S. M. (2016). Conceptual and applications issues: Emotionally focused therapy with gay male couples. *Journal of Couple & Relationship Therapy: Innovations in Clinical and Educational Interventions, 16*, 286–305.

Anderson, H. (1997). *Conversation, language and possibilities*. New York: Basic Books.

Appell, E. (a.k.a. Lassie Benton) (1979). *John F. Kennedy University Class Schedule*.

Armstrong, J. G., & Roth, D. M. (1989). Attachment and separation difficulties: A preliminary investigation. *International Journal of Eating Disorders, 8*, 141–155.

Arnold, M. B. (1960). *Emotion and personality*. New York: Columbia Press.

Baker Miller, J., & Pierce Stiver, I. (1997). *The healing connection: How women form relationships in therapy and in life*. Boston: Beacon Press.

Barlow, D. H., Farshione, T., Fairholme, C., Ellard, K., Boisseau, C., Allen, L., et al. (2011). *Unified protocol for transdiagnostic treatment of emotional disorders*. New York: Oxford University Press.

Barrett, L. F. (2004). Feelings or words? Understanding the content in selfreported ratings of experienced emotion. *Journal of Personality and Social Psychology, 87,* 266–281.

Bartholomew, K., & Horowitz, L. (1991). Attachment styles among young adults. *Journal of Personality and Social Psychology, 61,* 226–244.

Baucom, D., Shoham, V., Mueser, K., Daiuto, A., & Stickle, T. (1998). Empirically supported couple and family interventions for marital distress and adult mental health problems. *Journal of Consulting and Clinical Psychology, 66,* 53–88.

Berger, P., & Luckmann, T. (1967). *The social construction of reality.* New York: Penguin Books.

Berscheid, E. (1999). The greening of relationship science. *American Psychologist, 54,* 260–266.

Bertalanffy, L. (1968). *General system theory.* New York: George Braziller. Beutler, L. (2002). The dodo bird is extinct. *Clinical Psychology: Science and Practice, 9,* 30–34.

Bograd, M., & Mederos, F. (1999). Battering and couples therapy: Universal screening and selection of treatment modality. *Journal of Marital and Family Therapy, 25,* 291–312.

Bordin, E. (1994). Theory and research on the therapeutic working alliance: New directions. In A. O. Horvath & L. S. Greenberg (Eds.), *The working alliance: Theory research and practice* (pp. 13–37). New York: Wiley.

Bowlby, J. (1944). Forty-four juvenile thieves: Their characteristics and home life. *International Journal of Psychoanalysis, 25,* 19–52.

Bowlby, J. (1969). *Attachment and loss: Vol. 1: Attachment.* New York: Basic Books.

Bowlby, J. (1973). *Attachment and loss: Vol. 2: Separation.* New York: Basic Books.

Bowlby, J. (1979). *The making and breaking of affectional bonds.* London: Tavistock Publications.

Bowlby, J. (1980). *Attachment and loss: Vol. 3: Loss.* New York: Basic Books.

Bowlby, J. (1988). *A secure base.* New York: Basic Books.

Bradley, B., & Furrow, J. (2004). Toward a mini-theory of the blamer softening event: Tracking the moment by moment process. *Journal of Marital and Family Therapy, 30,* 233–246.

Bradley, J. M., & Palmer, G. (2003). Attachment in later life: Implications for intervention with older adults. In S. M. Johnson & V. Whiffen (Eds.), *Attachment processes in couple and family therapy* (pp. 281–299). New York: Guilford Press.

Brassad, A., & Johnson, S. (2016). Couple and family therapy: An attachment perspective. In J. Cassidy & P. Shaver (Eds.), *Handbook of attachment, 3rd edition: Theory, research and clinical applications.* New York: Guilford Press.

Brennen, K. A., & Shaver, P. R. (1995). Dimensions of adult attachment, affect regulation and romantic relationship functioning. *Personality and Social Psychology Bulletin, 21,* 267–283.

Bretherton, I., & Munholland, K. A. (1999). Internal working models in attachment relationships. In J. Cassidy & P. Shaver (Eds.), *Handbook of attachment: Theory, research and clinical applications* (pp. 89–111). New York: Guilford Press.

Brubacher, L. (in press). Attachment injury resolution model in emotionally focused couple therapy. In J. Lebow, A. Chambers, & D. Breunlin (Eds.), *Encyclopedia of couple and family therapy*. Cham, Switzerland: Springer.

Bruner, J. (1990). *Acts of meaning*. Cambridge, MA: Harvard University Press. Burgess-Moser, M., Johnson, S. M., Dalgleish, T., LaFontaine, M., Wiebe, S., & Tasca, G. (2015). Changes in relationship specific attachment in emotionally focused couple therapy. *Journal of Marital and Family Therapy, 42*, 231–245.

Cain, D. (2002). Defining characteristics, history and evolution of humanistic psychotherapies. In D. Cain & J. Seeman (Eds.), *Humanistic psychotherapies* (pp. 3–54). Washington, DC: APA Press.

Cain, D., & Seeman, J. (2002). *Humanistic psychotherapies*. Washington, DC: APA Press.

Cassidy, J., & Shaver, P. R. (2016). *Handbook of attachment: Theory, research & clinical applications* (3rd ed.). New York: Guilford Press.

Castonguay, L. G., Goldfried, M. R., Wiser, S., Raue, P., & Hayes, A. (1996). Predicting the effect of cognitive therapy for depression: A study of unique and common factors. *Journal of Consulting and Clinical Psychology, 64*, 497–504.

Chang, J. (1993). Commentary. In S. Gilligan & R. Price (Eds.), *Therapeutic conversations* (pp. 304–306). New York: Norton.

Christensen, A., Atkins, D. C., Berns, S., Wheeler, J., Baucom, D. H., & Simpson, L. E. (2004). Traditional versus integrative behavioral couple therapy for significantly and chronically distressed married couples. *Journal of Consulting & Clinical Psychology, 72*, 176–191.

Christensen, A., & Heavey, C. L. (1990). Gender and social structure in the demand/withdraw pattern of marital conflict. *Journal of Personality and Social Psychology, 59*, 73–81.

Clothier, P., Manion, I., Gordon Walker, J., & Johnson, S. (2002). Emotionally focused interventions for couples with chronically ill children: A two year follow-up. *Journal of Marital and Family Therapy, 28*, 391–399.

Cohen, N. J., Muir, E., & Lojkasek, M. (2003). The first couple: Using wait, watch and wonder to change troubled infant-mother relationships. In S. M. Johnson & V. Whiffen (Eds.), *Attachment processes in couple and family therapy* (pp. 215–233). New York: Guilford Press.

Collins, N., & Read, S. (1994). Cognitive representations of attachment: The structure and function of working models. In K. Bartholomew & D. Perlman (Eds.), *Attachment processes in adulthood* (pp. 53–92). London, PA: Jessica Kingsley.

Conradi, H. J., Dingemanse, P., Noordhof, A., Finkenhauer, C., & Kamphuis, J. H. (2017). Effectiveness of the "Hold Me Tight" relationship enhancement program in a self-referred and a clinician-referred sample: An emotionallyfocused couples therapy-based approach. *Family Process*. Published online September. doi: 10.1111/famp.12305/full

Coop Gordon, K., Baucom, D. S., & Snyder, D. K. (2000). The use of forgiveness in marital therapy. In M. McCullough, K. I. Pargament, & C. E. Thoresen (Eds.), *Forgiveness: Theory, research and practice* (pp. 203–227). New York: Guilford Press.

Cordova, J. V., Jacobson, N. S., & Christensen, A. (1998). Acceptance versus change interventions in behavioral couple therapy: Impact on couples' in-session communication. *Journal of Marital and Family Therapy, 24*, 437–455.

Costello, P. (2013). *Attachment-based psychotherapy: Helping clients develop adaptive capacities.* Washington, DC: American Psychological Association.

Cummings, E. M., & Davis, P. (1994). *Children and marital conflict.* New York: Guilford Press.

Damasio, A. R. (1994). *Decartes' error: Emotion, reason and the human brain.* New York: Putnam.

Davila, J. (2001). Paths to unhappiness: Overlapping courses of depression and romantic dysfunction. In S. R. H. Beach (Ed.), *Marital and family processes in depression: A scientific foundation for clinical practice* (pp. 71–87). Washington, DC: APA Press.

Davila, J., Karney, B., & Bradbury, T. N. (1999). Attachment change processes in the early years of marriage. *Journal of Personality and Social Psychology, 76*, 783–802.

Denton, W., Burleson, B. R., Clark, T. E., Rodriguez, C. P., & Hobbs, B. V. (2000). A randomized trial of emotion-focused therapy for couples in a training clinic. *Journal of Marital and Family Therapy, 26*(1), 65–78.

Denton, W. H., Wittenborn, A. K., & Golden, R. N. (2012). Augmenting anti-depressant medication treatment of depressed women with emotionally focused therapy for couples: A randomized pilot study. *Journal of Marital and Family Therapy, 38*, 23–38.

Dessaulles, A., Johnson, S. M., & Denton, W. H. (2003). Emotion focused therapy for couples in the treatment of depression: A pilot study. *American Journal of Family Therapy, 31*, 345–353.

De Waal, F. (2009). *The age of empathy.* New York: McClelland Stewart.

Diamond, G., Russon, J., & Levy, S. (2016). Attachment based family therapy: A review of empirical support. *Family Process, 55*, 595–610.

Douherty, W. J. (2001). *Take back your marriage.* New York: Guilford Press. Einstein, A. (1954). *Ideas and opinions.* New York: Crown Publishing Group.

Eisenberger, N., & Lieberman, M. (2004). Why rejection hurts: A common neural alarm system for physical and emotional pain. *Trends in Cognitive Science, 8*, 294–300.

Ekman, P. (1992). An argument for basic emotions. *Cognition and Emotion, 6*, 169–200.

Ekman, P., & Friesen, W. (1975). *Unmasking the face.* Englewood Cliffs, NJ: Prentice Hall.

Elliot, R. (2002). The effectiveness of humanistic therapies: A meta-analysis. In D. Cain & J. Seeman (Eds.), *Humanistic psychotherapies: Handbook of research and practice* (pp. 57–82). Washington, DC: APA Press.

Erdman, P., & Caffery, T. (Eds.) (2002). *Attachment and family systems: Conceptual, empirical and therapeutic relatedness.* New York: Brunner-Routledge.

Farber, B., Brink, D., & Raskin, P. (1996). *The psychotherapy of Carl Rogers: Cases and commentary*. New York: Guilford Press.

Feeney, J. A. (1994). Attachment style, communication patterns and satisfaction across the life cycle of marriage. *Personal Relationships, 4*, 333–348.

Fincham, F., & Beach, S. (1999). Conflict in marriage. *Annual Review of Psychology, 50*, 47–78.

Fishbane, M. (2001). Relational narratives of the self. *Family Process, 40*, 273–291.

Fisher, L., Nakell, L. L., Terry Howard, E., & Ransom, D. C. (1992). The California family health project: III. *Family Emotion Management and Adult Health Family Process, 31*, 269–287.

Fonagy, P., & Target, M. (1997). Attachment and reflective function: Their role in self-organization. *Development and Psychopathology, 9*, 679–700.

Fraley, R. C., & Waller, N. G. (1998). Adult attachment patterns: A test of the typographical model. In J. A. Simpson & W. S. Rholes (Eds.), *Attachment theory and close relationships* (pp. 77–114). New York: Guilford Press.

Fraley, R. C., Waller, N. G., & Brennan, K. A. (2000). An item response theory analysis of self-report measures of adult attachment. *Journal of Personality and Social Psychology, 78*, 350–365.

Frederickson, B. L., & Branigan, C. (2005). Positive emotions broaden the scope of attention and thought action repertoires. *Cognition and Emotion, 19*, 313–332.

Freud, S. (1930). *Civilization and its discontents*. Dover, UK: Courier Dover Publications.

Frijda, N. H. (1986). *The emotions*. Cambridge, UK: Cambridge University Press.

Funk, J. L., & Rogge, R. D. (2007). Testing the ruler with item response theory: Increasing precision of measurement for relationship satisfaction with the Couples Satisfaction Index. *Journal of Family Psychology, 21*, 572–583.

Furrow, J., Palmer, G., Johnson, S. M., Faller, G., & Palmer-Olsen, L. (in press). *Emotionally focused family therapy, restoring connection and promoting resilience*. New York: Brunner-Routledge.

Gendlin, E. T. (1996). *Focusing oriented psychotherapy*. New York: Guilford Press.

Goleman, D. (1995). *Emotional intelligence*. New York: Bantam Books.

Gottman, J. M. (1979). *Marital interaction: Experimental investigations*. New York: Academic Press.

Gottman, J. M. (1991). Predicting the longitudinal course of marriages. *Journal of Marital and Family Therapy, 17*, 3–7.

Gottman, J. M. (1994). An agenda for marital therapy. In S. M. Johnson & L. S. Greenberg (Eds.), *The heart of the matter: Perspectives on emotion in marital therapy* (pp. 256–296). New York: Brunner-Mazel.

Gottman, J. M. (1999). *The seven principles for making marriage work*. New York: Crown Publishing Group.

Gottman, J., Coan, J., Carrere, S., & Swanson, C. (1998). Predicting marital happiness and stability from newlywed interactions. *Journal of Marriage and the Family, 60*, 5–22.

Green, R., & Werner, P. D. (1996). Intrusiveness and closeness-caregiving: Rethinking the concept of family enmeshment. *Family Process, 35*, 115–136.

Greenberg, L. S., & Safran, J. D. (1987). *Emotion in psychotherapy: Affect and cognition in the process of change*. New York: Guilford Press.

Greenman, P., & Johnson, S. M. (2012). United we stand: Emotionally focused therapy for couples in the treatment of post-traumatic stress disorder. *Journal of Clinical Psychology: In Session, 68*, 561–569.

Greenman, P., & Johnson, S. M. (2013). Process research on EFT for couples: Linking theory to practice. *Family Process, Special Issue, Couple Therapy, 52*, 46–61.

Gross, J. J. (1998). Antecedent and response focused emotion regulation: Divergent consequences for experience, expression and physiology. *Journal of Personality and Social Psychology, 74*, 224–237.

Gross, J. L., & Levenson, R. W. (1993). Emotional suppression. *Journal of Personality and Social Psychology, 64*, 970–986.

Gross, J. J., Richards, J. M., & John, O. P. (2006). Emotion regulation in everyday life. In D. K. Snyder, J. A. Simpson, & J. N. Hughes (Eds.), *Emotion regulation in couples and families: Pathways to dysfunction and health* (pp. 13–35). Washington, DC: American Psychological Association.

Guerney, B. G. (1994). The role of emotion in relationship enhancement marital/family therapy. In S. M. Johnson & L. S. Greenberg (Eds.), *The heart of the matter: Perspectives on emotion in marital therapy* (pp. 124–150). New York: Brunner-Mazel.

Guidano, V. F. (1991). Affective change events in a cognitive therapy system approach. In J. D. Safran & L. S. Greenberg (Eds.), *Emotion, psychotherapy, and change* (pp. 50–82). New York: Guilford Press.

Gurman, A. S., & Fraenkel, P. (2002). The history of couple therapy: A millennial review. *Family Process, 41*(2), 199–260.

Haddock, S., Schindler Zimmerman, T., & MacPhee, D. (2000). The power equity guide: Attending to gender in family therapy. *Journal of Marital and Family Therapy, 26*, 153–170.

Halchuk, R., Makinen, J., & Johnson, S. M. (2010). The resolution of attachment injuries in couples using emotionally focused therapy: A 3 year followup. *Journal of Couple and Relationship Therapy, 9*, 31–47.

Hammen, C. (1995). The social context of risk for depression. In K. Craig & K. Dobson (Eds.), *Anxiety and depression in adults and children* (pp. 82–96). Los Angeles: Sage.

Hardtke, K. K., Armstrong, M. S., & Johnson, S. M. (2010). Emotionally focused couple therapy: A full treatment model well suited to the specific needs of lesbian couples. *Journal of Couple and Relationship Therapy, 9*, 312–326.

Herman, J. L. (1992). *Trauma and recovery*. New York: Basic Books.

Hesse, E. (1999). The adult attachment interview. In J. Cassidy & P. Shaver (Eds.), *Handbook of attachment* (pp. 395–433). New York: Guilford Press.

Hetherington, M. E., & Kelly, J. (2002). *For better or for worse: Divorce reconsidered*. New York: Norton.

Hoffman, L. (1981). *Foundations of family therapy*. New York: Basic Books.

Holmes, J. (1996). *Attachment, intimacy and autonomy: Using attachment theory in adult psychotherapy*. Northdale, NJ: Jason Aronson.

Holt-Lunstad, J., Robles, T. F., & Sbarra, D. A. (2017). Advancing social connection as a public health priority in the United States. *American Psychologist, 72*, 517–530.

House, J. S., Landis, K. R., & Umberson, D. (1988). Social relationships and health. *Science, 241*(4865), 540–545.

Hughes, D. (2007). *Attachment focused family therapy*. New York: Norton.

Huston, T. L., Caughlin, J. P., Houts, R. M., Smith, S. E., & George, L. J. (2001). The connubial crucible: Newlywed years as predictors of marital delight, distress and divorce. *Journal of Personality and Social Psychology, 80*, 237–252.

Izard, C. E. (1977). *Human emotions*. New York: Plenum Press.

Izard, C. E. (1992). Basic emotions, relations among emotions and emotion cognition relations. *Psychological Review, 99*, 561–564.

Izard, C. E., & Youngstrom, E. A. (1996). The activation and regulation of fear. In D. A. Hope (Ed.), *Perspectives on anxiety, panic and fear: Current theory and research in motivation* (pp. 1–59). Lincoln: University of Nebraska Press.

Jacobson, N. S., & Addis, M. E. (1993). Research on couples and couples therapy: What do we know？ Where are we going？ *Journal of Consulting and Clinical Psychology, 61*, 85–93.

Jacobson, N. S., Christensen, A., Prince, S., Cordova, J., & Eldridge, K. (2000). Integrative behavioral couples therapy. *Journal of Consulting and Clinical Psychology, 68*, 351–355.

Jacobson, N. S., Follette, W. C., & Pagel, M. (1986). Predicting who will benefit from behavioral marital therapy. *Journal of Consulting and Clinical Psychology, 54*(4), 518–522.

Jacobson, N. S., Holtzworth-Munroe, A., & Schmaling, K. B. (1989). Marital therapy and spouse involvement in the treatment of depression, agorapho– bia, and alcoholism. *Journal of Consulting and Clinical Psychology, 57*, 5–10.

James, P. (1991). Effects of a communication training component added to an emotionally focused couples therapy. *Journal of Marital and Family Therapy, 17*, 263–276.

Johnson, M. D., & Bradbury, T. N. (1999). Marital satisfaction and topographical assessment of marital interaction: A longitudinal analysis of newly wed couples. *Personal Relationships, 6*, 19–40.

Johnson, S. M. (2002). *Emotionally focused couple therapy with trauma survivors: Strengthening attachment bonds*. New York: Guilford Press.

Johnson, S. M. (2003a). The revolution in couple therapy: A practitioner scientist perspective. *Journal of Marital and Family Therapy*, *29*, 365–384.

Johnson, S. M. (2003b). Attachment theory: A guide for couples therapy. In S. M. Johnson & V. Whiffen (Eds.), *Attachment processes in couple and family therapy* (pp. 103–123). New York: Guilford Press.

Johnson, S. M. (2003c). Introduction to attachment: A therapist's guide to primary relationships and their renewal. In S. M. Johnson & V. Whiffen (Eds.), *Attachment processes in couple and family therapy* (pp. 3–17). New York: Guilford Press.

Johnson, S. M. (2003d). Emotionally focused therapy: Empiricism and art. In T. L. Sexton, G. Weeks, & M. Robbins (Eds.), *Handbook of family therapy* (pp. 263–280). New York: Brunner-Routledge.

Johnson, S. M. (2008). Attachment theory and emotionally focused therapy for individuals and couples: Perfect partners. In J. Obegi & Berant (Eds.), *Attachment theory and research in clinical work with adults* (pp. 410–433). New York: Guilford Press.

Johnson, S. M. (2013). *Love sense: The revolutionary science of romantic relationships*. New York: Little Brown.

Johnson, S. M. (2017a). An emotionally focused approach to sex therapy. In Z. Peterson (Ed.), *The Wiley-Blackwell handbook of sex therapy* (pp. 250–266). Oxford, UK: Wiley-Blackwell.

Johnson, S. M. (2017b). Training emotionally focused couples therapists. In J. Lebow, A. Chambers, & D. Breunlin (Eds.), *Encyclopedia of couple and family therapy*. Cham, Switzerland: Springer Science and Business Media.

Johnson, S. M. (2019a). *Attachment theory in practice—Emotionally Focused Therapy (EFT) for individuals, couples and families*. New York: Guilford Press.

Johnson, S. M. (2019b). Attachment in action—Changing the face of 21st century couple therapy. *Current Opinion in Psychotherapy*, *25*, 101–104.

Johnson, S. M., & Best, M. (2003). A systemic approach to restructuring adult attachment: The EFT model of couples therapy. In P. Erdman & T. Caffery (Eds.), *Attachment and family systems: Conceptual, empirical and therapeutic relatedness* (pp. 165–192). New York: Brunner-Routledge.

Johnson, S. M., & Boisvert, C. (2002). Treating couples and families from the humanistic perspective: More than symptoms—more than solutions. In D. Cain & J. Seeman (Eds.), *Humanistic psychotherapies* (pp. 309–338). Washington, DC: APA Press.

Johnson, S. M., Bradley, B., Furrow, J., Lee, A., Palmer, G., Tilley, D., & Woolley, S. (2005). *Becoming an emotionally focused therapist: The workbook*. New York: Brunner-Routledge.

Johnson, S. M., Burgess-Moser, M., Becker, L., Smith, A., Dalgeish, T., Halchuck, R., Hasselmo, K., Greenman, P., Merali, Z., & Coan, J. (2013). Soothing the threatened brain: Leveraging contact comfort with emotionally focused therapy. *Plos One*, *8*, e79314.

Johnson, S. M., & Denton, W. (2002). Emotionally focused couples therapy: Creating secure connections. In A. S. Gurman & N. Jacobson (Eds.), *Clinical handbook of marital therapy* (pp. 221–250, 3rd ed.). New York: Guilford Press.

Johnson, S. M., & Greenberg, L. S. (1985). The differential effects of experiential and problem solving interventions in resolving marital conflicts. *Journal of Consulting and Clinical Psychology, 53*, 175–184.

Johnson, S. M., Hunsley, J., Greenberg, L. S., & Schlinder, D. (1999). Emotionally focused couples therapy: Status and challenges. *Clinical Psychology Science and Practice, 6*, 67–79.

Johnson, S. M., LaFontaine, M., & Dalgleish, T. (2015). Attachment: A guide to a new era of couple interventions. In J. Simpson & W. S. Rholes (Eds.), *Attachment theory and research: New directions and emerging themes* (pp. 393–421). New York: Guilford Press.

Johnson, S. M., & Lebow, J. (2000). The coming of age of couple therapy: A decade review. *Journal of Marital and Family Therapy, 26*(1), 23–38.

Johnson, S. M., & Lee, A. (2000). Emotionally focused family therapy: Restructuring attachment. In C. E. Bailey (Ed.), *Children in therapy: Using the family as a resource* (pp. 112–136). New York: Guilford Press.

Johnson, S. M., Maddeaux, C., & Blouin, J. (1998). Emotionally focused family therapy for bulimia: Changing attachment patterns. *Psychotherapy, 35*, 238–247.

Johnson, S. M., Makinen, J., & Millikin, J. (2001). Attachment injuries in couple relationships: A new perspective on impasses in couples therapy. *Journal of Marital and Family Therapy, 27*(2), 145–155.

Johnson, S. M., & Sanderfer, K. (2016). *Created for connection: The Hold Me Tight guide for Christian couples*. New York: Brunner/Routledge.

Johnson, S. M., Simakhodskaya, Z., & Moran, M. (2018). Addressing issues of sexuality in couple therapy: EFT meets sex therapy. *Current Sexual Health Reports, 10*, 65–71.

Johnson, S. M., & Talitman, E. (1997). Predictors of success in emotionally focused couple therapy. *Journal of Marital and Family Therapy, 23*, 135–152.

Johnson, S. M., & Whiffen, V. (2003). *Attachment processes in couple and family therapy*. New York: Guilford Press.

Jong, E. (1973). *The fear of flying*. New York: Penguin Books.

Josephson, G. (2003). Using an attachment based intervention for same sex couples. In S. M. Johnson & V. Whiffen (Eds.), *Attachment processes in couple and family therapy* (pp. 300–320). New York: Guilford Press.

Keltner, D., & Haidt, J. (2001). Social functions of emotions. In T. Mayne & G. A. Bonanno (Eds.), *Emotions: Current issues and future directions* (pp. 192–213). New York: Guilford Press.

Kennedy, N. W., Johnson, S. M., Wiebe, S. A., & Tasca, G. A. (2018). Conversations for Connection: An outcome assessment of the Hold Me Tight relationship education program for couples, and recommendations for improving future research methodology in relationship education. *Journal of Marital and Family Therapy*. Published online 23 September. doi:10.1111/

jmft12356 Kiecolt-Glaser, J. K., & Newton, T. L. (2001). Marriage & health: His and hers. *Psychological Bulletin, 127*, 472–503.

Kobak, R., & Duemmler, S. (1994). Attachment and conversation: Towards a discourse analysis of adolescent and adult security. In K. Bartholomew & D. Perlman (Eds.), *Attachment processes in adulthood* (pp. 121–150). London, PA: Jessica Kingsley.

Kobak, R., Ruckdeschel, K., & Hazan, C. (1994). From symptom to signal: An attachment view of emotion in marital therapy. In S. M. Johnson & L. S. Greenberg (Eds.), *The heart of the matter: Perspectives on emotion in marital therapy* (pp. 46–74). New York: Brunner-Mazel.

Kowal, J., Johnson, S. M., & Lee, A. (2003). Chronic illness in couples: A case for emotionally focused therapy. *Journal of Marital and Family Therapy, 29*, 299–310.

Krause, I. (1993). Family therapy and anthropology: A case for emotions. *Journal of Family Therapy, 15*, 35–56.

Lazarus, R. S., & Lazarus, B. N. (1994). *Passion and reason.* New York: Oxford University Press.

Lewis, J. M., Beavers, W. R., Gossett, J. T., & Phillips, V. A. (1976). *No single thread: Psychological health in families.* New York: Brunner-Mazel.

Lewis, M., & Haviland-Jones, J. M. (2000). *Handbook of emotions* (2nd ed.). New York: Guilford Press.

Lewis, T., Amini, F., & Lannon, R. (2000). *A general theory of love.* New York: Random House.

Liddle, H., Dakof, G., & Diamond, G. (1991). Multidimensional family therapy with adolescent substance abuse. In E. Kaufman & P. Kaufman (Eds.), *Family therapy with drug and alcohol abuse* (pp. 120–178). Boston: Allyn & Bacon.

Lussier, Y., Sabourin, S., & Turgeon, C. (1997). Coping strategies as moderators of the relationship between attachment and marital adjustment. *Jour- nal of Social and Personal Relationships, 14*, 777–791.

Mackay, S. K. (1996). Nurturance: A neglected dimension in family therapy with adolescents. *Journal of Marital and Family Therapy, 22*, 489–508.

Magnavita, J. J., & Anchin, J. C. (2014). *Unifying psychotherapy: Principles methods and evidence from clinical science.* New York. Springer.

Mahoney, M. J. (1991). *Human change processes: The scientific foundations of psy- chotherapy.* New York: Basic Books.

Main, M., Kaplan, N., & Cassidy, J. (1985). Security in infancy, childhood and adulthood: A move to the level of representation. In I. Bretherton & E. Waters (Eds.), *Growing points in attachment theory and research. Monographs of the Society for Research in Child Development* (Vol. 50, pp. 66–104). Chicago: University Of Chicago Press.

Makinen, J., & Johnson, S. M. (2006). Resolving attachment injuries in couples using EFT: Steps towards forgiveness and reconciliation. *Journal of Consulting and Clinical Psychology, 74*,

1055–1064.

McFarlane, A. C., & van der Kolk, B. (1996). Trauma and its challenge to society. In B. A. van der Kolk, A. C. McFarlane, & L. Weisaeth (Eds.), *Traumatic stress* (pp. 211–215). New York: Guilford Press.

Mclean, L. M., Rodin, G., Esplen, M., & Jones, J. M. (2013). A couple based intervention for patients and care-givers facing end stage cancer: Outcomes of a randomized control trial. *Psycho-Oncology, 22*, 28–38.

Merkel, W. T., & Searight, H. R. (1992). Why families are not like swamps, solar systems or thermostats: Some limits of systems theory as applied to family therapy. *Contemporary Family Therapy, 14*, 33–50.

Mikulincer, M. (1995). Attachment style and the mental representation of self. *Journal of Personality and Social Psychology, 69*, 1203–1215.

Mikulincer, M. (1997). Adult attachment style and information processing: Individual differences in curiosity and cognitive closure. *Journal of Personality and Social Psychology, 72*, 1217–1230.

Mikulincer, M. (1998). Attachment working models and the sense of trust: An exploration of interaction goals and affect regulation. *Journal of Personality and Social Psychology, 74*, 1209–1224.

Mikulincer, M., Florian, V., & Wesler, A. (1993). Attachment styles, coping strategies and post traumatic psychological distress. *Journal of Personality and Social Psychology, 64*, 817–826.

Mikulincer, M., & Shaver, P. R. (2007). *Adult attachment: Structure, dynamics and change.* New York. Guilford Press.

Millon, T. (1994). Personality disorders and the 5 factor model of personality. In P. Costa & A. Widiger (Eds.), *Personality disorders* (pp. 279–301). Wash–ington, DC: APA Press.

Minuchin, S., & Fishman, H. C. (1981). *Family therapy techniques.* Cambridge, MA: Harvard University Press.

Minuchin, S., & Nichols, M. P. (1993). *Family healing.* New York: The Free Press.

Montagno, M., Svatovic, M., & Levenson, H. (2011). Short-term and long-term effects of training in emotionally focused couple therapy: Professional and personal aspects. *Journal of Marital & Family Therapy, 37*, 380–392.

Moretti, M. M., & Holland, R. (2003). The journey of adolescence: Transitions in self within the context of attachment relationships. In S. M. Johnson & V. Whiffen (Eds.), *Attachment processes in couple and family therapy* (pp. 234–257). New York: Guilford Press.

Nichols, M. (1987). *The self in the system.* New York. Brunner-Mazel.

Palmer, G., & Johnson, S. M. (2002). Becoming an emotionally focused therapist. *Journal of Couple & Relationship Therapy, 1*(3), 1–20.

Panksepp, J. (2009). Brain emotion systems and qualities of mental life: From animal models of affect to implications for therapeutics. In D. Fosha, D. Siegel, & M. Solomon (Eds.), *The healing power of emotion: Affective neuro-science, development and clinical practice* (pp. 1–26). New York: W.W. Norton.

Parra-Cardona, J. R., Cordova, D., & Holtrop, K. (2009). Culturally informed emotionally focused therapy with Latino/immigrant couples. In M. Rastogi & V. Thomas (Eds.), *Multicultural couple therapy*. New York: Sage.

Pierce, R. A. (1994). Helping couples make authentic emotional contact. In S. M. Johnson & L. S. Greenberg, *The heart of the matter: Perspectives on emotion in marital therapy* (pp. 207–226, 75–107). New York: Brunner-Mazel.

Pietromonaco, P. R., & Collins, N. L. (2017). Interpersonal mechanisms linking close relationships to health. *American Psychologist, 72*, 531–542.

Plutchik, R. (2000). *Emotions in the practice of psychotherapy*. Washington, DC: APA Press.

Priest, J. B. (2013). Emotionally focused therapy as treatment for couples with generalized anxiety disorder and relationship distress. *Journal of Couple and Relationship Therapy, 12*, 22–37.

Putnam, R. D. (2000). *Bowling alone: The collapse and revival of American community*. New York: Simon & Schuster.

Rheem, K., & Campbell, L. (in press). Emotionally focused couple therapy and trauma. In J. Lebow, A Chambers, & D. Breunlin (Eds.), *Encyclopedia of couple and family therapy*. Cham, Switzerland: Springer.

Roberts, L. J., & Krokoff, L. J. (1990). A time-series analysis of withdrawal, hostility, and displeasure in satisfied and dissatisfied marriages. *Journal of Marriage and the Family, 52*, 95–105.

Roberts, L. J., & Greenberg, D. R. (2002). Observational "windows" to intimacy processes in marriage. In P. Noller & J. A. Feeney (Eds.), *Understanding marriage: Developments in the study of marital interaction* (pp. 118–149). New York: Cambridge University Press.

Roberts, T. W. (1992). Sexual attraction and romantic love: Forgotten variables in marital therapy. *Journal of Marital and Family Therapy, 18*, 357–364.

Rogers, C. (1951). *Client-centered therapy*. Boston: Houghton-Mifflin.

Rogers, C. (1961a). *On becoming a person*. Boston: Houghton-Mifflin. Rogers, C. (1961b). *A way of being*. Boston, MA: Houghton-Mifflin.

Rogers, C. (1975). Empathy: An unappreciated way of being. *The Counseling Psychologist, 5*, 2–10.

Ruvolo, A. P., & Jobson Brennen, C. (1997). What's love got to do with it? Close relationships and perceived growth. *Personality and Social Psychol– ogy Bulletin, 23*, 814–823.

Salovey, P., Hsee, C., & Mayer, J. D. (1993). Emotional intelligence and the self regulation of affect. In D. Wegner & J. W. Pennebaker (Eds.), *Handbook of mental control*. Englewood Cliffs, NJ: Prentice Hall.

Sandberg, J., Knestel, A., & Cluff-Schade, L. (2013). From head to heart: A report on clinicians perceptions of the impact of learning emotionally focused couple therapy on their personal and professional lives. *Journal of Couple and Relationship Therapy, 12*, 38–57.

Sbarra, D. A., & Coan, J. A. (2018). Relationships and health: The critical role of affective science. *Emotion Review*, 1–15.

Schore, A. (1994). *Affect regulation and the organization of self*. Hillsdale, NJ: Erlbaum.

Sexton, T., Coop-Gordon, K., Gurman, A., Lebow, J., Holtzworth-Munroe, A., & Johnson, S. M. (2011). Guidelines for classifying evidence based treatments in couple and family therapy. *Family Process, 50*, 377–392.

Shaver, P., & Clarke, C. L. (1994). The psychodynamics of adult romantic attachment. In J. Masling & R. Borstein (Eds.), *Empirical perspectives on object relations theory* (pp. 105–156). Washington, DC: American Psychological Association.

Shaver, P., Hazan, C., & Bradshaw, D. (1988). Love as attachment: The integration of three behavioral systems. In R. J. Pope (Ed.), *On love and loving* (pp. 68–99). New Haven: Yale University Press.

Shaver, P. R., & Mikulincer, M. (2002). Attachment-related psychodynamics. *Attachment and Human Development, 4*, 133–161.

Siegel, D. J. (1999). *The developing mind: How relationships and the brain interact to shape who we are*. New York: Guilford Press.

Siegel, D., & Hartzell, M. (2003). *Parenting from the inside out*. New York: Penguin Putnam.

Simpson, J. A., Rholes, W. S., & Nelligan, J. S. (1992). Support seeking and support giving within couples in an anxiety provoking situation: The role of attachment styles. *Journal of Personality and Social Psychology, 62*, 434–446.

Snyder, D. K., & Wills, R. M. (1989). Behavioral versus insight oriented mari–tal therapy: Effects on individual and interspousal functioning. *Journal of Consulting and Clinical Psychology, 57*, 39–46.

Spanier, G. (1976). Measuring dyadic adjustment. *Journal of Marriage and Family, 13*, 113–126.

Sroufe, L. A. (1996). *Emotional development: The organization of emotional life in the early years*. New York: Cambridge University Press.

Stern, D. N. (1985). *The interpersonal world of the infant*. New York: Basic Books. Taylor, S. E. (2002). *The tending instinct*. New York: Times Books: Holt & Co.

Taylor, S. E., Cousino Klein, L., Lewis, B. P., Gruenewald, T., Regan, A., Gurung, R., & Updegraff, J. A. (2000). Biobehavioral responses to stress in females: Tend and befriend, not fight and flight. *Psychological Review, 107*, 411–429.

Tulloch, H., Greenman, P., Dimidenko, N., & Johnson, S. M. (2017). *Healing hearts together relationship education program*. Ottawa, Canada: ICEEFT. Retrieved from www.iceeft.com.

Twenge, J. M. (2000). The age of anxiety？ Birth cohort change in anxiety and neuroticism. *Journal of Personality and Social Psychology, 79*, 1007–1021.

Uchino, B. J., Cacioppo, J., & Kiecolt-Glaser, J. (1996). The relationship between social support and psychological processes. *Psychological Bulletin, 119*, 488–531.

Vanaerschot, G. (2001). Empathic resonance as a source of experiencing enhancing interventions. In A. Bohart & L. S. Greenberg (Eds.), *Empathy reconsidered* (pp. 141–166). Washington, DC: APA Press.

van der Kolk, B. A., McFarlane, A. C., & Weisaeth, L. (Eds.) (1996). *Traumatic stress*. New York: Guilford Press.

van Ijzendoorn, M. H., & Sagi, A. (1999). Cross cultural patterns of attachment: Universal and contextual dimensions. In J. Cassidy & P. Shaver (Eds.), *Handbook of attachment: Theory, research and clinical applications* (pp. 713–734). New York: Guilford Press.

Vatcher, C. A., & Bogo, M. (2001). The feminist/emotionally focused practice model: An integrated approach for couples therapy. *Journal of Marital and Family Therapy, 27*, 69–84.

Walker, J., Johnson, S., Manion, I., & Cloutier, P. (1996). Emotionally focused marital intervention for couples with chronically ill children. *Journal of Consulting and Clinical Psychology, 64*(5), 1029–1036.

Warner, M. S. (1997). Does empathy cure ? A theoretical consideration of empathy, processing and personal narrative. In A. Bohart & L. S. Greenberg (Eds.), *Empathy reconsidered* (pp. 125–140). Washington, DC: APA Press.

Watson, J. C. (2002). Revisioning empathy. In D. Cain & J. Seeman (Eds.), *Humanistic psychotherapies: Handbook of research and practice* (pp. 445–472). Washington, DC: APA Press.

Watzlawick, P., Weakland, J. H., & Fisch, R. (1974). *Change: Principles of problem formation and problem resolution*. New York: Norton.

Whiffen, V., & Johnson, S. M. (1998). An attachment theory framework for the treatment of childbearing depression. *Clinical Psychology: Science and Practice, 5*, 478–493.

Whisman, M. A. (1999). Martial dissatisfaction and psychiatric disorders: Results from the national co-morbidity study. *Journal of Abnormal Psychology, 108*, 701–706.

White, M., & Epston, D. (1990). *Narrative means to therapeutic ends*. New York: Norton.

Wiebe, S. A., Elliott, C., Johnson, S. M., Burgess Moser, M., Dalgleish, T. L., LaFontaine, M-F., & Tasca, G. A. (2019). Attachment change in emotionally focused couple therapy and sexual satisfaction outcomes in a two-year follow-up study. *Journal of Couple and Relationship Therapy, 18*(1), 1–21.

Wiebe, S., & Johnson, S. M. (2016). A review of research in emotionally focused therapy for couples. *Family Process, 55*, 390–407.

Wile, D. (1981). *Couples therapy: A non-traditional approach*. New York: Wiley. Wile, D. (2002). Collaborative couple therapy. In A. S. Gurman & N. S. Jacobson (Eds.), *Clinical handbook of couple therapy* (pp. 281–307). New York: Guilford Press.

Wile, D. B. (1994). The ego-analytic approach to emotion in couples therapy. In S. M. Johnson & L. S. Greenberg (Eds.), *The heart of the matter: Perspectives on emotion in marital therapy* (pp. 27–45). New York: Brunner-Mazel.

Wittenborn, A., Liu, T., Ridenour, T., Lachmar, E., Rouleau, E., & Seedall, R. B. (2018). Randomized control trial of emotionally focused couple therapy compared to therapy as usual for depression: Outcomes and mechanisms of change. *Journal of Marital and Family Therapy*, doi: 10.1111/jmft12350

Wong, T. Y., Greenman, P. S., & Beaudoin, V. (2017). "Hold Me Tight": The generalizability of an attachment based group intervention to Chinese Canadian couples. *Journal of Couple and Relationship Therapy—Innovations in Clinical and Educational Interventions, 17*, 42–60.

Worthington, E., & DiBlasio, F. A. (1990). Promoting mutual forgiveness within the fractured relationship. *Psychotherapy, 27*, 2219–2223.

Yalom, I. D. (1980). *Existential psychotherapy*. New York: Basic Books. Yalom, I. D. (1989). *Love's executioner*. New York: Basic Books.

Yalom, I. D. (2000). *The gift of therapy*. New York: Harper Perennial. Zuccarini, D., Johnson, S. M., Dalgleish, T., & Makinen, J. (2013). Forgiveness and reconciliation in emotionally focused couple therapy: The client change process and therapist interventions. *Journal of Marital and Family Therapy, 39*, 148–162.

结　语

本书第 1 版的目的是希望能"为婚姻和家庭治疗的持续发展中的专业领域做出贡献"。事实上，这个领域已经成功地被开发了。特别是伴侣治疗的应用，在过去 20 年中大幅增加，越来越多的治疗师在临床工作中提供伴侣治疗。同样清楚的是，第 1 版的目的已经实现。EFT 已成为伴侣治疗的主要领先学派，在成效和历程研究、高水平的系统干预和专业训练方面，都是心理治疗领域的黄金标准。我相信 EFT 拓展了该领域的视野，系统地利用情绪作为改变的催化剂，并将依恋科学作为理解和塑造浪漫爱情的框架、前沿和中心（Johnson，2019a，2019b）。

自第 2 版以来的 15 年中，依恋科学与 EFT 这个治疗学派皆以情绪作为一种现象工作，继续以惊人的速度发展。以下列出了一些发展的重点。

- 随着成人依恋科学的不断发展，EFT 与成人依恋科学的融合越来越紧密。基于整合个人内在和人际关系的全面性人格发展理论，作为一个治疗模式，如何创造治疗中的改变，这是非常严肃的话题。我们的临床视野和改变技术建立在：（1）对我们是谁以及我们如何相互联结的诠释；（2）基于临床经验的理解之上，可以进行有针对性的和令人信服的相关干预措施。如果我们要改变爱情关系，那么我们需要理解爱情的本质。关于这个主题，我写了两本畅销书籍——《依恋与亲密关系：伴侣沟通的七种 EFT 对话》（2008）和《爱是有道理的》（2013），都反映了 EFT 的发展方式，也为 EFT 做出了贡献。正如我在其他地方所说（Johnson，2019a），对我来说一个明显的事实是，依恋科学是整个心理治疗的圣杯，它正在改变伴侣治疗和家庭治疗的领域。多年来，伴侣治疗严重地忽视了对伴侣情感联结、情绪分享或相互滋养的关注，而依恋理论为伴侣和家庭治疗师提供了一张内在情绪的地图：伴侣共舞的音乐和人际关系模式，这个舞蹈构成了亲密关系。依恋理论告诉我们关系中出了什么问题，以及矫正问题的必要路径和要素。依恋理论还提供了一个明确的治疗目标，这个目标与个人、伴侣和家庭的健康和福祉是一致的。

- EFT 继续扩大其研究基础。现在有 20 多项成果研究显示出 EFT 正面的治疗效果，包括对依恋安全和性满意度的影响，以及一项脑部的核磁共振研究发现改变互动可以改变大脑对威胁的反应。还有追踪研究发现，当伴侣能够塑造以情绪的可亲性、回应性和投入度为特征的情感联结事件时，即使过了几年的时间，伴侣依然可以保持他们在 EFT 中所做的改变。这说明了这些改变事件的存在和对人类生存的意义。研究同时让我们确认知道 EFT 治疗如何获得如此一致的正向结果。这些研究不仅证实了 EFT 干预措施的有效性，也帮助我们扩展和完善我们的干预措施，让我们从所做的每项临床研究中持续学习成长。

- 在普及性方面，EFT 已被应用于越来越多不同的人群和问题上。它对患有抑郁症（Wittenborn et al.，2018）、焦虑症以及创伤后应激障碍的伴侣显示出有效性。EFT 一直用于创伤伴侣，其中的临床问题特别反映了情绪调节和人际联结丧失的问题（Rheem & Campbell）。EFT 也越来越多地用于解决伴侣间的性问题，整合了常在性治疗中提及的"个案对身体联结和性高潮的关注重点是情感联结和安全的联结"，增强了对性欲的开放性和性趣性（Johnson，Simakhodskaya & Moran，2018；Johnson，2017a）。EFT 已被用于促进身体愈合和应对疾病的影响（见下文），也用于帮助其中一方濒临死亡的伴侣（Mclean，Rodin，Esplen & Jones，2013）。作为一个依恋的治疗学派，EFT 发展了自然促进生长和健康干预的措施。心理学定义的其他变量从未与如此多的积极功能的预测因素（如安全依恋）相关联。

- EFT 也用于许多种人群和文化，因为它专注于情绪和依恋的通用性。在临床实践中，EFT 适用于传统或激进的夫妇，还适用于性少数群体伴侣和有宗教信仰的夫妇。实际上，EFT 适用于寻求协助的各种夫妇。近年来，EFT 在芬兰、中国和伊朗等各种文化中被成功使用。这让我想起特蕾莎修女提出的一个观点，她告诉我们，在现代世界中，我们倾向于将家庭定义得太狭窄。

- 除了基于依恋科学的安全基地外，EFT 在干预模型方面一直是具高整合性的，EFT 整合了经验取向和系统取向的改变方法。多年来，这些干预措施已被添加并变得越来越完善。正如前面几章所述，这种整合反映了依恋科学的优雅真理（鲍尔比和罗杰斯会发现他们原来是灵魂伴侣），以及从最近关于情绪和关系困扰的本质的研究中收集到的智慧精华。在这一点上，EFT 治疗技术的说明已经非常清晰，并且可以准确地复制（所有研究都可以确认其应用正确性的方法）。EFT 干预措施还反映了心理治疗的人本主义传统，鼓励治疗师非病理化地看待个案的问题，相信个案与生俱来的本性是以成长和健康为导向，并尊重我们都在挣扎于存在的困境。从 EFT 的角度来看，这种整合疗法最终对治疗师和个案都有更多的帮助，而不是只应对和关注症状的减轻，这点在心理治疗世界中已经被高度地强调。

- EFT 专业训练现在处于高水平，ICEEFT 认证的训练员、标准化的高质量培训以及在此学派中为专业成长所制定的明确学习路径（如训练 DVD 等）资源众多，许多支持 EFT 的学习社群和各个国家和地区的分中心使心理健康专业人员能够在协作的团队氛围中学习 EFT。认证治疗师和认证督导也有明确的认证流程。

- 近年，EFT 也携畅销书《依恋与亲密关系：伴侣沟通的七种 EFT 对话》（2008）进入了关系教育项目领域。这些教育性团体项目都有 EFT 团体领航员指南和相关 DVD，主要由完成 EFT 初阶训练的治疗师带领。也许这里最有趣的发展是 EFT 教育团体方案的应用，这些方案为面临关系问题和心理健康问题的伴侣促进安全的联结而设计，包括在线版本的"深情相拥®：情感联结的对话"。我们生活在一个孤独已经成为公共卫生问题、人际关系经常被忙碌生活边缘化的世界里，实施这样的方案，并告知个案这些方案在我看来是治疗师可以为整个社会健康做出的贡献，也是为他们的个案提供额外资源的关键方式。

这些年我们了解到很多关于治疗师倦怠以及伴侣和家庭治疗的困难，我希望第 3 版能够激励和鼓舞治疗师与伴侣和家庭工作，并带着激情和热情与他们合作。这本书是为刚刚开始专业旅程的年轻治疗师以及经验丰富的治疗师写的，他们正在寻找一种可以让他们感到宾至如归并可扎实成长的学派。我们在 ICEEFT 和 EFT 专业训练中学到的经验是，依恋理论和 EFT 学派提供的安全基地确实激励了新手和经验丰富的治疗师，特别是那些想要在他们的学习过程中融合哲学和科学的治疗师，他们想要一个治疗模式，使他们能够真正与他们的个案以平等的方式互动，可以向个案展示回家的路的人就可以成为治疗历程的顾问。EFT 已经成长为一个专业模式，不是依靠巨额研究经费或仅靠专业知识，而是依靠临床工作者对 EFT 的热情。这个情况似乎不曾改变，而且每年都在增长。

在第 2 版的末尾，我曾问道："是什么让 EFT 成为一种强有力的治疗措施？"在过去的 15 年里，这种情况有改变吗？一点也没有。2004 年，我终于明白了，EFT 是一种聚焦于人类强大的情感联结的治疗方式，矫正性情绪经验是一种主要的、直接的、特别突出的改变途径。我当时相信，现在也相信，事实上，这往往是实现持久改变的唯一途径——创造差异，从而有所作为。经过 35 年的经验累积，进入情绪过程并利用情绪来塑造新的内在现实和与重要他人联结的方式，这股力量仍然让我感到惊讶和沉迷。事实上，我越来越清楚，能够调节、合作，最重要的是系统地使用情绪来塑造改变，是心理治疗最明显和终极的意义。然而，对于那些倾向于将情绪视为危险甚至病理性因素的人来说，这种对情绪的关注是有问题的。总括来说，幸运的是，心理健康学科和临床工作者似乎正在慢慢地对情绪的转化力量以及与之相关的正面力量和知识越来越感兴趣，也抱着越来越开放的态度。

EFT 将继续成长。事实上，我们已有新的动力来教授和研究 EFFT（家庭），教授和研究 EFIT（个人），开发越来越多的关系教育方案，以及使用 EFT 来整合性和伴侣治疗（Johnson，2017a）。我希望你，我的读者，已经发现这本书的用处和对你的打动，它将鼓励你与伴侣和家庭一起工作，并产生新的信心和热情。我也希望你考虑加入我们的 EFT 专业大家庭。团结就是力量。

The Practice of Emotionally Focused Couple Therapy：Creating Connection，3rd Edition/by Susan M. Johnson

ISBN: 978-0-8153-4801-6

Copyright ©2020 by Susan M. Johnson

Authorized translation from English language edition published by Routledge, a member of Taylor & Francis Group. All Rights Reserved.

本书原版由 Taylor & Francis 出版集团旗下 Routledge 出版公司出版，并经其授权翻译出版。

版权所有，侵权必究。

China Renmin University Press Co., Ltd. is authorized to publish and distribute exclusively the Chinese (Simplified Characters) language edition. This edition is authorized for sale throughout Mainland of China. No part of the publication may be reproduced or distributed by any means, or stored in a database or retrieval system, without the prior written permission of the publisher.

本书中文简体翻译版授权由中国人民大学出版社独家出版并仅限在中国大陆地区销售。未经出版者书面许可，不得以任何方式复制或发行本书的任何部分。

Copies of this book sold without a Taylor & Francis sticker on the cover are unauthorized and illegal.

本书封底贴有 Taylor & Francis 公司防伪标签，无标签者不得销售。

北京阅想时代文化发展有限责任公司为中国人民大学出版社有限公司下属的商业新知事业部，致力于经管类优秀出版物（外版书为主）的策划及出版，主要涉及经济管理、金融、投资理财、心理学、成功励志、生活等出版领域，下设"阅想·商业""阅想·财富""阅想·新知""阅想·心理""阅想·生活"以及"阅想·人文"等多条产品线，致力于为国内商业人士提供涵盖先进、前沿的管理理念和思想的专业类图书和趋势类图书，同时也为满足商业人士的内心诉求，打造一系列提倡心理和生活健康的心理学图书和生活管理类图书。

《原生家庭：影响人一生的心理动力》

- 全面解析原生家庭的种种问题及其背后的成因，帮助读者学到更多"与自己和解"的智慧。
- 让我们自己和下一代能够拥有一个更加完美幸福的人生。
- 清华大学学生心理发展指导中心副主任刘丹、中国心理卫生协会家庭治疗学组组长陈向一、中国心理卫生协会精神分析专业委员会副主任委员曾奇峰、上海市精神卫生中心临床心理科主任医师陈珏联袂推荐。

《心理治疗大辩论：心理治疗有效因素的实证研究（第2版）》

- 美国心理学会（APA）、中国心理学会临床与咨询心理学专业委员会强力推荐。
- 北京大学钱铭怡、美国堪萨斯大学段昌明、华中师范大学江光荣、清华大学樊富珉、同济大学赵旭东、北京理工大学贾晓明推荐。
- 心理健康工作者必读。